KB218022

# 그리스 로마 신화 산뜻한 정리

그리스 로마 신화 신박한 정리

1판 1쇄 발행 2023. 9. 1.
1판 2쇄 발행 2024. 1. 26.

지은이 박영규

발행인 박강휘, 고세규
편집 이한경 디자인 이경희 마케팅 박인지 홍보 이한솔
발행처 김영사
등록 1979년 5월 17일(제406-2003-036호)
주소 경기도 파주시 문발로 197(문발동) 우편번호 10881
전화 마케팅부 031)955-3100, 편집부 031)955-3200 | 팩스 031)955-3111

값은 뒤표지에 있습니다.
ISBN 978-89-349-5158-2 03210

홈페이지 www.gimmyoung.com      블로그 blog.naver.com/gybook
인스타그램 instagram.com/gimmyoung      이메일 bestbook@gimmyoung.com

좋은 독자가 좋은 책을 만듭니다.
김영사는 독자 여러분의 의견에 항상 귀 기울이고 있습니다.

MYTH OF GODS AND HEROES

Ζεύς

한 권으로 정리한 신들의 역사

# 그리스 로마 신화

박 영 규

# 신박한 정리

김영사

차 례

## 5장 ✦ 제우스의 후손이 이룬 그리스 왕가 이야기

## 9장 ✦ 그리스 로마 신화를 쓴 주요 작가 및 작품

# 그리스 로마 신화 신박하게 읽는 법

## 제우스와 그 가족들에 대한 우상화 작업의 결정체

그리스 로마 신화는 아래 그림처럼 세 개의 원으로 이뤄져 있다. 사실에 대한 기록인 역사라는 골격에, 종교적 목적에 따른 초월적이고 비현실적인 우상화 작업이 보태져 신화로 변모했고, 이후 다시 문학적 작업이 덧붙어 그리스와 로마, 나아가 유럽 시민의 교양으로 승화되었다.

따라서 그리스 로마 신화를 제대로 이해하기 위해서는 역사적 요소와 신화적 요소, 문학적 요소를 구분해서 읽을 필요가 있다. 그렇다면 어떤 역사에 신화적 요소와 문학적 요소를 보탠 것일까?

그리스 로마 신화의 근간이 되는 역사적 사실은 제우스와 그 가족 및 후손들의 권력투쟁과 패륜, 욕망과 폭력, 사랑과 증오, 전쟁과 모험에 관한 것이다. 이를 신화적 요소와 문학적 요소로 미화해 아름답고 의미 있는 이야기로 포장하고 있다. 한 문장으로 표현하면 다음과 같이 쓸 수 있다.

그리스 로마 신화는 암투와 패륜, 욕망과 폭력으로 얼룩진 제우스와 그 가족 및 후손들의 행위를 신화와 문학의 이름으로 미화한 우상화 작업의 결정체다.

## 그럼에도 읽어야 할 필요성은?

우리는 왜 이런 우상화 작업의 결과물에 불과한 그리스 로마 신화를 읽어야만 하는가? 그것은 그리스 로마 신화가 서양 문화에서 차지하는 무시하지 못할 비중 때문이다.

흔히 히브리즘과 헬레니즘을 서양 문화를 형성하는 양대 축이라고 한다. 헬레니즘의 토대는 곧 그리스 로마 신화다. 실상 유럽의 지명이나 문화, 사상과 관련한 용어의 근간을 캐다 보면 그리스 로마 신화와 연결된 것들이 부지기수다. '유럽'이라는 명칭부터 시작해서 각 나라의 지명이나 바다와 섬의 이름, 나무·꽃·별자리·암석의 명칭, 꽃말과 사상·현상의 유래, 각종 용어의 어원까지 헤아릴 수 없이 많은 분야에서 우리는 그리스 로마 신화를 만나게 된다.

어디 그뿐이겠는가? 우리가 흔히 접하는 문학, 회화, 조각, 음악, 연극 등 각종 예술 분야는 물론이고 철학, 심리학, 사회학, 수사학, 언어학 등 다양한 학문 분야에서도 그리스 로마 신화를 접할 수 있다.

다소 과장해서 말한다면 그리스 로마 신화를 빼놓고는 서양의 학문과 예술을 논할 수 없다. 이런 까닭에 우리는 그리스 로마 신화를 배울 필요가 있다.

## 전혀 복잡하지 않다!

하지만 사람들은 대개 그리스 로마 신화를 쉽게 섭렵하지 못한다. 그 이유를 물어보면 너무 많은 이야기와 등장인물 때문에 복잡하게 느껴지기 때문이라고 한다. 정말 그리스 로마 신화는 그토록 복잡할까? 단언컨대 전혀 그렇지 않다. 문제는 제대로 정리된 글을 접할 수 없었다는 점이다.

지금까지 우리가 읽어온 그리스 로마 신화는 역사와 신화 그리고 문학이 마구잡이로 뒤엉켜 있는 상태였다. 그런 까닭에 독자에겐 그 틀이 매우 복잡다단해 보일 수밖에 없었다. 하지만 알고 보면 그리스 로마 신화의 틀은 굉장히 단순하다.

이는 신화 속 에피소드의 주인공에서 확인할 수 있다. 엄청나게 복잡하고 많은 인물이 등장하는 것 같지만, 사실 그리스 로마 신화의 인물 구성은 무척 단조롭다.

제우스는 크로노스와 레아 슬하의 3남 3녀 중 막내로 태어나 21명의 여인에게서 18남 25녀를 낳았다. 그리스 로마 신화의 80퍼센트는 이들 제우스의 형제자매와 여인들, 그 여인들에게서 태어난 자녀들 이야기다. 나머지는 제우스의 후손이 세운 그리스 왕가와 민간 전설에서 차용한 인물과 괴물 이야기다. 이를 간단한 등식으로 나타내면 다음과 같다.

등장인물 = 제우스의 형제자매 및 여인들과 자녀들 + 제우스의 후손이 세운 왕가의 주요 인물 + 민간 전설 속 인물과 괴물

이야기의 틀 또한 복잡하지 않다. 크게 암투, 연애, 영웅, 모험, 괴물 등 다섯 개의 키워드로 한정할 수 있다. 이 다섯 개 키워드만 알면 그리스 로마 신화를 이해하는 데 아무런 지장이 없다. 이를 등식으로 나타내면 다음과 같다.

이야기의 키워드 = 암투 + 연애 + 영웅 + 모험 + 괴물

## 신박한 정리란 바로 이런 것

이 책은 사람들이 너무나도 복잡하게 생각하는 그리스 로마 신화를 그야말로 '신선하고 박식하게' 정리해 불과 300쪽 분량으로 아홉 개 장에 모두 담아냈다.

1장 '그리스인의 신이 된 제우스와 그 가족'에서는 역사 인물 제우스와 그의 가족들이 신격화되는 과정을 서술했다. 제우스의

형제자매와 제우스에 대항한 세력을 대표하는 프로메테우스 형제의 면면을 풀어내고, 그들의 후예로서 그리스인이 시조로 섬기는 헬렌에 대한 소개를 덧붙였다.

2장부터 4장까지는 제우스의 가족과 그들에게 얽힌 신화를 다루었다. 2장 '제우스의 여인들'에서는 제우스의 아이를 낳은 21명의 여인을, 3장 '제우스의 아들들'에서는 18명의 아들을, 그리고 4장 '제우스의 딸들'에서는 25명의 딸을 소개했다. 이들과 관련된 신화뿐만 아니라 신화에 등장하는 다른 인물들도 함께 다뤘다.

5장 '제우스의 후손이 이룬 그리스 왕가 이야기'에서는 제우스의 후손이 형성한 그리스 3대 왕가, 즉 테베·아테네·미케네 왕가의 신화 속 인물들을 소개하며, 그들과 관련한 인물과 사건을 한자리에 모았다. 6장 '황금 양모를 찾아 떠난 아르고호 원정대'는 제우스의 후손이 아니라 프로메테우스의 후손인 이아손으로 시작된다. 그를 필두로 아르고호 원정대에 참여한 50인 중 주요 인물 9명의 삶과 각종 사건을 담았다. 7장 '트로이 전쟁과 트로이의 몰락'은 트로이 왕가가 형성된 과정과 트로이 전쟁의 발발 원인·전개·결말을 살펴보는 한편, 관련된 주요 인물을 서술했다.

8장 '신화 속 인물과 괴물'에서는 민간 전설에서 그리스 로마 신화로 흡수된 여러 인물과 괴물을 다루었다. 9장 '그리스 로마 신화를 쓴 주요 작가 및 작품'에서는 독자들이 흔히 접하는 그리스 로마 신화가 언제, 어느 작가에 의해, 어떤 형태로 창작되었는지 보여준다. 왜 같은 인물에 관한 이야기가 그토록 여러 형태로 전해지는지 파악할 수 있다.

이 책은 제목 그대로 그리스 로마 신화를 '신박하게' 정리해 독자가 신화 전반을 원활히 이해하도록 하는 데 목적을 두었다. 그런 까닭에 신화 속 이야기를 장황하게 늘어놓기보다는 간단명료하게 서술해 한눈에 전체를 간파하도록 했다. 독자의 이해도를 높이기 위해 제우스 가족의 가계도와 제우스 후손이 건국한 그리스 왕가의 가계도를 만들었고, 참고가 될 만한 그림도 추가했다.

자부하건대 지금껏 동서양을 막론하고 그리스 로마 신화를 이토록 일목요연하고 정확하게 정리한 책은 없었다. 모쪼록 이 책이 어렵고 복잡하게만 보이던 그리스 로마 신화의 구조와 인물을 독자 대중이 보다 쉽고 명확하게 이해하는 데 작은 보탬이 되길 바란다.

2023년 9월 일산 우거에서
박영규

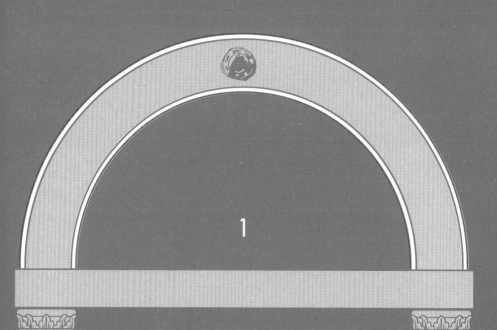

1

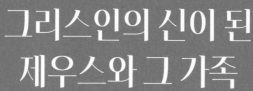

# 그리스인의 신이 된
# 제우스와 그 가족

## 1. 그리스 로마 신화의 세 가지 구성 요소

고대 그리스의 대문호 호메로스가 남긴 《일리아스》와 《오디세이아》는 트로이 전쟁에 관한 이야기다. 이 대서사시에는 그리스의 신화와 전설이 가득 담겨 있는데, 이 때문에 19세기 중엽까지 트로이 전쟁은 호메로스가 꾸며낸 소설에 불과한 것으로 여겨졌다. 하지만 19세기 독일의 사업가 하인리히 슐리만은 트로이 전쟁을 역사적 사실이라고 굳게 믿고 자신의 모든 재산을 쏟아부어 트로이의 유물을 발굴하는 데 성공했다. 이로써 《일리아스》와 《오디세이아》가 역사적 사실을 기반으로 한 작품임을 알게 되었다.

사실 《일리아스》와 《오디세이아》의 내용뿐 아니라 그리스 신화 전체 이야기도 역사적 사실을 기반으로 창작되었다고 보아야 할 것이다.

그리스 신화는 최고신으로 추앙받는 제우스와 그의 가족 이야기를 골격으로 삼아 형성된 일종의 건국신화라고 할 수 있다. 세계 어느 나라를 막론하고 고대의 건국신화들은 모두 역사적 요소와 신화적 요소가 결합되어 있기 마련이다. 제우스의 건국신화도 예외는 아니다. 거기다 제우스의 건국신화는 후대 작가들이 많은 설정과 이야기를 보태면서 문학작품으로 승화되었다. 그 때문에 다른 어떤 나라의 건국신화보다도 복잡하고 세밀하며, 다양한 문학작품을 낳았다.

이런 까닭에 그리스 신화는 역사적 요소, 신화적 요소, 문학적 요소로 이뤄지게 되었다. 역사적 요소는 사실에 근거한 사건에 관한 기록이고, 신화적 요소는 종교적 필요성에 의해 만들어진 신앙으로서의 기록이며, 문학적 요소는 백성의 교육을 위해 의도적으로 창작된 기록이다. 따라서 그리스 신화를 제대로 읽기 위해서는 세 가지 요소를 구분해야 한다.

이 세 가지 요소를 구분하기 위해 첫 번째로 파악해야 하는 것은 역사적 요소, 즉 사실에 근거한 사건이다. 신화적 요소와 문학적 요소는 역사적 사건을 기반으로 형성되었기 때문이다. 그렇다면 그리스 신화에서 가장 사실적인 사건은 무엇일까? 그것은 바로 제우스가 나라를 건국했다는 것과 그를 건국시조로 삼는다는 점이다. 그리스 신화는 제우스의 왕권 확립 과정과 국가 지배 구조, 주변 국가와의 관계 등 부수적인 역사적 사실 또한 담고 있다.

이런 역사적 사실을 기반으로 제우스에 대한 신격화와 우상화 작업이 이뤄졌는데, 이것이 곧 신화적 요소다. 물론 제우스를 신격화하고 우상화한 것은 그를 신앙의 대상으로 만들기 위함이다.

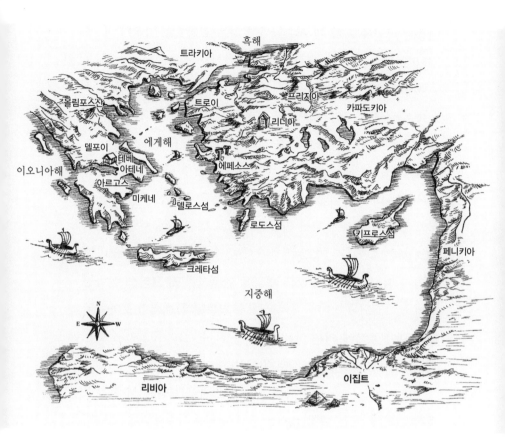

흑해

트라키아

올림포스산

프리지아

트로이

카파도키아

리디아

델포이

에게해

테베

에페소스

아테네

이오니아해

아르고스

미케네

델로스섬

로도스섬

키프로스섬

페니키아

크레타섬

지중해

리비아

이집트

그리스 로마 신화의 무대.

지금이야 제우스가 신화 속 비현실적 존재에 불과하지만, 고대
그리스인들에겐 절대적 신앙의 대상이었다. 그리고 이는 그에 대
한 끊임없는 우상화 작업의 결과였다.

제우스를 우상화하는 작업은 신화에 문학적 요소가 가미되면
서 절정에 이른다. 문학의 옷을 입은 제우스 신화는 급기야 모든
백성의 교육 자료로 활용된다. 말하자면 문학이라는 도구를 통해

대중화 작업을 거쳐 누구나 알아야 하는 교양으로 자리 잡게 된 것이다.

이렇게 그리스 신화는 역사적 사건에 대한 기록을 바탕으로 신화로 변모해 그리스 종교의 경전이 되었고, 다시 그리스 백성을 교육하기 위해 문학의 옷을 입게 되었다.

하지만 그리스가 몰락하고 로마가 그리스 신화를 수입하면서 제우스는 더 이상 신앙의 대상이 되지 못한다. 대신 로마의 문호들은 신화에 대한 문학화 작업에 박차를 가한다. 로마인은 그리스 신화를 교양을 함양하기 수단으로 삼았다. 그 덕분에 로마는 그리스 신화를 소재로 많은 비극을 탄생시켰고, 그리스 신화는 점차 로마화되어 그리스 로마 신화로 거듭났다. 이처럼 로마제국과 당대 문호들에 의해 더욱 확대·재생산된 그리스 로마 신화는 매우 복잡다단한 형태를 갖추게 되었다.

우리는 지금부터 이 복잡한 그리스 로마 신화를 역사적 요소와 신화적 요소, 문학적 요소로 구분해 읽음으로써 이를 간단하고 명료하게 이해하게 될 것이다.


## 2. 역사 인물 제우스가 생존한 시기는 언제일까?

그리스 신화는 제우스(로마식: 유피테르, 영어식: 주피터)를 빼놓곤 어떤 이야기도 성립할 수 없다. 그 때문에 역사 속 실존 인물로서 제우스를 파악하는 것은 그리스 신화를 이해하는 요체다.

우선 제우스가 어느 시대에 살았던 사람인지 알아보자. 제우스가 생존한 시기를 알아낼 수 있는 열쇠는 그의 탄생과 성장 과정을 담은 신화에 있다. 신화에서 제우스는 하늘의 신 우라노스와 대지의 신 가이아의 손자로 묘사된다. 말하자면 땅과 하늘이 그의 조상인 셈인데, 이는 물론 그를 신격화하기 위한 신화적 장치다. 하지만 신화적 장치에도 역사적 사실이 숨어 있다. 따라서 우선 신화의 내용을 살펴볼 필요가 있다.

신화에서 묘사되는 제우스의 가계를 살펴보면, 제우스의 아버지는 우라노스와 가이아 사이에서 태어난 6남 6녀 중 막내아들 크로노스다. 이들 12티탄 남매는 오케아노스, 히페리온, 코이오스, 크리오스, 이아페토스, 크로노스 등 6남과 테티스, 테이아, 포이베, 레아, 므네모시네, 테미스 등 6녀로 이루어져 있다. 막내아들 크로노스는 누이인 레아와 부부가 되었다. 둘은 하데스, 포세이돈, 제우스 등 세 아들과 헤스티아, 헤라, 데메테르 등 세 딸, 즉 3남 3녀를 낳았는데, 그중 막내가 제우스다.

그런데 제우스의 아버지 크로노스는 레아가 자식을 낳는 족족 삼켜버린다. 크로노스의 이런 행위는 아버지 우라노스의 행동과 매우 유사했다. 우라노스는 아이들이 태어날 때마다 그들을 대지 깊숙한 곳에 감춰버렸는데, 자신과 가이아 사이에서 태어난 아이들이 한결같이 드세고 괴물 같은 모습을 하고 있었기 때문이다. 하지만 가이아는 우라노스가 자신의 아이들을 감춘 데 분개해 남편을 내쫓기로 결심했고, 이를 실행한 아들이 바로 제우스의 아버지 크로노스였다.

제우스와 아킬레우스의 어머니 테티스, 장 오귀스트 앵그르(1811년), 엑상프로방스 그라네 미술관 소장.

기원전 8세기에 활동한 것으로 알려진 그리스 작가 헤시오도스는 자신의 저작《신들의 계보》에서 우라노스가 쫓겨나는 과정을 서술했는데, 그 내용을 요약하자면 이렇다.

가이아와 우라노스 사이에서 태어난 아이들은 모두 무서울 만큼 강하게 생겼는데, 그 때문에 우라노스는 그들을 싫어해 대지 깊숙한 곳에 가둬버렸다. 가이아는 이 일로 괴로워하다가 큰 강철 낫을 만들어 자식들에게 아버지를 제거할 것을 요구했다. 자식들은 모두 겁이 나서 선뜻 승낙하지 못했는데, 다만 막내 크로노스가 용감하게 나섰다. 가이아는 기뻐하며 크로노스에게 낫을 쥐여주었고, 크로노스는 우라노스가 가이아 위에 몸을 펼칠 때를 노려 그의 남근을 잘라버렸다.

크로노스는 이렇게 우라노스를 내쫓고 세상을 지배하게 되었다. 그런데 그 역시 아버지 우라노스처럼 아이들이 태어나는 족족 삼켜버렸다. 이는 아이들 중 누군가가 자신을 내쫓고 왕위를 차지할 것이라는 불안감 때문이었다.

이렇듯 크로노스가 태어난 아이들을 모두 삼켜버리자, 제우스의 어머니 레아는 한 가지 꾀를 냈다. 그녀는 여섯 번째 아이를 낳은 뒤 몰래 감춰놓고 돌덩어리 하나를 강보에 싸서 자기 곁에 두었다. 크로노스는 강보에 싸인 돌덩어리가 아기인 줄 알고 삼켜버렸다.

이때 레아가 숨긴 아이가 바로 제우스였다. 할머니 가이아가 제우스를 크레타섬에 보냈고, 제우스는 아말테이아라는 여인 손에 양육되었다. 아말테이아를 어머니로 알고 크레타섬에서 자란 제우스가 청년이 되자, 가이아는 그 앞에 나타나 그가 크레타섬에서 자라게 된 사연을 들려준다.

가이아를 통해 자신의 형제가 모두 아버지 크로노스의 배 속에 들어 있다는 사실을 알게 된 제우스는 그들을 구하기 위해 크로노스의 궁전이 있는 오트리스산으로 가서 어머니 레아를 만난다. 그리고 크로노스에게 구토하는 약을 먹여 형제를 토하게 만들고 그를 내쫓았다. 내쫓긴 크로노스는 무한 지옥인 타르타로스에 가둬졌다고 하는데, 이는 곧 크로노스가 죽었음을 의미한다.

이것이 제우스가 아버지 크로노스를 내쫓고 형제를 구한 신화의 대략적인 줄거리다. 이 이야기에는 제우스가 생존한 시기를 유추할 수 있는 열쇠가 있다. 제우스가 성장한 곳이 크레타섬이라는 것은 제우스가 어느 시대 사람인지 유추해볼 수 있는 중요한 단서다. 그리스 문명은 에게 문명에서 시작되는데, 에게 문명의 뿌리가 바로 크레타 문명이다. 제우스가 크레타섬에서 성장했다는 이야기는 그가 크레타 문명 시절 사람이라는 것을 암시하는 셈이다.

또 신화는 제우스가 크로노스를 내쫓고 올림포스산 꼭대기에 궁전을 짓고 살았다고 서술하는데, 이는 제우스가 크레타 문명의 전성기가 끝날 무렵에 크레타에서 그리스의 올림포스 지역으로 이주한 세력이었음을 짐작하게 한다.

크레타 문명은 기원전 3000년경에 일어나 기원전 2000년경부터 약 600년 동안 전성기를 구가한 뒤 몰락했다. 이에 근거했을 때 제우스는 기원전 14세기 전후의 인물로 추정할 수 있다.

제우스의 생존 시기를 추정할 만한 또 하나의 단서는 호메로스의 《일리아스》와 《오디세이아》에서도 찾아볼 수 있다. 두 책에서 트로이 전쟁을 주도한 인물인 아가멤논이 제우스의 4대손인 점을 감안하면 제우스가 트로이 전쟁 시점에서 약 70~80년 전

아들을 잡아먹는 크로노스, 프란시스코 고야(1819~1823년), 마드리드 프라도 미술관 소장.

인물임을 유추할 수 있다. 트로이 전쟁이 발발한 시기를 알면 제우스의 생존 시기를 추정해볼 수 있는 것이다.

트로이 전쟁 발발 시기에 대해서는 학자에 따라 다소 차이가 있지만 대개 기원전 13세기 말~12세기 말에 일어났을 것으로 본다. 이 시기에 그의 4대손인 고손자 아가멤논이 활약했다면, 제우스가 활동한 시기는 기원전 14세기 말~13세기 말로 압축할 수 있고, 이는 제우스가 기원전 14세기 전후 인물이라는 추정과 도 거의 일치한다. 따라서 제우스는 기원전 14세기 무렵에 실존했던 인물로 판단할 수 있다.


## 3. 제우스의 왕위 계승 전쟁과 세력 확대

제우스가 실존 인물이라면 그는 어떻게 살았을까? 신화에 녹아 있는 제우스의 인생 여정을 따라가보자.

신화는 제우스가 아버지 크로노스를 내쫓은 뒤 형제자매와 함께 오트리스산을 빠져나와 올림포스산 꼭대기에 천궁을 짓고 살았다고 전한다. 이때 아버지 크로노스의 형제인 티탄들은 크로노스의 성이 있는 오트리스산에 진을 치고 제우스를 응징할 기회를 엿보고 있었다. 신화에서 티탄은 크로노스의 형제자매로 그려지지만, 실제로는 당시 크로노스와 동맹을 맺고 있던 주변 국가라고 이해하는 것이 타당할 듯하다.

이 무렵, 제우스는 자신의 형제인 포세이돈, 하데스 세력과 함께 티탄의 공격에 대비했다. 하지만 이들만으로는 티탄을 상대할 수 없을 것으로 판단하고 티탄족의 후예인 프로메테우스 세력까지 끌어들여 연합군을 형성한다.

이후 티탄과 제우스의 싸움은 무려 10년이나 지속되었다. 하지만 좀체 승부가 나지 않았고, 시간이 지날수록 제우스에게 불리해졌다. 이에 제우스는 키클롭스 및 헤카톤케이르 세력과 손을 잡았고 마침내 승리를 이룬다.

신화는 키클롭스와 헤카톤케이르를 우라노스와 가이아 사이에서 태어난 괴물로 묘사하고 있다. 그들은 외눈박이이거나 손이 100개씩 달린 거인이라고 하는데, 이는 아마도 이민족을 상징하는 것으로 보인다. 건국신화에서 이민족은 일반적으로 괴물 또는 괴물 같은 모습으로 그려지기 때문이다. 키클롭스와 헤카톤케이르 역시 같은 맥락에서 해석하면, 제우스는 티탄으로 묘사된 크로노스의 동맹 세력과 벌인 전쟁에서 승리하기 위해 이민족을 끌어들였고, 마침내 그들의 도움에 힘입어 승리를 얻었음을 알 수 있다.

세력 다툼과 왕위 계승전에서 승리했지만, 제우스는 왕권을 독점하지 않았다. 형제와 함께 일종의 연합 정권을 만들어 바다는 포세이돈에게, 지하세계는 하데스에게 일임하고, 자신은 하늘의 주인이 되는 것으로 권력을 분배했다. 신화는 권력을 분배하는 방법으로 제비뽑기를 했다고 하지만, 이는 후대에 덧붙인 문학적 요소로 이해하면 될 것이다.

권력을 분배하는 과정에서, 전쟁에 나가 큰 공을 세운 티탄족 출신 프로메테우스는 책사로 삼았고, 키클롭스에게는 무기를 담당하는 대장간을 열어줬다. 헤카톤케이르에게는 티탄족을 감시하는 경비 임무를 맡겼다. 이민족 출신인 두 세력에 무기를 만드는 임무와 적군을 방어하는 임무를 맡겼다는 뜻이다.

이후 제우스는 강력한 무력을 바탕으로 주변 국가들을 정복하기 시작했고, 세력을 크게 확장해 막강한 영향력을 행사하며 그리스 소국 연합체에서 종주국의 지위를 누린다. 당시는 그리스 지역은 물론이고 중국이나 여타 지역 대부분이 소국 연합체 형태를 이루던 때였다. 소국 연합체의 구조는 대개 무력이 강한 국가가 종주국의 지위를 가지고, 주변 약소국들은 종속국의 처지가 되었다. 따라서 종속국은 종주국에 매년 공물을 바치는, 이른바 조공국으로 지냈다. 이런 국가 관계의 대표적인 사례가 중국 고대의 하·상·주 삼대 시대이고, 한국 고대의 삼한 시대도 비슷한 구조를 띠었다. 제우스는 이런 소국 연합체 시대의 종주국 왕으로 군림한 것으로 보인다.

## 4. 인간으로 태어나 신이 된 제우스

이렇듯 간단하게 역사 인물 제우스를 살펴보았으니, 이제 신격화된 제우스를 살펴볼 차례다. 그리스인은 왕 제우스를 신앙의 대상으로 추앙하기 위해 그를 우상화했는데, 제우스를 신으로 격상시킨 수단은 그를 우주와 연결하는 것이었다. 말하자면 제우스를 조물주, 즉 하늘의 신 우라노스의 자손으로 만든 것이다.

그리스 신화에 따르면 처음에 세상에는 아무것도 존재하지 않았고, 오직 카오스라는 혼돈만이 있었다. 헤시오도스의 《신들의 계보》는 우주에서 가장 먼저 생긴 것은 카오스이고, 이어서 대지의 신 가이아와 흑암의 구렁텅이인 타르타로스, 그리고 에로스가 생겨났다고 쓴다. 카오스는 다시 에레보스(저승)와 어두운 밤을 낳았고, 밤과 에레보스가 결합해 아이테르(창공)와 낮을 낳았다. 한편 가이아는 우라노스를 낳았고, 우라노스는 모든 신에게 안전한 거처가 되었다고 한다.

이렇듯 가이아는 하늘의 신 우라노스를 탄생시켰고, 다시 우라노스와 결합해 6남 6녀의 12티탄 남매와 키클롭스 3형제, 헤카톤케이르 3형제를 낳았다. 이 가운데 12티탄 남매의 막내인 크로노스와 넷째 딸 레아가 결합해 3남 3녀를 낳았다. 크로노스와 레아의 3남 3녀 중 막내가 바로 제우스다. 그러니 제우스는 창조주에 해당하는 하늘의 신 우라노스와 대지의 신 가이아의 손자로 태어난 셈이다. 이렇게 인간의 아들이자 그리스 올림포스의 왕 제우스는 명실공히 신으로 승격되어 종교적 숭배의 대상이 되었다. 이후 제우스는 기원전 5세기까지 무려 800년 동안 그리스 사람들의 신으로 군림한다.


## 5. 제우스와 함께 신이 된 그의 가족

제우스가 신이 되자, 제우스의 부모와 아내, 자식도 모두 신이 되었다. 그것도 평범한 신이 아니라 신 가운데 가장 신성하고 위대한 신이 되었다.

그리스 신화를 보면 신들에게도 계급이 있다는 사실이 무척 흥미롭다. 가장 높은 계급은 제우스의 형제자매, 그리고 자식들이다. 이들은 흔히 올림포스 12신으로 불리는데, 그 이름을 나열하자면 제우스, 포세이돈, 하데스 3형제와 누이인 헤스티아와 헤라, 그리고 제우스의 자녀인 아폴론, 헤파이스토스, 아레스, 헤르메스, 아테나, 아프로디테, 아르테미스다.

그들 아래로 급이 낮은 신이 수두룩하다. 그런데 그들 역시 알고 보면 전부 제우스의 자녀다. 그런데 왜 급이 낮아졌을까? 제우스의 총애를 받지 못했거나 생모의 급이 낮기 때문이다. 그렇지만 어쨌든 그들은 제우스의 혈통이기 때문에 상급은 아니더라도 중급 신으로 묘사된다.

중급 신 아래로는 티탄족 출신의 신이 있다. 그들은 신이지만 제우스의 혈통이 아니기 때문에 급이 낮다고 할 수 있다. 티탄족 밑에도 이른바 정령이라 불리는 신이 있다. 이들은 주로 땅에 사는데, 역시 어떤 형태로든 상위 신과 혈통이 이어져 있다.

이런 신들의 계급을 현실적으로 해석하자면, 이른바 종주국의 왕인 제우스와 그의 형제자매, 직계 자녀는 순수 혈통인 종주국의 왕족이라 할 수 있고, 그 아래 신은 방계 혈통의 왕족이거나 종속국, 즉 티탄이나 여타 나라의 왕족이라 할 수 있다. 또 왕족과 일반 신하가 결합해 낳은 자는 주로 영웅으로 묘사되고, 왕족과 전혀 관련 없는 자들은 모두 평범한 사람으로 묘사된다. 이것이 그리스 신화에서 제우스와 그의 일족 및 당시 왕족을 신격화한 체계다. 말하자면 그리스 신화는 종주국과 종속국의 왕족을 신앙의 대상으로 삼기 위한 우상화 작업의 결과물이라는 뜻이다.

이런 체계 속에서 신으로 승격된 인물에게는 모두 특별한 능력이 부여된다. 이를테면 제우스는 번개나 비 같은 기상 현상을 주재하고, 세계의 질서와 정의 그리고 각 나라의 왕권과 사회의 위계질서를 유지할 능력이 있는 존재다. 그의 형제 포세이돈은 바다를 지배하는 동시에 지진을 주관하며, 하데스는 저승 세계를 다스린다.

제우스의 누이와 자녀 역시 특별한 능력을 지녔다. 헤스티아는 화덕의 신, 헤라는 가정의 신이며, 데메테르는 곡물과 수확의 신이다. 제우스의 자녀를 살펴보면 아폴론은 태양의 신, 헤파이스토스는 대장장이의 신, 아레스는 전쟁의 신, 헤르메스는 상업의 신, 아테나는 지혜의 신, 아프로디테는 미의 신, 아르테미스는 달의 신이다.

이렇듯 제우스의 형제자매와 자녀는 특별한 능력을 지닌 위대한 신으로 묘사되고, 동시에 그 능력으로 인간을 지배하고 응징하며 때로는 초월적 존재로서 도움을 주기도 한다. 이러한 우상화를 통해 제우스와 그의 가족은 신앙의 대상으로 발전한다.


## 6. 제우스의 형제자매

제우스는 크로노스와 레아의 3남 3녀 중 막내로 태어났으니, 그의 형제자매는 모두 다섯이다. 이들 중 남자 형제는 포세이돈과 하데스이며 여자 형제는 헤스티아, 데메테르, 헤라다. 여기서는 포세이돈과 하데스, 헤스티아를 다루고, 데메테르와 헤라는 2장 '제우스의 여인들'에서 별도로 언급한다.

## 수많은 바다괴물의 아버지가 된 바다의 신, 포세이돈

포세이돈(로마식: 넵투누스, 영어식: 넵튠)은 제우스의 형이기도 하고 동생이기도 하다. 그가 제우스의 형이라고 하는 것은 제우스보다 먼저 태어났기 때문이다. 하지만 그는 태어나자마자 아버지 크로노스에게 삼켜졌고, 이후 크로노스의 배 속에서 성장이 멈추었다. 그 때문에 제우스가 그를 크로노스에게서 구해냈을 때 그는 갓 태어난 아기였고, 제우스는 성인이었다. 그래서 태어난 순서로는 제우스의 형이지만, 성장 면에서는 동생인 것이다.

천하의 왕인 제우스의 형이자 동생인 덕분에 포세이돈은 올림포스 12신 반열에 올랐고, 바다의 왕국을 자기 몫으로 받았다. 신화는 그를 바다를 지배하는 신으로 묘사한다. 그는 지진을 지배하는 신이기도 했다. 그래서 포세이돈이라는 이름은 '땅의 주인'이라는 뜻을 지니게 되었다. 포세이돈은 신화에 따르면 그리스의 테살리아와 메세니아 왕국의 시조이기도 하며, 그리스에 최초로 말을 들여온 인물로도 묘사된다.

포세이돈을 상징하는 것은 '트리아이나'로 불리는 삼지창이다. 포세이돈에게 삼지창을 만들어준 인물은 키클롭스라고 전하는데, 포세이돈은 항상 이 무기를 지니고 다니며 상대를 제압하는 수단으로 사용한다. 이와 관련해 학자들은 포세이돈이 원래 소지하던 무기는 삼지창이 아니라 작살이었을 것이라고 추측한다.

포세이돈은 바다의 신답게 고래와 다랑어를 상징물로 삼는다. 그리고 육지 동물인 말도 그의 상징물이다. 이는 신화에서 그가 그리스 아테네 땅에 최초로 말을 탄생시킨 존재로 묘사되기 때문이다.

하지만 신화 속 포세이돈의 존재감은 제우스에 비해 형편없이 작다. 심지어 포세이돈은 제우스의 자녀와 자주 다툼을 벌였는데, 그때마다 늘 패배하는 존재로 그려진다. 또 제우스의 자녀는 모두 준수한 외모와 뛰어난 능력을 갖춘 데 반해 포세이돈의 자녀는 대부분 외모가 괴물 같거나 아예 괴물로 묘사되는 경우가 많다.

포세이돈은 수시로 제우스의 자녀와 갈등을 빚는다. 제우스가 알크메네에게서 얻은 아들 헤라클레스가 포세이돈의 아들 안타이오스를 죽이는가 하면, 제우스의 장녀 아테나는 포세이돈의 연인이던 메두사를 괴물로 만들어버렸고, 제우스가 다나에에게서 얻은 아들 페르세우스는 메두사를 죽였다. 거기다 포세이돈은 아테네 땅의 지배권을 두고 아테나와 다툼을 벌인 끝에 패배하기도 했다. 이렇듯 포세이돈은 여러 사건에서 제우스의 자녀와 악연으로 얽혔고, 그때마다 비참한 결과를 맞았다.

한편 포세이돈은 여성 편력이 있어 많은 자녀를 낳았지만, 신화는 그들을 매우 부정적으로 그리고 있다. 그뿐만 아니라 포세이돈은 자신의 여인들과도 그다지 좋은 관계를 유지하지 못하는 존재로 묘사된다.

그가 관계한 여인은 매우 많지만, 신화에서 공식적인 부인으로 묘사되는 여인은 누이 데메테르와 티탄족 출신 암피트리테다. 신화는 포세이돈의 첫 부인을 그의 할머니 가이아라고 서술하기도 하는데, 이는 현실성이 없기 때문에 가이아는 그의 여인 목록에서 제외하는 것이 타당하다. 그러니 신화에서 그의 두 번째 여인으로 묘사된 데메테르가 실질적인 첫 여인일 듯하다. 그런데 데메테르는 포세이돈 한 사람만의 여인은 아니었다. 그녀는 제우스를 비롯해 포세이돈, 카르마노르, 트리프톨레모스, 오케아노스, 심지어 제우스의 아들이자 자신의 조카 이아시온과도 관계를 맺었고, 페르세포네 등 여러 자녀를 낳았다. 따라서 그녀를 포세이돈의 정식 부인이라고 보는 것은 합당치 않다.

그러므로 암피트리테를 포세이돈의 정식 부인으로 보아야 할 것이다. 그런데 티탄족 출신인 암피트리테는 포세이돈을 좋아하지 않아서 그와 결혼하지 않으려고 아틀라스에게 도주했다고 한다. 포세이돈은 돌고래의 도움을 받아 그녀를 찾아내 기어코 결혼했고, 아들 트리톤을 낳았다. 그런데 그들의 아들 트리톤은 상반신은 인간이고 하반신은 물고기인 반인반수였다.

신화는 이렇게 포세이돈의 자식을 정상적인 인간으로 그리지 않는 경우가 많다. 트리톤 외에도 포세이돈의 자식은 대부분 바다괴물로 묘사된다. 또 정상적으로 태어난 자녀도 일찍 죽거나 평범한 생활을 하지 못하는 것으로 그려진다.

이렇듯 신화에는 포세이돈과 그 자녀의 존재감을 격하하는 장치가 반복적으로 나타난다. 이는 곧 포세이돈이 비록 제우스의 형제이기는 하나 제우스에 한참 못 미치는 열등한 존재임을 강조한 것으로 해석할 수 있다.

## 죽음과 공포의 상징이 된 지하의 신, 하데스

신화는 제우스의 또 다른 형제인 하데스 역시 포세이돈처럼 존재
감 없는 인물로 묘사한다. 하데스(로마식·영어식: 플루토)는 지하세계
를 관장하는 죽음의 신이다. 그는 늘 음습한 지하에 머무는 공포스
러운 존재로 죽은 뒤에나 만날 수 있다. 따라서 그를 만났다는 것
은 곧 죽음을 의미한다. 그리고 어쩌다 지상세계에 올라오면 누군
가를 납치해 지하세계로 끌고 가는 파렴치한으로 그려진다.

그의 정식 부인으로 언급되는 페르세포네조차 납치해 온 여인
이다. 납치 같은 방식을 통하지 않고는 원하는 여인을 얻을 수 없
는 것이 그의 처지인 셈이다. 신화는 마카리아, 멜리노에, 자그레
우스 등이 그의 자녀라고 하지만, 정작 그들의 어머니가 누구인
지는 밝히지 않는다. 그들은 어쩌면 자녀가 아니라 납치해 온 아
이들일 수도 있다는 상상을 불러일으킨다. 부인인 페르세포네는
그를 몹시 혐오하고 늘 그의 손아귀에서 벗어나길 갈구한다. 그
때문에 그녀에게서는 단 한 명의 자녀도 얻지 못한다. 하데스는
페르세포네를 곁에 잡아두기 위해 그녀를 속여 지하의 음식을
먹이기도 한다. 지하의 음식을 먹은 자는 결코 지상으로 돌아갈
수 없기 때문이다.

그런 까닭에 미의 여신으로 불린 제우스의 딸 아프로디테는
장가를 들기 위해 신붓감을 구하던 하데스를 두고 아들 에로스
에게 이런 말을 하기도 한다.

"에로스야, 저기 좀 보아라. 저기 시커먼 이륜마차를 타고 거들 먹거리는 털보가 누군지 아느냐? 저승의 신 하데스란 자다. 위대한 제우스 신께서 형이자 아우인 하데스에게 마땅한 아내를 구해주고자 하는데, 한번 가면 다시 오지 못하는 그 음산한 땅으로 누가 시집을 가려고 하겠느냐?"

신화는 하데스를 음흉하고 음습하고 간악한 파렴치한으로 설정해 모두에게 두려움과 공포를 주는 대상으로 묘사한다. 게다가 그는 항상 모습을 감출 수 있는 투구를 쓰고 다녀서 누구에게든 접근해 부지불식간에 납치를 감행할 수 있는 존재로 그려진다.

이렇듯 하데스는 신화에서 포세이돈보다 더 부정적인 존재로 등장한다. 신화는 하데스도 포세이돈과 마찬가지로 제우스에 비하면 존재감이 한참 떨어지는 존재로 인식시키고 있는 것이다. 이를 역으로 보자면 제우스를 부각하려는 의도가 명백함을 알 수 있다.

## 가정의 중심이 된 화덕의 신, 헤스티아

헤스티아(로마식: 베스타)는 제우스의 세 누이 중 유일하게 처녀 신으로 묘사된 인물이다. 그녀의 자매 데메테르와 헤라는 모두 제우스와 관계해 자녀를 낳았지만, 신화는 유독 헤스티아만 제우스와 관계하지 않은 처녀 신으로 표현한다.

하지만 그녀는 아테나 같은 다른 처녀 신과 달리 별다른 에피소드를 남기지 않았기에 신화에 자주 등장하지 않는다. 그저 매일 아침 첫 공양물을 받는 지위이며, 화덕을 지키고 가정의 질서를 관장한다고 언급되어 있다. 그래서 신화는 그녀에 대해 이렇게 노래한다.

> 헤스티아, 모든 인간과 신의 집에서 최고의 영예는 당신 것이니,
> 연회에서 달콤한 포도주는 처음과 마지막에 당신에게 봉헌되어
> 풍요롭게 부어질 것이로다.
> 당신 없이는 신과 인간이 결코 연회를 즐길 수 없을 것이나니.

이런 신화의 기록에 따라 그리스 사람들은 도시마다 헤스티아에게 바치는 공공 화로를 만들어 그곳의 불이 꺼지지 않도록 관리했다고 한다. 그리스인은 식민지를 개척할 때도 가장 먼저 그녀를 위한 화로를 만들어 불을 붙였고, 로마인은 그 전통을 이어받아 '베스탈'이라는 6명의 여자 사제로 하여금 화로의 불꽃을 지키게 했다.

이렇듯 헤스티아는 부엌을 지키는 화덕의 신으로 추앙되지만, 신화적 요소를 모두 제거한다면 그녀는 제우스의 형제자매 중 가장 보잘것없는 부엌데기로 그려지는 셈이기도 하다. 헤스티아는 결혼도 하지 못했고, 특별한 능력도 부여받지 못했으며, 남자의 구애도 받지 못했다. 올림포스 12신 중 가장 미미한 존재로 그려지는 이유는 단 하나, 바로 제우스의 선택을 받지 못했기 때문이다. 다른 자매인 데메테르와 헤라는 제우스의 자식을 낳았지만, 유독 헤스티아만 선택받지 못했기에 그녀의 존재가 눈에 띄지 않을 수밖에 없었던 것이다.

# 7. 프로메테우스 형제와 그리스인의 시조

제우스는 아버지 크로노스를 내쫓고 왕이 된 뒤, 크로노스의 형제인 티탄족과 10년 동안 전쟁을 치렀다. 티탄 형제는 모두 6명으로, 크로노스를 제외하고 오케아노스, 히페리온, 코이오스, 크리오스, 이아페토스 등 다섯이 있었다. 제우스는 이들과 싸우기 위해 키클롭스와 헤카톤케이르 세력과 연합 전선을 펼쳤고, 결국은 티탄을 물리친다.

전쟁이 치열하게 전개되는 과정에서 이아페토스의 아들 프로메테우스와 에피메테우스는 티탄의 후손임에도 제우스 편에 섰다. 하지만 그들의 형제 아틀라스와 메노이티오스는 끝까지 제우스와 맞서 싸운다.

제우스는 전쟁에서 승리한 후 티탄 세력과 결혼 동맹을 맺어 평화를 이루고자 하는데, 프로메테우스, 아틀라스, 에피메테우스, 메노이티오스 형제는 제우스에게 거만하게 굴며 그의 위상에 흠집을 낸다. 이에 제우스는 그들을 제압하는데, 그 과정에서 프로메테우스와 에피메테우스, 아틀라스, 메노이티오스에 관한 몇 가지 에피소드가 생겨난다. 다음은 신화로 남은 그들 형제의 에피소드를 간략하게 정리한 것이다.

## 인간을 창조하고 불을 선물한 프로메테우스

신화에 따르면 프로메테우스는 인간을 창조한 신이며, 인간에게 불을 전해준 존재다. 그의 아버지는 티탄 6형제 중 하나인 이아페토스이고, 어머니는 티탄 6형제의 오케아노스와 티탄 6자매의 테티스 사이에서 태어난 클리메네다. 클리메네는 프로메테우스를 비롯해 아틀라스, 에피메테우스, 메노이티오스 등 4명의 아들을 낳았다고 전해진다.

프로메테우스는 '먼저 보는 사람' 또는 '먼저 생각하는 사람'이라는 뜻이다. 그는 이름에서 알 수 있듯 창조 능력과 예지력을 지닌 존재였다. 신화는 이런 이유로 그가 제우스와 지혜를 다툴 마음을 품었다고 쓴다.

프로메테우스는 제우스의 지혜를 시험하기 위해 인간이 신에게 황소를 잡아 바칠 때 소의 뼈는 윤기가 흐르는 비계로 감싸게 하고, 살코기와 내장은 가죽으로 감싸게 한 뒤 제우스에게 어느 쪽을 가져갈지 선택하게 했다. 제우스는 프로메테우스의 의도를 간파하고 몹시 분노해 인간에게서 불을 빼앗아버렸다. 하지만 프로메테우스는 제우스의 눈을 속이고 꺼지지 않는 불을 인간에게 몰래 전해주었다.

제우스는 이런 프로메테우스의 속임수에 분노했지만 속내를 감추고 그를 찾아가 자신의 미래를 물어보았다. 미래를 내다보는 예지력을 지닌 프로메테우스는 제우스의 미래를 알고 있었지만 대답하기를 거부했다. 그러자 더 이상 분노를 참지 못한 제우스는 프로메테우스를 코카서스산 바위에 쇠사슬로 묶어두고 독수리가 그의 간을 쪼아 먹도록 하는 형벌을 내렸다.

이후 프로메테우스는 쇠사슬로 바위에 묶인 채 지내다가 제우스의 아들 헤라클레스에 의해 간신히 구출되었다. 헤라클레스는

프로메테우스, 귀스타브 모로(1868년), 파리 귀스타브 모로 미술
관 소장.

자신의 아내와 자식들을 죽인 죄로 12가지 노역을 수행하고 있
었는데, 이때 프로메테우스가 그가 아틀라스의 꾐에 빠지지 않도
록 도와주었다. 이를 고맙게 여긴 헤라클레스가 프로메테우스의
간을 쪼아 먹던 독수리를 죽이고 그를 구했다고 한다.

## 에피메테우스와 판도라의 상자

한편 프로메테우스의 행동에 화가 난 제우스는 계략을 꾸몄다. 당시 지상에는 프로메테우스가 창조한 인간이 살고 있었는데, 모두 남자였다. 그래서 제우스는 헤파이스토스와 아테나를 시켜 여자를 창조했다. 그녀의 이름은 판도라였다.

판도라를 탄생시킨 제우스는 그녀를 프로메테우스의 동생 에피메테우스에게 선물로 보냈다. 신화는 에피메테우스를 어리석은 사람으로 묘사한다. 에피메테우스는 '뒤늦게 깨우치는 자'라는 뜻으로, 프로메테우스라는 이름과 대조된다.

이름의 뜻을 통해 알 수 있듯 에피메테우스는 형처럼 현명하지 못했다. 그 때문에 프로메테우스는 에피메테우스에게 제우스가 선물을 보내올 것이라 예언했고, 그 선물을 받아서는 안 된다고 충고까지 해둔 터였다. 하지만 에피메테우스는 형과 달리 한 치 앞도 내다보지 못하는 인물이었다. 그래서 형의 충고를 까맣게 잊고 판도라를 보자마자 매료되어 덥석 그녀를 아내로 삼고 말았다. 그것은 엄청난 불행을 야기한다.

에피메테우스에게 시집온 판도라에게는 신들에게 선물 받은 상자(또는 항아리)가 있었다. 물론 그 상자는 제우스의 계략으로 그녀에게 주어진 것이었다. 신들은 그녀에게 상자를 주면서 절대로 열어서는 안 된다고 경고했다. 하지만 판도라는 호기심을 참지 못하고 기어코 상자를 열고 말았다.

그러자 상자 속에 있던 질병과 슬픔, 가난, 전쟁, 증오 같은 모든 악이 쏟아져 나왔다. 이에 깜짝 놀란 판도라는 급히 상자를 닫

왔지만, 이미 모든 악이 지상에 퍼져나간 후였다. 상자 속에는 맨 밑바닥에 있던 희망 하나만 남게 되었다고 한다.

헤시오도스의 《신들의 계보》에는 판도라에게 상자를 전해준 이가 헤르메스라고 기록되어 있다. 헤르메스는 이 상자를 건넬 때 판도라에게 호기심을 선물로 함께 줘서 그녀가 호기심을 이 기지 못하고 상자를 열어보게 했다고 한다.

## 영원한 형벌에 시달린 아틀라스와 메노이티오스

프로메테우스의 형인 아틀라스와 메노이티오스는 제우스에게 덤비다가 가혹한 형벌을 받았다. 이에 대해 헤시오도스의 《신들 의 계보》는 메노이티오스를 무법자로 표현하며 제우스의 벼락을 맞아 에레보스, 즉 저승으로 보내졌다고 쓴다. 아틀라스는 제우 스에게 맞선 벌로 머리와 두 손으로 넓은 하늘을 떠받치는 형벌 을 받았다고 전한다.

이렇듯 메노이티오스와 아틀라스는 제우스의 권위에 도전하 다 혹독한 형벌에 시달렸다. 메노이티오스가 쫓겨 간 에레보스는 저승, 곧 죽음을 뜻한다. 말하자면 메노이티오스는 제우스 때문 에 목숨을 잃었다는 것이다.

하지만 아틀라스는 하늘을 떠받치는 형벌을 받았을 뿐 죽음을 당하지는 않았다. 하늘을 떠받치는 형벌이 현실에서 어떤 형벌이 었는지 알 수 없지만, 제우스는 그의 딸들을 아내로 맞아들였다. 아틀라스는 아내 플레이오네에게서 7명의 딸을 얻었는데, 그들 을 통칭해 플레이아데스라고 했다. 그중 마이아, 엘렉트라, 타이게테 등 3명이 제우스에게 바쳐져 그의 아내가 되었다. 특히 마이아는 제우스가 아끼는 아들이자 올림포스 12신 중 하나인 헤르메스의 어머니다. 엘렉트라도 제우스의 아들 이아시온과 다르다노스를 낳았고, 타이게테 또한 제우스의 아들 라케다이몬을 낳았다.

이런 내용을 고려하면, 아틀라스는 제우스와 대립해 일시적으로 권좌에서 밀려났지만, 후에 제우스와 화해하고 우호적인 관계를 회복한 것으로 보인다.

## 그리스인의 시조, 헬렌

한편 에피메테우스와 판도라 사이에는 피라라는 딸이 태어났다. 피라는 프로메테우스의 아들인 데우칼리온과 결혼했다. 신화에 따르면 제우스가 인간에게 분노해 홍수로 세상을 쓸어버리려 할 때 데우칼리온은 프로메테우스의 조언에 따라 방주를 만들어 온갖 생필품을 실어두었다고 한다. 그리고 제우스가 내린 홍수 때문에 온 세상이 물바다가 되자 그는 아내 피라와 함께 방주에 들어가 살아남았고, 9일 밤낮을 떠돌다가 포키스의 파르나소스산에 도착했다(데우칼리온의 방주 이야기는 기독교 구약성서에 나오는 노아의 방주 이야기와 매우 흡사하다).

데우칼리온과 피라는 아들 헬렌을 낳았는데, 그는 고대 그리스인이 시조로 삼는 인물이다. 헬렌은 산의 요정 오르세이스와 결혼해 아이올로스, 크수토스, 도로스 등 3형제를 낳았다. 이들 역시 각각 그리스인의 시조가 된다. 아이올로스는 아이올리스인의 시조, 크수토스의 아들 이온과 아카이오스는 각각 이오니아인과 아카이아인의 시조, 도로스는 도리스인의 시조다.

이들 네 부족은 고대 그리스 문화를 이룩한 주요 부족으로, 자신들을 헬렌의 후손이라고 해서 '헬레네스'라 불렀다. 이 헬레네스가 곧 그리스인을 통칭하는 용어가 되었다. 헬레니즘이라는 용어 또한 헬렌에서 유래한다.

그리스인이 헬렌을 자신들의 시조로 삼았다는 것은 제우스가 아닌 프로메테우스를 자신의 근원으로 본다는 뜻이다. 이는 제우스 중심의 그리스 신화가 아닌 프로메테우스 중심의 그리스 신화가 존재했음을 의미한다.

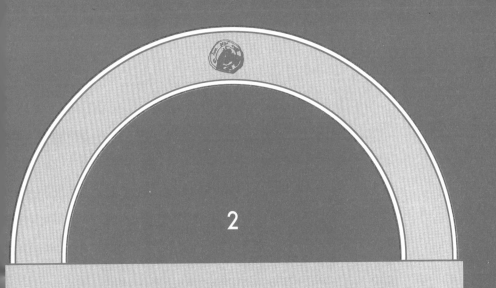

2

# 제우스의 여인들

# 제우스 가계도

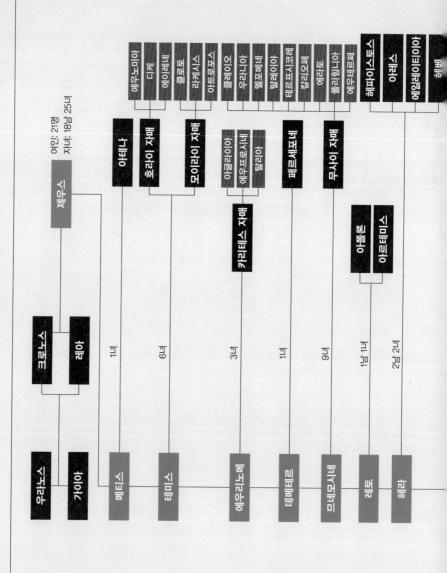

**우라노스**
**가이아**

**크로노스**
**레아**

제우스
여인: 21명
자녀: 18남 25녀

메티스 ──── 1녀 ──── 아테나

테미스 ──── 6녀 ──── 호라이 자매 / 모이라이 자매
호라이 자매: 에우노미아, 디케, 에이레네
모이라이 자매: 클로토, 라케시스, 아트로포스

에우리노메 ──── 3녀 ──── 카리테스 자매
카리테스 자매: 아글라이아, 에우프로시네, 탈리아

데메테르 ──── 1녀 ──── 페르세포네

므네모시네 ──── 9녀 ──── 무사이 자매
무사이 자매: 클레이오, 우라니아, 멜포메네, 탈레이아, 테르프시코레, 칼리오페, 에라토, 폴리힘니아, 에우테르페

레토 ──── 1남 1녀 ──── 아폴론 / 아르테미스

헤라 ──── 2남 2녀 ──── 헤파이스토스 / 아레스 / 에일레이티이아 / 헤베

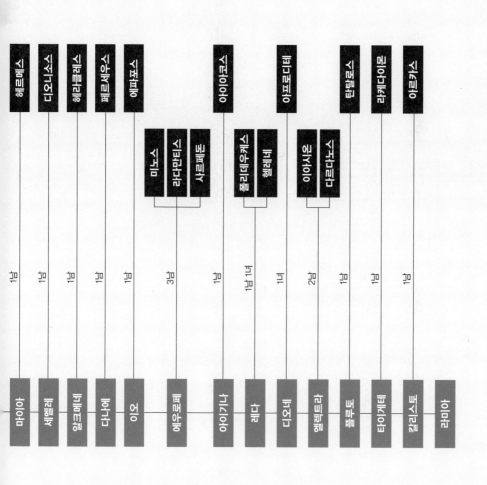

그리스 신화에 대한 가장 오래된 기록이라고 할 수 있는 헤시오도스의 《신들의 계보》는 제우스의 여인을 모두 10명이라고 썼다. 제우스의 첫 번째 여인 메티스부터 테미스, 에우리노메, 데메테르, 므네모시네, 레토, 헤라, 마이아, 세멜레, 알크메네까지 10명이다.

하지만 그리스 신화를 다루는 여타 책에는 이들 외에도 제우스의 아이를 낳은 여인이 11명이나 더 등장한다. 이들 11명은 다나에, 이오, 에우로페, 아이기나, 레다, 디오네, 엘렉트라, 플루토, 타이게테, 칼리스토, 라미아다(이들 외에도 제우스의 아이를 낳았다는 여인이 여럿 더 있지만 당시 정황과 관계를 따져볼 때 제우스와 직접 연결되었을 가능성이 없어 배제했다).

제우스는 이들 21명의 여인에게서 18남 25녀를 얻어 모두 43명의 자녀를 두었다. 이에 제우스의 여인들에 대해 먼저 알아본다.

# 1. 제우스에게 버림받은 첫째 부인, 메티스
## 1녀: 아테나

그리스어로 '지혜로운 여자'라는 뜻의 메티스는 티탄족인 오케아노스와 테티스의 딸이자 제우스의 첫 번째 부인이며, 아테나의 생모다. 신화에서 오케아노스는 우라노스의 장남이지만, 역사에서는 오케아노스가 하나의 왕국 또는 부족의 왕이었을 것으로 보인다. 그러므로 메티스는 오케아노스가 다스리는 왕국의 공주로 제우스와 정략결혼을 했으리라 유추할 수 있다.

메티스에 대해 헤시오도스의 《신들의 계보》는 '인간 중에서 아는 것이 가장 많은 자'라고 표현하는데, 그만큼 메티스가 지혜로운 여인이었음을 보여준다. 제우스가 아버지 크로노스의 배 속에 있던 형제를 구하려 했을 때 구토제를 구해준 인물도 메티스라고 한다. 이는 제우스가 크로노스를 상대로 전쟁을 시작하자 메티스의 아버지 오케아노스가 딸을 앞세워 제우스를 도왔음을 시사한다. 이런 내용을 통해서도 제우스는 오케아노스의 도움 덕에 크로노스를 내쫓은 뒤 그에 대한 보답으로 메티스와 결혼했다고 해석할 수 있다. 따라서 이들의 결혼은 두 세력의 정략에 따라 이루어졌을 것이다.

하지만 제우스는 메티스가 아테나를 낳을 무렵 꾀와 아첨으로 그녀를 속여 자신의 몸속에 가둬버린다. 결혼한 후 제우스의 할머니 가이아가 메티스의 아들이 제우스를 내쫓고 왕이 되리라는 불길한 예언을 했기 때문이다. 예언에 따르면 메티스는 아주 영리한 아이들을 낳게 되어 있었는데, 먼저 태어날 딸은 제우스 못지않은 용기와 지모를 겸비할 것이고, 아들은 거만해 인간의 왕이 될 예정이었다. 이런 까닭에 제우스는 그들이 태어나지 못하도록 메티스를 자기 몸속에 가두었다. 그런데 제우스의 몸에 갇힌 메티스는 그 안에서 딸을 출산했다. 시간이 흐른 후 몹시 머리가 아파진 제우스는 두통을 참지 못하고 자기 머리를 쪼개게 했는데, 그 안에서 성인 여자가 나온 것이다. 그녀가 바로 지혜의 신이자 전쟁의 신인 아테나.

제우스가 메티스를 몸속에 넣어버렸다는 것은 결혼 후 그가 변심해 메티스를 궁지에 몰았다는 뜻이다. 제우스가 메티스를 어딘가에 가뒀거나 내쫓았다고 해석할 수 있다. 메티스는 그런 상황에서도 제우스를 비난하지 않고 제우스의 몸속에서 그에게 지혜를 빌려줬다고 한다. 그 덕분에 제우스는 풍부한 지혜를 갖추게 되었다.

이런 이야기를 통해 유추해볼 때 제우스에게 배신당해 임신한 상태로 쫓겨난 메티스가 홀로 아테나를 낳았고, 이후 아테나가 성인이 되어 제우스를 찾아온 것으로 보인다. 어쨌든 아테나는 메티스가 낳은 제우스의 장녀로 인정받았고, 신화 속 올림포스 12신 가운데 하나가 된다.

## 2. 정의와 율법의 여신이 된 두 번째 부인, 테미스
### 6녀: 호라이 세 자매, 모이라이 세 자매

테미스는 천신 우라노스와 지신 가이아의 6남 6녀 중 막내딸이
다. 제우스의 아버지 크로노스와는 남매지간이고 제우스에게는
고모가 되는 셈이다. 하지만 신화가 아닌 역사에서는 티탄 왕국
의 공주였을 것으로 보인다. 따라서 그녀 역시 제우스와 티탄 왕
국의 정략에 따라 결혼했을 것이다.

《신들의 계보》에 따르면 테미스는 호라이 세 자매로 불리는 에
우노미아, 디케, 에이레네와 모이라이 세 자매로 불리는 클로토,
라케시스, 아트로포스를 낳았다. 딸만 6명을 낳은 셈이다.

테미스는 정의와 율법의 여신으로 불리는데, 때로는 시간과 공
간의 순서를 바로 세우는 역할을 했다고 한다.


## 3. 세 번째 부인, 에우리노메
### 3녀: 카리테스 세 자매

제우스의 세 번째 부인인 에우리노메는 첫 부인 메티스의 자매
로 역시 티탄족인 오케아노스와 테티스의 딸이다. 아마도 그녀는
언니 메티스가 죽거나 쫓겨난 뒤 제우스와 결혼한 것으로 보인
다. 《신들의 계보》에 따르면 그녀는 삼미신三美神인 카리테스 세
자매 아글라이아, 에우프로시네, 탈리아를 낳았다. 이들 자매는

특히 눈이 아름다웠다고 한다. 그 때문에 그녀들의 눈을 본 사람은 순식간에 사지가 풀려 사랑에 빠졌다고 전한다. 하지만 《신들의 계보》는 이외에 에우리노메에 대한 자세한 기록을 남기지 않았다.


## 4. 아내가 된 누이, 데메테르

### 1녀: 페르세포네

데메테르(로마식: 케레스, 영어식: 셀레스)는 신화에서 제우스의 누나 또는 여동생으로 기록되어 있다. 그녀가 누나이기도 하고 여동생이기도 한 것은 아버지 크로노스가 막내 제우스를 제외한 그들 형제자매를 모두 태어나는 족족 삼켜버린 결과였다. 그 때문에 다섯 남매는 크로노스의 배 속에서 성장을 멈춘 채 갓난아기 상태로 지냈다.

그러다 제우스가 메티스가 준 구토제를 크로노스에게 먹여 그들을 토해내게 했고, 그제야 다섯 남매는 세상으로 나와 자랄 수 있었다. 그들이 세상 밖으로 나왔을 때 다섯 남매는 갓난아기였지만 동생 제우스는 청년으로 성장해 있었다. 그 때문에 다섯 남매가 제우스보다 일찍 태어났음에도 제우스의 형과 누나이자 동생이 된 것이다. 따라서 데메테르 또한 제우스의 누나인 동시에 여동생으로 기록되었다.

데메테르는 신화에서 대지, 풍요, 곡물 등을 상징하는 존재로,

흔히 곡식의 어머니라 불린다. 그녀는 제우스와 결합해 낳은 딸 페르세포네에 대한 애정이 남달랐는데, 지하의 신인 오빠 하데스가 제우스의 용인 아래 페르세포네를 납치하자 직접 지하세계로 가서 그녀를 찾아다니기까지 했다. 신화에서는 이와 관련해 페르세포네가 행방불명된 것을 알게 된 데메테르가 너무도 슬퍼해 곡식을 돌보지 않는 바람에 기근이 왔다고 전한다.

데메테르는 제우스 말고도 포세이돈, 이아시온, 카르마노르, 트리프톨레모스, 오케아노스 등 여러 남자와 관계했고, 많은 자녀를 낳았다. 특히 제우스가 엘렉트라에게서 얻은 아들 이아시온을 몹시 좋아해 그와 밀애를 즐겼는데, 제우스가 이 사실을 알고는 이아시온을 죽여버렸다는 이야기도 전한다. 일설에는 이아시온을 죽인 사람이 그의 쌍둥이 형제 다르다노스라는 말도 있다.


## 5. 머릿결 고운 여인, 므네모시네
### 9녀: 무사이 아홉 자매

므네모시네는 신화에서 우라노스와 가이아의 딸이자, 테미스와 자매지간인 12티탄 남매 중 하나이고, 제우스의 다섯 번째 부인이다. 기억의 여신으로도 불리는 므네모시네는《신들의 계보》에서 머릿결이 매우 고운 여인이었다고 전하는데, 제우스가 먼저 그녀를 원했다고 한다.

므네모시네는 제우스와 결합해 9명의 딸을 낳았다. 이들은 흔히 무사이(뮤즈) 여신이라 불리는데, 클레이오, 우라니아, 멜포메네, 탈레이아, 테르프시코레, 칼리오페, 에라토, 폴리힘니아, 에우테르페가 있다.

## 6. 제우스가 가장 총애한 여인, 레토
### 1남 1녀: 아폴론, 아르테미스

레토는 12티탄 남매인 코이오스와 포이베 사이에서 태어난 딸이다. 그녀는 제우스와 결합해 아폴론과 아르테미스를 낳았는데, 헤라가 질투해 출산 과정에서 많은 어려움을 겪었다고 한다.《신들의 계보》는 레토와 제우스의 결합을 '사랑으로 교합해'라고 표현한다. 이는 제우스와 레토가 정식으로 결혼한 관계가 아님을 시사한다. 말하자면 혼인하지 않고 서로 사랑에 빠진 셈인데, 그들이 한창 사랑에 빠져 있을 때 제우스는 또 한 명의 여인과 정식으로 결혼한다. 바로 누나이자 여동생 헤라였다.

헤라는 제우스와 결혼하자 바로 다른 여인들을 모두 제치고 본처의 위상을 가지게 된다. 제우스의 정식 왕비가 된 셈이었다. 헤라와 결혼하기 전에 제우스에게 여러 부인이 있었음에도 헤라가 왕비에 오른 것은 그녀가 순수 왕족 혈통이었기 때문일 것이다. 즉 헤라가 제우스의 본처가 된 것은 일종의 권력 배분을 위한 조치이거나 왕족 혈통의 순혈주의를 지키기 위한 것으로 보인다.

어쨌든 헤라가 제우스의 왕비이자 본처가 되자 제우스의 나머지 여인들은 모두 그녀를 떠받들어야 했다. 그런데 헤라는 질투가 심한 여인이었고, 제우스의 축첩 행위를 용납하지 않았다. 그 때문에 당시 제우스가 가장 총애하던 레토는 헤라의 질시와 감시, 그리고 공격을 받을 수밖에 없었다.

하지만 그런 상황에서도 제우스와 레토는 밀애를 즐겼고 결국 레토는 임신을 하고 말았다. 그녀가 임신했다는 소식은 헤라의 귀에도 들어갔다. 헤라는 분노해서 그녀를 잡아들이려 했고, 레토는 헤라의 눈을 피해 델로스섬에 몰래 숨어 들어가 가까스로 아이를 낳았다. 레토가 낳은 아이는 남녀 쌍둥이였는데, 그들이 바로 태양의 신 아폴론과 달의 신 아르테미스다.

아폴론과 아르테미스는 신화에서 올림포스 12신에 속하게 되는데, 이는 제우스가 그들 남매를 자신의 고귀한 혈통으로 인정하고, 헤라 역시 결국 이를 받아들였다는 뜻이다.


## 7. 질투의 화신이 된 왕비, 헤라
### 2남 2녀: 헤파이스토스, 아레스, 에일레이티아, 헤베

헤라(로마식: 유노, 영어식: 주노)는 크로노스와 레아 사이에서 태어난 여섯 남매 중 하나로, 제우스의 누나 또는 여동생이다. 따라서 제우스의 네 번째 여인 데메테르와는 자매지간이다. 신화에서는 그녀를 제우스의 왕비 또는 본부인으로 서술하고 있다.

그러나 그리스 신화에 대한 초기 작품인《신들의 계보》는 제우스가 왜 헤라를 왕비로 삼았는지 구체적으로 기술하지 않는다. 다만 그리스 신화를 담은 작품에서 대개 헤라는 끊임없이 제우스를 감시하고 비판하는 역할을 맡고, 제우스는 늘 그녀의 눈을 피해 연애를 즐기거나 그녀 몰래 다른 일을 도모하는 것으로 묘사된다. 이는 헤라가 왕인 제우스조차 함부로 할 수 없는 존재였음을 의미한다. 따라서 헤라는 크로노스 혈통을 대표하는 존재로서 왕비에 오른 것임을 짐작할 수 있다.

제우스와 헤라가 금슬 좋은 부부는 아니었지만 그들 사이에도 아이들이 태어났다.《신들의 계보》는 아레스, 에일레이티아, 헤베 등 1남 2녀만 태어났다고 썼으며, 헤파이스토스의 출생에 대해서는 묘한 기록을 남겼다.

《신들의 계보》는 헤파이스토스의 출생이 제우스의 큰딸 아테나와 밀접한 관련이 있다고 서술한다. 내용인즉 이렇다. 제우스가 혼자 머리에서 아테나를 낳았을 때 아테나는 성인이 된 몸이었다고 한다. 제우스가 그런 아테나를 딸이라고 데려오자 화가 난 헤라가 제우스와 다툰 뒤에 낳은 아들이 헤파이스토스라는 것이다.《신들의 계보》는 그 상황을 헤라가 '사랑으로 교합하지 않고' 헤파이스토스를 낳았다고 기록했다.

이러한 표현에 대해서는 해석이 분분한데, 대개는 헤파이스토스를 헤라가 화가 나서 다른 남자와 결합해 가진 아이라고 본다. 말하자면 제우스가 외도로 얻은 딸 아테나를 데려와 올림포스

궁전에 머물게 하자 화가 난 헤라가 맞바람을 피워 낳은 아이가
헤파이스토스라는 것이다. 그래서 헤파이스토스는 제우스의 다
른 자녀들과 달리 제우스의 아들이 아니라 헤라의 아들로 묘사
되는 경우가 많다. 하지만 호메로스의 《일리아스》에서는 헤파이
스토스가 제우스를 아버지라고 부른다. 또 헤파이스토스가 올림
포스 12신에 포함된 것을 고려하면 제우스도 헤파이스토스를 자
신의 혈통으로 인정했던 것으로 보인다.

　어쨌든 제우스가 아테나를 자신의 딸이라고 공개한 후 제우스
와 헤라의 관계는 극도로 악화된 듯하다. 이 사건 이후 신화에는
그들 부부가 서로를 공격하고 다투는 이야기가 가득하기 때문이
다. 그런 까닭에 헤라는 늘 제우스를 감시하고 제우스의 여인들
을 질투하는 역할로 등장하게 된다.


## 8. 아내가 된 정적의 딸, 마이아
### 1남: 헤르메스

마이아는 아틀라스와 플레이오네 부부의 딸이다. 아틀라스는 티
탄족으로 우라노스와 가이아 사이에서 태어난 12티탄 남매 중
하나인 이아페토스의 아들이고, 플레이오네 역시 우라노스의 자
녀인 12티탄 남매 중 하나인 오케아노스의 딸이다.

　마이아의 아버지 아틀라스는 제우스가 왕위를 계승하는 데 반
대해 그와 대적하다 패하는 바람에 제우스에게 하늘을 짊어지는

형벌을 받았다. 그렇다면 제우스가 정적 아틀라스의 딸인 마이아를 취했다는 것인데, 이는 아틀라스가 딸 마이아를 매개로 제우스와 화해했음을 시사한다.

신화는 마이아가 헤르메스의 생모라는 내용 외에 그녀에 관해 자세한 서술을 남기지 않았다. 그러나 헤르메스도 올림포스 12신에 포함되는 것으로 봐서 제우스가 자신의 적통임을 인정한 아들인 것은 분명하다.


## 9. 헤라의 모략에 빠져 죽은 비운의 여인, 세멜레
### 1남: 디오니소스

세멜레는 인간인 카드모스와 하르모니아의 딸로, 신화에서 비운의 여인으로 그려진다. 신화에 따르면 그녀의 어머니 하르모니아는 제우스, 헤라의 아들 아레스와 제우스, 디오네의 딸 아프로디테 사이에서 태어난 딸이다. 따라서 족보를 따진다면 제우스와 헤라에게 하르모니아는 손녀이고 세멜레는 외증손녀인 셈이다. 그리스 신화의 남녀 관계는 근친상간인 경우가 부지기수인데, 제우스와 세멜레의 관계 또한 그중 하나다.

세멜레는 인간으로 변장하고 접근한 제우스와 사랑을 나누게 되었다. 세멜레를 사랑하게 된 제우스는 그녀의 소원이라면 어떤 것이든 들어주겠다고 약속하는데, 헤라가 이 사실을 알고 모략을 꾸며 그녀를 죽게 만든다.

헤라는 늙은 간병인으로 변장해 세멜레에게 접근한 뒤 인간의 모습을 한 제우스에게 본래 모습을 보여달라 하라고 부추겼다. 이에 세멜레는 헤라의 말대로 제우스에게 본모습을 보여달라고 요청했다. 그런데 제우스는 번개의 신이라 인간 앞에서 본모습을 드러내면 그를 본 인간은 번개에 맞아 죽을 수밖에 없었다. 그러나 세멜레의 간곡한 요청에 따라 제우스는 소원을 들어주기로 한 약속을 지키기 위해 하는 수 없이 자신의 본모습을 드러냈다. 그리고 제우스의 본모습을 본 세멜레는 번개에 맞아 죽고 말았다. 이러한 이야기는 제우스와 사랑에 빠진 세멜레가 헤라의 계략에 빠져 제우스에게 죽음당한 내용을 미화한 것으로 보인다.

그런데 세멜레는 죽을 당시에 아이를 잉태하고 있었다고 한다. 그래서 제우스는 아직 태어나지 않은 아이를 자궁에서 구해내 자신의 넓적다리에 넣고 꿰맸다가 달이 찬 뒤 태어나게 했다. 세멜레는 헤라의 모략에 빠져 자신이 사랑하던 남자에게 죽음을 당했지만, 가까스로 아들 디오니소스를 남겼던 것이다.

한편 세멜레의 아버지로 서술된 카드모스는 신화 속에서는 페니키아 지역의 왕자다. 그의 아버지는 페니키아 지역에 있던 티로스의 왕 아게노르다. 그리스의 또 다른 전설에서는 카드모스가 고대 도시국가였던 테베 왕국의 시조라고 전한다(자세한 내용은 5장의 '테베 왕가를 세운 카드모스' 편을 참조하기 바란다).

## 10. 제우스에게 속아 아이를 잉태한 여인, 알크메네
### 1남: 헤라클레스

알크메네는 미케네 왕국의 3대 왕 엘렉트리온의 맏딸로, 원래 암피트리온의 아내였다. 그런데 암피트리온이 전쟁에 참전해 집을 비운 틈을 타 제우스가 암피트리온으로 변신해 알크메네와 동침한 결과 아들 헤라클라스를 얻는다.

이 이야기는 기독교 성경에 나오는 솔로몬의 출생 과정과 흡사하다. 다윗이 우리아의 아내 밧세바를 탐해 고의로 우리아를 전장에 보낸 뒤 밧세바에게서 솔로몬을 얻는데, 헤라클레스의 출생 이야기가 이와 매우 비슷하다.

어쨌든 알크메네는 제우스와 동침해 헤라클레스를 낳는다. 하지만 알크메네는 그 후에도 암피트리온의 아내로 살며 딸 페리메데를 출산한 것으로 전한다.


## 11. 청동 감옥에서 제우스와 결합한 여인, 다나에
### 1남: 페르세우스

다나에는 아르고스의 왕 아크리시오스의 딸이다. 아크리시오스는 딸 다나에 외에는 자녀가 없어서 아들을 얻기 위해 델포이 신전을 찾아갔다. 그런데 그곳의 예언자에게 놀라운 말을 듣게 되었다. 훗날 자신이 무남독녀인 다나에의 아들에게 살해되리라는 예언이었다. 아직 시집도 가지 않은 딸을 신탁 때문에 차마 죽일 수는 없었으므로, 예언을 들은 아크리시오스는 그녀를 청동으로 만든 감옥에 가둬버렸다. 그녀가 아무 남자도 만나지 못한다면 아들을 낳을 일도 없고, 자신 또한 외손자 손에 죽을 일이 없으리라는 판단에서였다.

다나에가 갇힌 감옥은 청동으로 만들어 아무도 침입할 수 없었고 누구도 접근하지 못하게 했다. 단지 빛과 공기가 통하도록 천장 한쪽만 뚫어두었다. 그런데 다나에의 그런 처지를 알고 제우스가 황금 비가 되어 다나에를 찾아왔다. 하늘에서 황금으로 된 소나기가 내리더니 갑자기 다나에의 방을 가득 메웠고, 다나에는 그 황금 비가 제우스라는 사실을 알았다.

제우스가 다녀간 뒤 임신한 다나에는 마침내 아들을 낳아 페르세우스라고 이름 짓고 혼자 몰래 길렀다. 하지만 이내 아크리시오스가 그녀가 아이를 낳은 사실을 알게 되었다. 그는 아비가 누구냐며 무섭게 다나에를 다그쳤다. 그러자 그녀는 아이의 아비가 제우스라고 대답했다.

아이의 아버지가 제우스라는 말에 아크리시오스는 고민에 빠졌다. 그 아이가 훗날 자신을 죽일 것이라는 예언이 있었으니 당연히 아이를 죽여야 했지만, 제우스의 아들이라면 함부로 죽일 수 없었기 때문이다. 아크리시오스는 고민 끝에 다나에와 그의 아들을 큰 상자에 넣어 바다에 던지게 했다. 모자를 태운 상자는 망망대해로 흘러가 떠다니다가 섬에 살던 어부 딕티스에게 발견되어 그들은 생명을 건질 수 있었다.

이후 다나에와 아들 페르세우스는 딕티스의 도움으로 안전하게 지냈고, 어느덧 페르세우스는 청년으로 자랐다. 그런데 딕티스가 살던 섬의 왕이던 폴리덱테스가 다나에를 탐냈다. 그는 다나에만 원할 뿐 페르세우스는 원하지 않았고, 페르세우스를 죽이고자 계략을 세웠다. 하지만 페르세우스는 폴리덱테스의 계략에도 기어코 살아 돌아와 그를 죽이고, 자신의 양부 딕티스를 왕위에 올려놓으며 영웅으로 추앙받았다(자세한 내용은 3장의 '다나에의 아들, 페르세우스' 편을 참조하기 바란다).

이렇듯 신화에서 다나에는 주로 페르세우스 이야기의 한 부분으로 등장할 뿐이다. 더 이상 그녀에 관한 상세한 이야기는 전하지 않는다.


## 12. 암소가 되어 쫓기는 신세가 된 여인, 이오
### 1남: 에파포스

이오는 흔히 강의 신이라 불리는 이나코스의 딸이다. 이나코스는 티탄족인 오케아노스와 테티스의 아들이며, 그의 딸 이오는 헤라의 시녀로 지내고 있었다. 그런데 제우스가 이오에게 눈독을 들이고 기어코 그녀를 취했다. 이 사실을 안 헤라는 제우스를 몹시 몰아세운다.

사실, 제우스는 이오와 사랑을 나누다가 헤라가 다가오는 것을 눈치채고 이오를 암소로 둔갑시켰다. 그러고는 헤라에게는 자신이 예쁜 암소 한 마리를 만들었다고 둘러댔는데, 그것이 거짓말이라는 것을 알고 있던 헤라는 그 암소를 달라고 요구했다. 제우스는 헤라의 요구를 거절하지 못하고 암소가 된 이오를 헤라에게 맡겨버렸다. 헤라는 머리에 눈이 100개 달린 거인 아르고스에게 암소가 된 이오를 감시하게 했다. 그 때문에 이오는 소가 된 몸으로 아르고스의 감시 아래 강가에서 풀을 뜯으며 지냈다.

한편 딸이 사라진 것을 안 이나코스는 사방으로 이오의 행방을 수소문하고 다녔다. 그는 어느덧 소가 된 이오 앞까지 와서 눈물을 흘리며 딸의 이름을 불렀다. 이오는 눈물을 뚝뚝 떨어뜨리며 이나코스 옆으로 가서 발로 자신이 이오임을 알렸다. 이나코스와 이오의 언니들은 비통한 눈물을 쏟아내며 이오의 처지를 한탄했는데, 이때 아르고스가 이오를 이끌고 사라진다.

이를 지켜보고 있던 제우스는 아들 헤르메스에게 이오를 구출해 오라고 명령한다. 아르고스를 찾아간 헤르메스는 마법의 지팡이를 사용해 그를 잠에 빠뜨렸고, 그 기회를 이용해 아르고스를 죽이고 이오를 구해낸다. 그런데 헤라가 아르고스의 시체를 발견하고 몹시 슬퍼했다고 한다. 그녀는 아르고스의 수많은 눈을 떼어내 자신이 사랑하는 새의 깃털에 붙여준다. 그 새가 바로 공작새라고 전한다.

이후 헤라는 무섭게 분노를 터뜨리며 이오를 쫓는다. 끊임없이 쫓기는 신세가 된 이오는 결국 고통을 이기지 못하고 울부짖으며 제우스를 원망한다. 이에 제우스는 헤라에게 이오를 더 이상 고통스럽게 하지 않는다면 한 가지 약속을 하겠다면서 이렇게 말한다.

"앞일은 걱정하지 마오. 더 이상 이오가 그대를 마음고생시키는 일은 없을 것이오."

제우스가 맹세하자 헤라는 그를 믿고 분노를 거두었다. 그러자 제우스는 이오를 원래 모습으로 되돌려놓았다.

이후 이오는 신분을 회복하고 여신으로 대접받게 되었다. 오비디우스의 《변신 이야기》에 따르면 이오는 여신이 되어 여러 신관을 거느리는 위상을 지니게 되었다고 한다. 또 그녀는 아들 에파포스를 낳았는데, 그래서 이집트 땅의 신전에는 이오 신전과 그의 아들 에파포스 신전이 나란히 있었다고 전해진다.

이처럼 이오는 이집트에서 여신으로 추앙받았다고 한다. 그녀가 이집트와 인연을 맺게 된 것은 헤라의 추격을 피해 도망 다니던 이오가 이집트 나일강에 이르러 제우스를 원망했고, 그 모습을 본 제우스가 헤라에게 맹세해 이오를 사람으로 되돌려놓았다는 신화 속 에피소드 때문일 것이다.

이오에 관련한 다른 이야기도 전한다. 그리스의 역사가 헤로도토스는 자신의 저서 《역사》에서 이오가 일행과 함께 해변을 산책하다 페니키아인에게 납치되어 이집트로 끌려갔다고 서술하고 있다. 하지만 같은 책에서 헤로도토스는 페니키아인의 기록을 인용해 이오는 납치된 것이 아니라 당시 아르고스와 무역하던 페니키아인 선장과 눈이 맞아 혼전 임신을 했고, 부모에게 들킬 것을 두려워해 그 선장과 함께 도망쳤다고 서술하고 있다. 두 기록 중 어느 것이 맞는지 알 수 없지만, 두 이야기 모두 신화보다는 훨씬 현실적으로 들린다. 한편, 이오와 관련된 지명 중에는 이오니아 제도와 이오니아해가 있다.


## 13. 유럽 대륙의 지명이 된 여인, 에우로페
### 3남: 미노스, 라다만티스, 사르페돈


에우로페는 페니키아 지역 티로스의 왕 아게노르와 여왕 텔레파사의 딸이라는 설이 있고, 페니키아의 시조로 불리는 포이닉스의 딸이라는 설이 있다(일부 신화에서는 아게노르가 포세이돈과 리비아의 아들이라고도 하고, 페니키아의 벨루스와 아치로에의 아들이라고도 한다).

 어쨌든 에우로페는 페니키아의 공주로 태어나 아리따운 처녀로 성장했는데, 이 무렵 제우스의 눈에 들었다. 이때 제우스는 노년에 이른 나이였지만, 여전히 여성에 대한 탐욕을 감추지 않았다. 한번 눈에 든 여인은 결코 그냥 두지 않는 제우스는 페니키아의 아리따운 공주 에우로페에게 매료되어 수단과 방법을 가리지 않고 그녀를 취하려 했다. 제우스는 해변에 놀러 나온 에우로페에게 접근해 그녀를 꼬드긴다. 오비디우스의《변신 이야기》에 따르면 제우스는 에우로페를 꼬드기기 위해 흰 황소로 변신해 접근했다고 한다. 그리고 에우로페가 방심한 틈을 타 순식간에 그녀를 등에 태우고 납치해버렸다. 에우로페를 납치한 제우스는 그녀를 크레타섬으로 데려가 자신의 여인으로 만들었다.

 에우로페의 아버지 아게노르는 딸이 행방불명되자 백방으로 찾았다. 그리고 아들을 불러 반드시 누이를 찾아오라고 명령했고 누이를 찾지 못하면 돌아오지 말라고까지 했다. 아게노르의 아들이자 에우로페의 오빠인 카드모스는 온 세상을 뒤지고 다녔지만 그녀를 찾지 못했다. 절망한 카드모스는 집으로 돌아가기를 포기하고 아폴론을 찾아가 자신이 머물 곳을 알려달라고 했다. 아폴론은 신전을 나가면 고삐 없는 암소 한 마리가 있을 것이니, 그 암소를 따라가면 머물 장소를 정할 수 있으리라고 했다. 아폴론의 말처럼 암소를 만난 카드모스는 암소를 따라가 자신이 머물 곳을 찾았고, 그래서 정착한 곳이 보이오티아 지방의 테베였다. 카드모스는 그곳에서 테베 왕가를 세운다.

한편 에우로페는 크레타섬에서 제우스와 사랑을 나누며 세 아들을 낳았는데, 그들의 이름은 미노스, 라다만티스, 사르페돈이다.

이 에우로페의 이름에서 오늘날 유럽이라는 지명이 유래했다. 그녀의 이름을 빌려 유럽 대륙의 명칭으로 처음 사용한 사람은 스트라본(기원전 64?~기원후 23년?)이다. 스트라본은 그리스의 지리학자이자 역사가, 철학자였다. 그는 총 17권으로 이루어진《지리지》라는 저서를 남겼다.

에우로페는 목성의 위성 이름으로도 차용되었다. 목성의 영어 명칭은 제우스의 영어식 이름인 주피터인데, 목성 주변을 도는 세 개의 위성은 칼리스토, 이오, 에우로페다. 모두 제우스가 취한 여인의 이름이다.

## 14. 제우스에게 납치된 여인, 아이기나
### 1남: 아이아코스

아이기나는 아소포스와 메토페이의 딸이다. 아소포스는 티탄족 오케아노스와 테티스의 아들이라고도 하고 포세이돈의 아들이라고도 하는데, 아소포강의 신으로 전해진다. 그는 펠라곤, 이스메이노스라는 2명의 아들과 여러 명의 딸을 두었는데, 아이기나는 그 딸들 가운데 하나였다. 기원전 5세기의 그리스 시인 핀다로스의 글에 따르면 아소포스에게는 9명의 딸이 있었다고 한다. 그런데 그들은 모두 제우스, 포세이돈, 아폴론, 헤르메스 등 제우스의 혈족에게 납치당했다. 아이기나를 납치한 사람은 바로 제우스였다.

제우스에게 납치된 아이기나는 아들을 하나 낳았는데, 그의 이름은 아이아코스다. 아이기나와 관련한 지명으로는 그리스 아티카 지방과 펠로폰네소스 지방 사이에 있는 아이기나섬이 있다. 아이기나섬의 초대 왕이 아이기나의 아들 아이아코스이고, 아이아코스의 아들이 펠레우스이며, 펠레우스의 아들이 트로이 전쟁의 영웅 아킬레우스다.

신화에 따르면 아이기나가 제우스의 아들을 낳은 사실을 알게 된 헤라가 아이아코스가 다스리던 아이기나섬에 무서운 재앙을 내렸다고 한다. 이 때문에 아이기나섬에 역질이 퍼져 백성들이 죽어나가자 아이아코스는 제우스에게 기도를 올려 도움을 청했다. 그때 아이아코스는 참나무 가지에 떼를 지어 지나가는 개미를 보고 자신의 나라에 다시 개미들처럼 많은 백성이 생겨났으면 좋겠다고 생각했다. 그러자 제우스가 그 개미들을 모두 사람으로 만들어줬는데, 이들이 곧 미르미돈족이라고 한다. 미르미돈이라는 이름은 그리스어로 개미를 뜻하는 '미르메크스'에서 유래했다.

한편 아이아코스를 낳은 아이기나는 후에 테살리아로 가서 악토르 왕과 결혼했고, 아들 메노이티오스를 낳았다고 한다. 메노이티오스는 오포스의 왕이 되어 파트로클로스를 낳았는데, 파트로클로스는 아킬레우스와 함께 트로이 전쟁의 영웅이다.


## 15. 한 번에 두 남자의 아이를 낳은 여인, 레다
### 1남 1녀: 폴리데우케스, 헬레네

레다는 아이톨리아의 왕 테스티우스의 딸인데, 남편은 스파르타의 왕 틴다레오스다. 그런데 레다가 매우 미인이었던 모양이다. 늘 레다를 취할 기회만 노리던 제우스가 기어코 그녀를 차지해 아이를 갖게 한 것이다.

신화에 의하면 제우스는 레다를 취하기 위해 독수리에 쫓기는 백조로 변신해 자연스럽게 레다의 품에 안겼다고 한다. 제우스와 결합한 레다는 알을 두 개 낳았는데, 그 알에서 각각 아이가 2명씩 나왔다. 아이들의 이름은 헬레네, 클리타임네스트라, 카스토르, 폴리데우케스다. 그런데 레다는 제우스와 동침한 그날 남편 틴다레오스와도 동침을 했다. 그래서 이 4명의 아이가 누구의 자

레다와 백조로 둔갑한 제우스, 레오나르도 다 빈치(1510~1515년경), 로마 보르게세 미술관 소장.

식인지 정확하게 알지 못한다고 한다.

대개 신화는 4명의 아이 중 헬레네와 폴리데우케스를 제우스의 자식으로 취급하고, 카스토르와 클리타임네스트라는 틴다레오스의 자식으로 취급한다.

## 16. 가장 아름다운 딸을 낳은 여인, 디오네
### 1녀: 아프로디테

디오네는 오케아노스와 테티스의 딸이다. 그녀는 제우스와 관계해 미와 사랑의 여신으로 불리는 아프로디테를 낳았는데, 이 외에 디오네에 대한 상세한 기록은 전하지 않는다.


## 17. 또 한 명의 정적의 딸, 엘렉트라
### 2남: 이아시온, 다르다노스

엘렉트라는 아틀라스와 플레이오네의 딸이다. 제우스의 정적이 되었던 아틀라스는 마이아와 엘렉트라, 타이게테까지 세 딸을 한꺼번에 제우스에게 바친 것이다. 아틀라스에게는 딸이 7명 있었고 그들은 플레이아데스라고 불렸다. 엘렉트라 역시 그 7명 중 하나였다. 엘렉트라는 제우스와 관계해 아들 이아시온과 다르다노스를 낳았다.


## 18. 가장 고통스러운 삶을 산 여인, 플루토
### 1남: 탄탈로스

플루토는 티탄족 오케아노스와 테티스의 딸이다. 그녀는 신화에서 님프, 즉 정령으로 묘사되는데, 제우스와 결합해 탄탈로스를 낳았다. 탄탈로스는 올림포스 궁전에서 지내다 신들이 정말 전능한지 시험하기 위해 자신의 아들을 죽여 요리를 대접한 인간이었다. 그리하여 타르타로스로 쫓겨난 탄탈로스는 그곳 연못에서 영원한 형벌에 처해졌다.

이런 까닭에 플루토는 제우스의 여인 가운데 가장 불행한 삶을 살았다고 할 수 있다. 자식과 손자를 한꺼번에 잃고 고통에 몸부림쳐야 했으니 말이다.


## 19. 언니들과 함께 바쳐진 여인, 타이게테
### 1남: 라케다이몬

타이게테는 아틀라스와 플레이오네의 딸이며, 제우스와 결합해 헤르메스를 낳은 마이아, 그리고 이아시온과 다르다노스를 낳은 엘렉트라와 자매지간이다. 그들은 다른 네 자매와 함께 플레이아데스라고 불렸다. 한때 제우스의 정적이었던 아틀라스는 플레이아데스 7명 중 3명을 제우스에게 바친 것이다.

그녀에 대해서는 기록이 그다지 남아 있지 않다. 다만 제우스와 결합해 낳은 아들 라케다이몬이 스파르타의 창시자라는 전설이 남아 있을 뿐이다.

## 20. 큰곰자리가 된 여인, 칼리스토
### 1남: 아르카스

칼리스토는 아르카디아의 왕 리카온의 딸로, 신화에 따르면 원래 아르테미스를 섬기는 시녀였다고 한다. 아르테미스를 섬기는 시녀는 모두 처녀로 살기를 맹세한 여인인데, 칼리스토는 너무 아름다워 많은 남자가 그녀에게 눈독을 들였다. 제우스 역시 칼리스토를 취하려 호시탐탐 기회를 엿보았는데, 하루는 아르테미스의 모습으로 변신해 그녀에게 접근한 후 칼리스토를 강제로 취해 임신하게 만들었다.

이후 9개월이 지나자 칼리스토의 배가 완전히 불러왔고 결국 임신 사실이 발각되고 말았다. 아르테미스는 순결을 맹세한 칼리스토가 임신했다는 사실에 몹시 화를 냈다. 그래서 칼리스토를 자신의 시녀 무리에서 내쫓아버렸고, 쫓겨난 칼리스토는 몰래 아이를 낳아 동굴에 숨겨놓고 길렀다.

그런데 칼리스토가 제우스의 아이를 낳았다는 사실이 곧 헤라에게도 전해졌다. 헤라는 칼리스토를 무섭게 질책하면서 그녀를 곰으로 만들어버렸다고 한다. 그러자 제우스는 자신의 아이를 보호하기 위해 칼리스토의 아들을 몰래 데리고 가 마이아에게 맡겼고, 이후 칼리스토의 아이는 마이아가 길렀다. 그 아이의 이름은 아르카스다.

한편 곰이 된 칼리스토는 헤라가 풀어놓은 사냥개에 쫓겨 다니면서 잃어버린 아들 아르카스를 찾아 헤맨다. 그렇게 15년이 흐른 뒤에야 마침내 칼리스토는 아들을 만나게 된다. 그런데 그때 아르카스는 곰을 사냥하기 위해 숲에 덫을 놓고 있었다. 곰이 된 칼리스토는 아들을 한눈에 알아보고 그를 안기 위해 가까이 다가갔다. 그러나 어머니를 알아보지 못한 아르카스는 곰이 다가오자 위험하다는 생각에 활로 그녀를 쏘려고 했다. 아르카스가 막 화살을 쏘려는 순간, 그 광경을 지켜보고 있던 제우스가 나타나 아르카스를 저지한다. 그리고 아르카스가 쏘려고 했던 곰이 바로 그의 생모임을 알려주었다.

이렇게 극적으로 모자 상봉이 이뤄지자 제우스는 다시는 둘이 헤어지지 않도록 그들을 별로 만들어주었다. 그 별이 곧 밤하늘에 반짝이는 큰곰자리와 작은곰자리다. 그런데 이 사실을 알게 된 헤라는 그들이 절대 휴식을 취할 수 없도록 북극의 하늘만 맴돌게 했다. 그래서 큰곰자리와 작은곰자리는 북극성에 매여 북극 하늘만 돌게 되었다고 전해진다.


## 21. 괴물이 되어버린 불쌍한 여인, 라미아

라미아는 신화에서는 포세이돈의 아들 벨로스의 딸로, 포세이돈의 손녀다. 하지만 전설에 따르면 이집트와 리비아의 왕족 출신이다. 그녀는 뛰어난 미모로 유명했고, 제우스가 그녀의 미모를 탐해 취했다고 한다.

그런데 아니나 다를까, 헤라가 라미아를 질투해 잠의 신인 히프노스에게 그녀의 잠을 빼앗아버리라고 명령한다. 제우스는 그런 라미아를 불쌍하게 여겨 잠을 못 자는 대신 아무것도 보지 않는 시간을 주기 위해 그녀가 눈을 빼놓을 수 있도록 해주었다. 그러자 질투심이 폭발한 헤라는 라미아가 낳은 아이들을 모두 죽여버렸다. 그리고 이후에도 그녀가 낳는 아이는 모두 죽이겠다고 선언한다. 이 바람에 라미아는 늘 불면증에 시달리며 고통받았고, 아이를 잃은 절망에 사로잡혀 지냈다고 한다.

라미아는 아이들을 잃었고 앞으로도 잃을 수 있다는 공포 때문에 늘 정신이 혼미해서 어린아이들을 납치해 산 채로 잡아먹는 광적인 행동을 했다고 한다. 이 때문에 고전 신화에서는 그녀를 아이를 잡아먹는 마녀로 묘사한다.

그러나 고대 바빌로니아 시대의 리비아에서는 그녀를 여성의 머리가 달린 뱀으로 묘사하며 숭배했다고 전해진다. 또 바빌로니아인은 그녀를 풍요와 번영을 관장하는 여신으로 섬겼다. 그런데 그리스 신에 대한 믿음이 널리 전파되면서 그녀는 어느덧 어린 아이를 잡아먹는 무서운 마녀로 전락했다는 것이다.

라미아는 제우스와 결합해 스킬라라는 딸을 낳았다고 전하기도 하지만, 대개의 신화는 스킬라를 제우스의 딸로 인정하지 않는다. 신화에서 스킬라는 바다괴물로 등장한다.

그리스 중부의 도시 이름이 라미아인데, 이것이 그녀와 직접 관련된 지명인지에 관해서는 구체적인 이야기가 전하지 않는다.

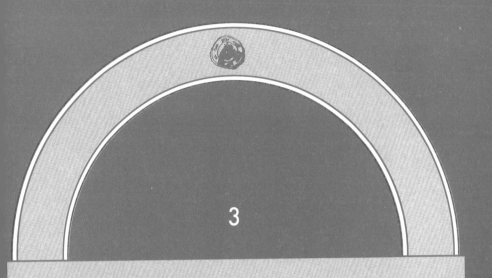

3

제우스의 아들들

제우스는 21명의 여인에게서 43명의 자녀를 얻었는데, 그중 아들을 낳은 여인은 14명이고, 아들은 18명이었다. 아들들을 나열하자면 아폴론, 헤파이스토스, 아레스, 헤르메스, 디오니소스, 헤라클레스, 페르세우스, 에파포스, 미노스, 라다만티스, 사르페돈, 아이아코스, 폴리데우케스, 이아시온, 다르다노스, 탄탈로스, 라케다이몬, 아르카스가 있다. 이들에 얽힌 이야기를 생모를 중심으로 요약 정리한다.

## I. 레토의 아들, 아폴론

### 다방면에 뛰어난 팔방미남, 태양의 신

**우여곡절 끝에 델로스섬에서 태어나다**  아폴론(로마식·영어식: 아폴로)은 제우스와 레토 사이에서 태어난 아들로 아르테미스와 쌍둥이 남매다. 그들을 임신했을 당시 어머니 레토는 헤라에게 쫓기는 신세였고, 그 때문에 델로스섬에 몰래 숨어 아폴론과 아르테미스를 낳았다고 전한다.

아폴론의 어머니 레토는 제우스의 여섯 번째 여인인데, 그때까지 제우스는 줄곧 딸만 얻었다. 그러다가 처음으로 레토에게 아폴론을 얻었기에 아폴론은 제우스의 장남인 셈이다. 그런 까닭에 아폴론은 올림포스 12신에 포함되었고, 제우스에 이어 가장 많은 능력을 지닌 신으로 숭배받는다.

아폴론은 태양의 신일 뿐만 아니라 다양한 분야에서 추앙받으며 예언, 광명, 의술, 궁술, 음악, 시를 주관하는 신으로 불렸다. 그와 관련된 이야기도 많이 남아 있는데, 이야기가 구전되며 월계수와 리라, 활과 화살, 백조, 돌고래 등이 그의 상징물이 되었다. 또 아폴론이 태어난 곳으로 전하는 델로스섬의 아폴론 신전은 앞일을 예언하는 신탁 장소로 유명하다.

그가 델로스섬에서 태어난 과정은 매우 문학적으로 묘사된다. 출산이 임박한 어머니 레토는 헤라의 추격을 피해 도망쳐 다녔는데, 그때 헤라는 레토가 아이를 출산하는 지역을 저주하겠다는 말을 퍼뜨렸다. 그래서 어느 곳에서도 레토를 받아주려 하지 않았다. 부른 배를 안고 떠돌던 레토는 델로스섬에 당도했는데, 다행히 포세이돈이 섬 위로 파도를 솟구치게 해 그녀를 숨겨주었다. 그 덕분에 레토는 그곳에서 쌍둥이 중 여자아이를 먼저 낳으니, 곧 달의 신으로 불리는 아르테미스다.

그런데 레토는 쌍둥이 중 나머지 한 아이를 낳지 못하고 진통에 시달렸다. 헤라가 출산의 여신 에일레이티이아를 붙잡아놓고 해산을 방해했기 때문이다. 그러자 제우스가 무지개의 여신 이리스에게 에일레이티이아를 설득하도록 했고 에일레이티이아는 결국 비둘기로 변해 레토에게 갔다. 그녀가 레토의 해산을 도와 두 번째 아이가 태어나니, 그가 바로 아폴론이다.

**피톤을 죽이고 델포이 신전의 주인이 되다**  아폴론이 태어나자 제우스는 기뻐하며 그에게 황금 왕관과 현악기 리라, 백조가 이끄는 마차를 선물하고 예언 능력을 부여한다. 그런 능력에 힘입어 아폴론은 태어나자마자 델포이 신전을 지배하고 있던 검은빛의 거대한 독사 피톤을 화살로 쏘아 죽인다.

피톤은 신화에서 대지의 모신母神 가이아가 낳은 자식으로 묘사되는데, 제우스가 일으킨 대홍수 이후 스스로 진흙에서 기어 나왔다고 한다. 가이아는 피톤에게 자신이 지배하고 있던 성지 피토(델포이의 원래 지명)를 주며 사람들에게 예언을 내리도록 했다. 그러면서 피톤에게 한 가지 예언을 한다. 다음에 태어나는 제우스의 아들이 그의 생명을 앗아 갈 것이라는 내용이었다. 피톤은 그 예언 때문에 레토가 제우스의 아들을 낳지 못하도록 그녀를 삼켜버리려 했다. 그러나 여러 신의 방해로 레토를 잡아먹지 못했고, 결국 아폴론과 아르테미스가 태어나고 만 것이다.

그러자 제우스는 즉시 갓 태어난 아폴론에게 예언을 관장하는 능력을 주었고, 아폴론은 태어나자마자 바로 피톤을 찾아갔다. 피톤은 갓난아기의 모습을 한 아폴론을 보고 방심해 공격하지 않았는데, 아폴론은 그 틈을 타 피톤에게 화살을 날렸다. 아폴론의 화살은 피톤의 몸을 관통했고, 피톤은 그대로 목숨을 잃었다. 피톤이 죽자 아폴론은 시체의 껍질을 벗겨 불태우고 시체를 태운 재는 돌로 된 관에 넣어 신전 안쪽에 있던, 세계의 중심을 지칭하는 돌 옴파로스 밑에 묻었다.

이후 아폴론은 피토의 이름을 델포이라 바꾸고 자신이 델포이 신전의 주인임을 선언했다. 또 그는 피톤을 죽인 일로 가이아의 미움을 받을까 염려해 8년 주기로 피톤의 죽음을 애도하는 피티아 제전을 열었다. 피티아란 델포이 신전의 신탁을 주관하는 여자 신관을 부르는 말로, 피톤의 이름에서 따온 것이었다.

아폴론이 델포이 신전의 주인이 된 이래 그곳에서는 여러 신탁이 내려졌다. 오이디푸스의 운명에 대한 예언도 이곳에서 이뤄졌으며, 그리스 고대 철학자 소크라테스가 지상에서 가장 지혜로운 자가 될 것이라는 예언도 역시 이곳에서 내려졌다고 한다. 그래서 델포이 신전에는 '너 자신을 알라' '그대의 정신을 억제하라' 등의 유명한 금언이 새겨져 있다.

**니오베의 자식들을 죽이다** 아폴론이 피톤을 죽인 활로 처음으로 공격한 인간은 니오베의 자식들이었다. 니오베는 탄탈로스의 딸이며, 테베의 왕인 암피온의 왕비였다. 그녀의 아버지 탄탈로스는 제우스와 님프(그리스 신화에서 정령이나 요정을 의미한다) 플루토 사이에서 태어난 아들이니 니오베는 제우스의 손녀이기도 했으며, 테베의 왕비였기에 꽤 콧대가 높았다. 그녀는 7남 7녀를 두었는데, 그

니오베의 자식들을 공격하는 아폴론과 아르테미스, 자크 루이 다비드(1772년), 텍사스 댈러스 미술관 소장.

들이 모두 총명해 매우 자만하며 이런 말을 하고 다녔다.

"레토는 자식을 2명밖에 낳지 못했지만, 나는 훌륭한 자식을 14명이나 두었다."

이 소문을 전해 듣고 분노한 레토는 아폴론과 아르테미스에게 니오베의 자식들을 모두 죽이라고 명령했다. 이에 아폴론과 아르테미스가 니오베의 자식 14명을 모두 활로 쏘아 죽였다. 이렇게 자식을 모두 잃자 암피온은 스스로 목숨을 끊었고, 니오베는 계속 한곳에서 슬피 울다가 바위로 변해버렸다고 한다.

니오베의 남편이자 테베의 왕 암피온은 몇몇 신화에서는 제우스의 아들로 등장하는데, 그 이야기는 이렇다.

암피온의 어머니 안티오페는 대단한 미인이었다. 그래서 제우스가 그녀를 탐해 사티로스(반인반수의 정령)로 둔갑한 후 그녀를 취한다. 안티오페는 제우스와 관계했다는 사실을 아버지가 알게 되면 자신을 가만 두지 않으리라 생각하고 고향에서 도망친다. 이후 그녀는 시키온의 왕 에포페우스와 결혼했는데, 남편 에포페우스가 그녀의 백부 리코스에게 살해되고 만다. 리코스는 안티오페를 테베로 데리고 갔고, 도중에 그녀는 쌍둥이 형제를 낳는데, 그들이 곧 암피온과 제토스다. 그런데 신화는 그들을 제우스의 아들로 설정하고 있다. 하지만 당시 여러 정황으로 봐서 암피온과 제토스가 제우스의 아들이라는 것은 지나친 해석으로 보인다.

**코로니스와 까마귀** 아폴론과 관련한 신화에는 까마귀가 검은색이 된 사연도 나온다. 이 이야기는 코로니스라는 여인과 얽혀 있는데, 요약하자면 이렇다.

코로니스는 아폴론과 사랑에 빠진 여인이었다. 그런데 그녀는 사람인 자신이 늙으면 늙지 않는 신인 아폴론이 자신을 버릴 것이라 생각해 아폴론을 저버리고 이스키스라는 남자와 결혼했다. 그런데 그녀는 결혼할 당시 아폴론의 아이를 임신한 상태였다.

당시 아폴론은 흰까마귀를 시켜 코로니스를 감시하고 있었는데, 까마귀가 코로니스의 결혼 소식을 전하자 아폴론은 배신감에 치를 떨며 몹시 분노했다. 그래서 결국 동생 아르테미스를 시켜 그녀를 죽여버린다.

하지만 아폴론은 코로니스를 죽인 뒤 크게 후회했다. 그래서 자신에게 그녀의 결혼 소식을 전한 흰까마귀를 검은색으로 만들어버렸다고 한다. 그리고 코로니스가 낳은 아이를 데려와 켄타우로스 종족의 현자 케이론에게 보내 의술을 배우게 한다. 그 아이의 이름은 아스클레피오스였는데, 그는 훗날 의학과 의술의 신이 되었다.

**다프네와 월계수** 아폴론과 관련해서는 월계수에 관한 신화도 남아 있다. 내용인즉 다프네라는 여인이 월계수가 되었다는 것인데, 그 사연은 이렇다.

신 중에 아폴론처럼 항상 활을 들고 다니는 신이 하나 더 있다. 그는 아프로디테의 아들로 우리가 흔히 큐피드라고 부르는 에로스다. 에로스는 어린아이 모습으로 다녔는데, 아폴론은 그가 가지고 다니는 작은 활을 가소롭게 여겼다. 그래서 그깟 활로 무엇을 할 수 있겠느냐고 조롱했는데, 이 때문에 화가 난 에로스는 한 가지 계략을 꾸민다.

에로스는 아폴론에게 사랑의 화살인 금 화살을 쏘았다. 금 화살을 맞은 사람은 누구든 처음 만난 사람에게 사랑을 느꼈다. 한편 에로스는 페네이오스의 딸 다프네에게 납 화살을 쏘았다. 납 화살을 맞은 사람은 누가 되었든 처음 본 사람을 혐오하게 되었다. 화살에 맞은 아폴론과 다프네를 만나게 하는 것이 에로스의 계략이었다.

그의 계획대로 아폴론과 다프네는 서로 처음 만난 남녀가 되었다. 그래서 다프네를 사랑하게 된 아폴론은 그녀를 쫓아다녔고, 다프네는 아폴론을 피해 도망 다녔다. 아폴론은 막무가내로 다프네를 따라다니며 집요하게 구애했고, 다프네는 그에게서 달아나기에 여념이 없었다. 그러다 더 이상 도망칠 수 없게 되자 아버지 페네이오스에게 자신을 구해달라고 소리쳤다. 이에 페네이오스는 다프네의 몸을 월계수로 변하게 했다. 더 이상 다프네를 쫓아다닐 수 없게 된 아폴론은 월계수 잎을 모아 월계관을 만들어 항상 쓰고 다녔다. 그리고 이런 사연을 바탕으로 월계관은 우승자의 상징이 되어 스포츠 경기나 전쟁에서 이긴 자에게 씌워주는 풍습이 생겼다고 한다.

**히아킨토스와 히아신스** 아폴론은 히아신스에 관한 신화도 남겼다. 이 신화는 아폴론이 여자가 아닌 남자를 사랑한 일과 관련이 있다. 사실 아폴론은 사랑한 여자보다 남자가 더 많은 동성애자였다. 그 남성들의 이름을 나열하자면 끝도 없이 많은데, 사이프러스나무가 된 키파리소스 등이 있다. 그중에 히아킨토스라는 소년도 있었다. 아폴론은 히아킨토스를 매우 좋아해 항상 데리고 다녔다. 어느 날 둘은 원반던지기를 했다. 그런데 놀이 중 아폴론이 던진 원반에 히아킨토스가 머리를 맞아 쓰러지고 말았다. 쓰러진 히아킨토스의 머리에서는 피가 흘렀다. 아폴론은 어떻게든 지혈하기 위해 갖은 노력을 다했지만 피는 멈추지 않았고, 히아킨토스는 과다 출혈로 죽고 말았다. 아폴론은 그를 안고 울부짖으며 말했다.

"너로 하여금 내 탄식을 아로새긴 꽃이 되게 하리라."

아폴론이 그렇게 말하자 놀랍게도 땅바닥을 적시고 있던 히아킨토스의 피가 한곳으로 모이더니 꽃이 피어났다. 그래서 그 꽃을 히아킨토스의 이름을 따서 히아신스라 불렀다고 한다.

**태양의 마차와 파에톤**  아폴론의 여인 중 클리메네라는 요정이 있었다. 그녀는 아폴론의 아들 파에톤을 낳았다. 파에톤이 성장해 소년이 되었을 때 제우스와 이오의 아들 에파포스와 대화를 나누다가 비웃음을 샀다. 파에톤이 자신이 신의 아들이라고 말하자 에파포스가 네까짓 게 무슨 신의 아들이냐고 놀렸던 것이다.

집으로 돌아온 파에톤은 어머니 클리메네에게 자신이 신의 아들이라면 증거를 보여달라고 졸랐다. 이에 클리메네는 태양을 바라보며 아폴론에게 제발 아들에게 아버지가 있음을 증명해달라고 간청했다. 그러자 아폴론은 파에톤을 만나 자신이 아버지임을 밝히면서 소원을 말하면 무엇이든 들어주겠다고 맹세했다. 그러자 파에톤은 아폴론이 몰고 다니는 태양의 마차를 몰게 해달라고 졸랐다.

태양의 마차는 네 마리의 천마가 이끄는데, 천마들이 거칠게 움직이기 때문에 아폴론 이외엔 아무도 몰 수 없었다. 그래서 파에톤에게 태양의 마차를 내줬다간 무슨 일이 벌어질지 알 수 없었다. 자칫하면 온 세상을 불바다로 만들 수도 있었다. 하지만 아폴론은 자신의 맹세를 어길 수 없어 파에톤에게 마차를 내주고 말았다. 그러면서 그는 파에톤에게 절대 높지도 낮지도 않게 하늘의 중간으로만 몰아야 한다고 신신당부했다.

다음 날 아침, 파에톤은 태양의 마차를 몰고 하늘로 올랐다. 하지만 천마들이 너무 거칠었기 때문에 파에톤은 마차를 제대로 몰지 못했다. 지나치게 하늘 높이 올라갔다가 당황해 땅으로 가까이 내려오기를 반복했다. 그 때문에 대지가 너무 뜨거워져 바다와 강의 물이 모두 말라버렸고 멀쩡하던 초원이 사막이 되어버렸다. 하도 뜨거워서 아프리카 일부 지역 사람들은 몸이 새까맣게 변해버렸다.

이 광경에 깜짝 놀란 제우스는 급히 개입해 태양의 마차를 향해 벼락을 던졌다. 파에톤은 제우스의 벼락을 맞아 마차에서 떨어져 죽고 말았다. 그는 새까맣게 탄 채 에리다노스강에 떨어졌고, 이를 지켜보던 그의 여동생들은 오빠의 죽음을 슬퍼하다가 그 자리에서 포플러나무가 되었다. 그녀들이 흘린 눈물은 나무 수액이 되었다가 나중에 보석의 일종인 호박으로 변했다고 한다.


## 2. 헤라의 아들, 헤파이스토스와 아레스

### 손재주가 빼어난 불의 신

**뛰어난 손재주로 많은 장비를 만들다** 헤파이스토스(로마식: 불카누스, 영어식: 벌컨)는 제우스와 헤라 사이에서 태어난 2남 2녀 중 장남으로, 적장자라고 할 수 있다. 당연히 올림포스 12신 반열에 올라 있다. 하지만 제우스의 적장자라는 위상에 비해 그의 역할은 그다지 크지 않다. 헤파이스토스는 신화에서 주로 불의 신으로 묘사되며, 대장장이, 장인, 공예가, 조각가, 금속, 야금 등의 기술자로 등장한다. 아폴론과 비교하면 매우 미미한 존재로 그려졌음을 알 수 있다.

더구나 그는 한쪽 다리를 저는 장애인이며 얼굴까지 못생겼다고 묘사된다. 헤파이스토스를 낳은 헤라는 그의 외모가 너무 흉측해 올림포스산에서 던져버렸는데, 오케아노스의 딸 테티스와 에우리노메가 간신히 그를 구해 길렀다는 말도 전해진다. 이 때문에 헤파이스토스는 생모 헤라를 증오했고, 그녀에게 복수하기 위해 황금으로 된 옥좌를 만들어 선물하기도 했다. 헤라는 내막을 모르고 옥좌에 앉았다가 움직일 수 없게 되었다고 한다.

헤파이스토스의 출생과 관련해 제우스의 아들이 아니라는 설도 있다. 제우스가 메티스의 딸 아테나를 올림포스에 받아들이자 화가 난 헤라가 다른 남자와 정을 통해 헤파이스토스를 낳았다는 설이 바로 그것이다.

한편 헤파이스토스와 관련한 일화 중 유명한 것은 그가 아버지 제우스의 요청으로 제우스의 머리를 도끼로 쪼개 아테나의 출생을 도왔다는 내용이다. 이는 헤파이스토스가 헤라의 미움을 받던 아테나를 올림포스 궁전에서 머물 수 있도록 도왔다는 뜻이니, 헤파이스토스와 아테나의 출생에 대해서는 여러 설이 전해지는 셈이다.

헤파이스토스가 장애인이 된 배경에 대해서도 여러 설이 전한다. 태어날 때부터 장애인이었다고도 하고, 사고로 다리를 절게 되었다고도 한다. 사고 때문에 장애인이 되었다는 이야기를 요약하면 이렇다.

제우스의 끊임없는 바람기를 두고 헤라와 제우스가 말다툼을 벌이고 있었는데, 그때 헤파이스토스가 헤라 편을 들자 제우스가 화가 나서 헤파이스토스를 걷어차버렸다. 그 바람에 렘노스섬으로 추락한 헤파이스토스는 한쪽 다리를 못 쓰게 되었고 얼굴까지 추해지고 말았다는 것이다.

트라키아의 전설로 전해지는 이 이야기에서는 트라키아인이 뛰어난 손재주로 그의 다리를 치료해 붙였다고 한다. 하지만 완전하지는 못했는데, 그래도 헤파이스토스는 자신의 다리를 치료해준 렘노스섬의 트라키아인에게 보답 차원에서 금속 세공 기술을 가르쳤다. 그래서 렘노스섬의 금속 세공술이 유명해졌다는 것이다.

헤파이스토스는 뛰어난 손기술로 많은 장비를 만들어 주변에 선물했다. 제우스의 방패 아이기스(후에 아테나에게 선물했다), 헤르메스의 상징인 날개 달린 모자와 샌들, 아프로디테의 허리띠, 아가멤논의 지휘봉, 아킬레우스의 갑옷, 헤라클레스의 청동 딱따기, 헬리오스의 전차, 펠롭스의 어깨, 에로스의 활과 화살, 포세이돈의 삼지창, 하데스의 투구 등이 모두 그의 작품이었다.

**아프로디테와 아테나에게 거절당하다** 이런 뛰어난 기술 덕분에 헤파이스토스는 당대 최고의 미인 아프로디테와 결혼했다. 아프로디테는 그에게 주어진 일종의 상이었다. 제우스는 티탄족과 한

창 전쟁을 벌일 당시 티탄족을 무찌르게 해주는 자에게 미의 여신 아프로디테를 아내로 주겠다고 약속했다. 이때 헤파이스토스는 키클롭스와 함께 번개를 만들어 제우스에게 바쳤고, 그 덕분에 제우스는 승리할 수 있었다. 그래서 전쟁이 끝난 뒤 제우스는 그에게 아프로디테를 상으로 보내줬다.

하지만 그의 결혼 생활은 원만하지 않았다. 아프로디테는 헤파이스토스와 결혼은 했지만, 그를 싫어했다. 그 마음을 잘 알고 있던 헤파이스토스는 대장간 일이 바쁘다는 핑계로 아프로디테와 합방하지 않고 홀로 지냈다. 그러자 아프로디테는 헤파이스토스의 동생 아레스와 밀애를 즐겼다. 이에 헤파이스토스는 청동을 가늘게 늘여서 짠 그물을 만들어 아프로디테의 침실 주변에 쳐두었다. 두 사람은 이 사실을 모른 채 몰래 만나다가 갑자기 헤파이스토스가 등장하자 달아나려 했는데, 그가 쳐놓은 그물에 걸리고 말았다. 두 사람은 이 모습이 알려지면서 크게 망신당했지만 이후에도 계속 사랑을 나누었다.

그러자 헤파이스토스는 아프로디테를 포기하고 자신의 대장간을 자주 찾던 아테나를 연모하게 되었다. 그러나 아테나 역시 그를 받아들이지 않았다. 헤파이스토스가 대장간을 찾아온 그녀를 겁탈하려 했지만 아테나는 끝까지 그를 밀어냈다.

이렇듯 헤파이스토스는 손기술로는 명성을 떨쳤지만 못생긴 외모와 장애가 있는 몸 때문에 여인들에게는 인기가 없었다. 하지만 다른 여인에게서 자식은 얻었던 모양이다. 그에게는 아르고호의 선원이던 팔라이몬, 에피다우로스의 산적 펠리페데스, 플루트 발명자 아르다로스 등 세 아들이 있었다고 전한다. 그런데 불행히도 그의 자식들 또한 신체장애가 있었다고 한다.

훗날 아테네의 아고라에서 그의 신전이 발굴되었는데, 그곳에서 대장장이와 관련된 물건이 여럿 발견되었다.

## 부모도 싫어한 인격 파탄자, 전쟁과 광기의 신

아레스(로마식: 마르스, 영어식: 마스)는 제우스와 헤라 사이에서 태어난 적자이고, 올림포스 12신 중 하나다. 흔히 전쟁의 신으로 불리는 그는 인물은 좋았지만 능력이 별로 없어 신화에서 존재감이 약하다. 그와 같이 전쟁의 신으로 불리는 이복 누이 아테나와 비교하면 특히 존재감이 떨어진다. 더구나 아레스에 관한 이야기는 대부분 부정적인 것이다. 아테나가 전략과 방어를 중시하는 전쟁의 신이라면 아레스는 학살과 파괴, 광란을 일으키는 전쟁의 신으로 묘사된다. 이는 곧 그가 매우 호전적이고 광적이며 성미가 사나운 인물이었음을 의미한다.

그런 까닭에 모든 신이 아레스를 좋아하지 않았다. 심지어 부모인 제우스와 헤라조차 그를 싫어했다. 다만 그와 바람을 피우던 아프로디테와 불화의 여신으로 불린 에리스, 지하세계를 지배하는 하데스 같은 인물만 그를 좋아했다.

아프로디테를 사랑한 그는 그녀 곁에 다가오는 남자들을 용납하지 않았다. 아프로디테가 아도니스를 좋아하게 되자 그를 죽여버렸고, 아프로디테를 좋아하는 모든 남자에게 죽음의 저주를 내렸다. 그런 까닭에 그와 아프로디테 사이에서 태어난 아이들은 공포를 뜻하는 포보스, 두려움을 뜻하는 데이모스라는 이름이 붙게 되었다. 그들은 쌍둥이 형제였는데, 그 둘 외에도 아레스는 아프로디테에게서 에로스와 하르모니아를 얻었다.

아레스는 아프로디테 외에 아글라우로스와 결합해 딸 알키페를 얻었다. 그런데 알키페는 포세이돈의 아들 할리로티오스에게 겁탈당했다. 이에 분노한 아레스는 할리로티오스를 때려죽였다. 이 사건으로 포세이돈은 아레스를 고소했고 올림포스 신들이 이를 재판했는데, 아레스에게 무죄가 선고되었다. 이 재판이 열린 언덕을 '아레스의 언덕'이라는 의미로 '아레이오스 파고스'라고 불렀고, 고대 그리스인은 종교와 살인에 관한 범죄를 심판할 때 이 언덕에서 법정을 열었다고 한다. 또 오늘날 그리스의 최고 법정을 아레이오스 파고스라고 부른다.

아레스는 호메로스의 《일리아스》에도 등장한다. 이 작품에서 아레스는 잔인한 살육을 즐기기 위해 트로이 편에 선다. 이 때문에 그리스군이 고전을 면치 못하자 그리스군을 지원하던 아테나가 디오메데스로 하여금 아레스를 공격하게 해 아레스의 복부에 상처를 입힌다. 이후 아레스가 부상당한 채 돌아오자 아테나는 그를 비난하는 말을 했다. 그리스 편과 트로이 편을 오가던 아버지 제우스 또한 그를 향해 변절자라며 증오 어린 말을 퍼부었다고 한다.

하지만 이런 내용은 역사적 사실이 아니라 호메로스가 창작한 것으로 보인다. 시기적으로 볼 때 트로이 전쟁에 제우스의 아들 아레스가 참전했을 가능성도 없고, 그때까지 제우스는 물론이고 아레스나 아테나가 살아 있었을 가능성이 희박할 것이기 때문이다.

어쨌든 아레스는 그리스 신화에서 미치광이, 또는 악의 화신, 파괴자, 살인마 등으로 그려진다. 그만큼 아레스가 광포한 인물이었다는 뜻일 테다.


## 3. 마이아의 아들, 헤르메스

### 권모술수에 능한 사기꾼, 여행과 상업의 신

**그의 영악함에 제우스도 허를 내두르다**　헤르메스(로마식: 메르쿠리우스, 영어식: 머큐리)는 제우스와 마이아의 아들로 출생지는 펠로폰네소스에 있는 킬레네산의 어느 동굴이라고 전한다. 그는 올림포스 12신 중 하나다. 헤르메스는 주로 제우스의 뜻을 전하는 전령 역할을 수행했는데, 교활하고 거짓말을 잘하는 인물로 묘사되곤 한다. 그래서 도둑의 신, 거짓말쟁이의 신 등으로 불렸고, 여행자, 목동, 체육, 웅변, 도량형, 발명, 상업의 신이기도 했다. 그만큼 헤르메스는 다양한 역할을 수행했다.

이런 헤르메스에 대해 호메로스는 〈헤르메스에게 바치는 찬가〉에서 이렇게 노래한다.


때가 되었을 때, 마이아가 아들을 낳으니

그는 영리하고 교활한 강도이며,

목동과 함께 꿈을 인도하는 자이고,

밤의 파수꾼이며, 문가에 서 있는 도둑이다.

그는 곧 신들 사이에서 놀라운 일을 행하게 되리라.

호메로스는 헤르메스가 다방면에 능통할 뿐 아니라 거짓말과 권모술수까지 갖춘 영악한 인물임을 강조한 것이다. 신화의 다음 일화는 헤르메스의 그런 성정과 행동 양식을 잘 보여준다.

헤르메스는 태어난 날 스스로 동굴에서 빠져나가 거북의 등껍질과 소가죽, 염소와 소 창자로 현악기를 만들었다. 그 악기가 바로 리라다. 리라를 만들자마자 헤르메스는 아버지 제우스와 어머니 마이아의 사랑에 대한 찬가를 불렀다고 한다. 그가 악기를 만드는 재주는 물론이고 노래도 잘했다는 뜻이다.

그다음 헤르메스는 허기진 배를 채우기 위해 올림포스산 자락에 방목하던 소 50마리를 훔쳤는데, 소들의 흔적을 지우기 위해 소 떼를 뒷걸음질하도록 해서 몰고 가는 영악한 면모를 드러냈다. 게다가 맨발이었던 자기 발을 보호하기 위해 버드나무 껍질과 몰약나무 가지로 샌들을 만들어 신는 여유까지 부렸다.

헤르메스가 도둑질하는 것을 포도밭 농부가 목격했다. 헤르메스는 그를 매수해 자신의 도둑질을 발설하지 않으면 포도가 풍작을 이룰 수 있도록 해주겠다고 약속했고 농부도 그러겠다고 대답했다. 그런데 헤르메스는 진짜 소 떼 주인인 것처럼 변신해 다시 농부에게 돌아가 돈을 주고 소도둑에 대한 정보를 캐물었다. 그러자 농부가 소도둑 헤르메스의 모습을 알려주었고, 헤르메스는 농부의 입을 막기 위해 그를 돌로 만들어버렸다.

이렇게 완전범죄를 저지른 헤르메스는 저녁이 되자 허기를 채우기 위해 소 두 마리를 잡아 구워서 일부는 자신이 먹고, 나머지는 올림포스 신들에게 제물로 바쳤다. 이 모든 것이 헤르메스가 태어난 날 하루 사이에 저지른 일이었다. 헤르메스는 소 떼를 감춰놓고 동이 틀 무렵에 동굴로 돌아와 요람에 들어가 잠에 들었다.

한편 소 떼의 진짜 주인 아폴론은 한나절 동안 소도둑의 행적을 추적한 끝에 간신히 범인을 찾아냈다. 그런데 범인이 요람에 누워 있는 갓난아기라는 사실을 알고 깜짝 놀랐다. 거기다 그 갓난아기는 범행 사실을 부인하며 천연덕스럽게 자신은 소가 뭔지도 모른다고 둘러댔다.

화가 난 아폴론은 헤르메스를 제우스에게 끌고 갔다. 하지만 제우스 앞에서도 헤르메스는 능청스럽게 도둑질을 부인했고, 제우스는 이 젖먹이 거짓말쟁이를 보고 어이가 없어서 그저 웃기만 했다. 그런 상황에서도 헤르메스는 아폴론의 화살통을 훔쳐내는 대담한 행동까지 했다.

하지만 제우스의 엄한 추궁 앞에 헤르메스는 자신의 도둑질을 실토할 수밖에 없었는데, 제우스는 되레 헤르메스를 재주 있는 아이라고 여겨 올림포스 궁전에 머물게 해주었다. 헤르메스는 사과의 뜻으로 자신이 만든 리라를 아폴론에게 선물로 주었는데, 아폴론은 리라를 연주해보고는 그 소리에 감탄했다고 한다. 이후 아폴론은 헤르메스를 좋아해 자신의 뛰어난 능력 중 하나인 예언술을 전수하기까지 했다.

이 이야기는 헤르메스가 얼마나 영악한 인물인지 잘 보여준다.

속임수와 화술, 상대의 마음을 읽는 독심술, 상황 판단력, 거기에 뛰어난 손재주와 연주 실력 등 다양한 능력을 지닌 그였기에, 제우스는 헤르메스를 아끼고 사랑해 때론 전령으로, 때론 보좌관으로, 때론 외교관으로 활용했다. 헤르메스는 제우스가 시키는 일이면 무슨 일이든 수행했고, 그 일을 성공시키기 위해 사기도 거짓말도 협잡도 가리지 않았다.

**헤르메스의 여인들** 이렇듯 자신의 명령이면 무엇이든 가리지 않고 수행하는 헤르메스를 제우스는 몹시 총애했다. 그래서 헤르메스를 위해 무언가 해주고 싶었다. 그는 헤르메스가 아프로디테를 좋아한다는 걸 알고 그녀와 사랑을 나누도록 도와주기도 했다. 이를 위해 제우스는 도둑질도 서슴지 않았다. 제우스는 아프로디테의 황금 샌들 한 짝을 훔쳐내 헤르메스에게 가져다주었고, 헤르메스는 황금 샌들을 미끼로 아프로디테를 취했다. 그리고 결국 둘 사이에 아이까지 태어났는데, 그 아이는 남녀 양성을 한 몸에 지닌 헤르마프로디토스였다.

헤르마프로디토스라는 이름은 헤르메스와 아프로디테의 이름을 합쳐서 만든 것이다. 남자로 태어난 그가 남녀 양성의 몸이 된 것은 그를 좋아하던 살마키스라는 요정 때문인데, 그에게 실연당한 살마키스가 신에게 그와 절대로 헤어지지 않게 해달라고 기도하자 두 사람의 몸이 합쳐졌다고 전해진다.

헤르메스의 또 다른 여인은 드리오프스 왕의 딸 페넬로페다. 헤르메스는 그녀와 사랑을 나눠 아들 판을 낳았다. 그런데 판은 태어날 때부터 몸의 절반은 사람이고 절반은 염소인 반인반수였다. 꼬리와 뿔까지 달려서 페넬로페는 아이를 낳자마자 기겁하며 도망쳤다고 한다. 하지만 헤르메스는 판을 올림포스로 데리고 가서 키웠다.

판은 여자를 보면 가차 없이 덮치곤 했다는데, 그 때문에 그는 공포의 대명사가 되었다. 공포를 의미하는 '패닉panic'이라는 단어도 판의 이름에서 비롯되었다고 한다. 한편 판이 염소와 사람의 모습을 한 것을 두고 헤르메스가 암염소와 결합해 낳은 아들이라는 말도 있었다고 한다.


## 4. 세멜레의 아들, 디오니소스

### 유랑과 축제의 삶을 즐긴 시대의 이단아, 포도주의 신

**가는 곳마다 숭배의 대상이 되다**  디오니소스(로마식: 바쿠스, 영어식: 바커스)는 제우스와 세멜레 사이에서 태어났는데, 어머니 세멜레는 헤라의 모략에 걸려들어 그를 임신한 채 죽었다. 그러자 제우스는 디오니소스를 세멜레의 언니 이노에게 맡겨 양육하게 했다. 제우스는 이때 한 가지 부탁을 했는데, 디오니소스에게 여자 옷을 입히고 여자아이처럼 키우라는 것이었다. 그 때문에 디오니소스는 소녀처럼 길러졌다.

디오니소스에게 여장을 시킨 것은 헤라의 눈을 피하기 위해서였다. 물론 헤라는 이 사실을 알게 되었고 이노의 남편 아타마스를 미치광이로 만들어버렸다. 사냥을 좋아하던 아타마스는 광기에 사로잡혀 자신의 아들 레아르코스를 사슴으로 착각해 활로 쏘아 죽였다. 심지어 아들의 시신을 갈기갈기 찢기까지 했다. 아타마스는 아내 이노와 또 다른 아들 멜리케르테스도 죽이려고 했다. 이 때문에 이노는 아타마스를 피해 달아나다가 아들 멜리케르테스와 함께 바다에 몸을 던지고 말았다.

이후 디오니소스는 실레노스라는 반인반수의 손에 양육된다. 실레노스는 포도에 대한 지식이 많았는데, 디오니소스가 포도주의 신으로 불린 것을 보면 그는 포도 농사꾼이나 포도주 기술자였을 것으로 짐작된다. 어쨌든 디오니소스는 실레노스 밑에서 자란 덕분에 어릴 때부터 포도를 많이 접했고, 포도와 포도주에 대한 풍부한 지식을 갖추게 되었다.

소년 시절을 지나 청년이 된 디오니소스는 세상을 돌아다니며 여행했고, 가는 곳마다 포도 재배법을 알려주었다. 그러면서 수많은 기적을 행해 사람들에게 신으로 추앙받았다. 그런 까닭에 어디에나 디오니소스를 따르는 무리가 많았다. 그들은 길거리를 행진하며 디오니소스를 찬양하는 노래를 부르곤 했다. 디오니소스가 어머니 세멜레의 고향 테베에 머물 때도 마찬가지였다. 하지만 테베의 왕 펜테우스는 그런 디오니소스를 군중을 선동하는 불온한 인물로 보고 체포 명령을 내렸다.

펜테우스는 카드모스의 딸 아가베의 아들이고, 아가베는 디오니소스의 어머니 세멜레와 자매지간이었다. 따라서 펜테우스와 디오니소스는 이종사촌이었는데, 펜테우스는 그 사실을 몰랐

디오니소스, 카라바조(1596년경), 피렌체 우피치 미술관 소장.

다. 펜테우스는 디오니소스를 위험한 인물이라고 판단하고 감옥
에 가두려 했다. 하지만 디오니소스를 추종하는 사람이 너무 많
았다. 펜테우스의 어머니 아가베와 이모들도 추종자 무리에 있었
다. 그럼에도 펜테우스가 계속 디오니소스를 죽이려 하자 아가베

가 앞장서서 펜테우스를 몰아냈고, 펜테우스는 성난 군중에게 붙잡혀 사지가 갈가리 찢기고 말았다.

디오니소스는 어딜 가든 따르는 무리가 많았고, 그 무리와 함께 포도주를 마시고 축제를 즐겼다. 이런 유랑의 삶은 그가 죽을 때까지 지속됐다. 그의 죽음에 관해서는 여러 설이 전해진다. 티탄족에게 살해되었다고도 하고, 헤라의 명령을 받은 추격자들에게 찢겨 죽었다고도 한다. 하지만 그는 죽을 때마다 늘 부활했다고 한다. 그 때문에 신으로 추앙받았고 이른바 디오니소스교가 탄생했다. 고대 그리스에서 유행한 디오니소스교의 신도들은 포도주를 마시고 광란에 빠진 상태에서 어린아이나 가축을 제물로 바쳤고, 제물을 산 채로 뜯어 먹고 그 피를 마셨다고 전해진다.

**암펠로스 포도나무** 디오니소스의 삶은 그야말로 유랑과 축제의 연속이었다. 그에 얽힌 일화도 다양한데, 암펠로스 포도나무 이야기도 그중 하나다.

디오니소스는 여장을 하고 자랐을 뿐 아니라 얼굴도 피부도 여자 같았고, 남자를 사랑하는 취향이 있었다. 소년 시절엔 자신을 양육한 양부 실레노스의 아들 암펠로스를 사랑했다. 그래서 어떻게 해서든 암펠로스와 접촉하려고 애썼다. 심지어 같이 씨름을 할 때도 고의로 져주면서 그의 몸에 깔리는 것을 즐길 정도였다.

디오니소스는 어디를 가나 그와 동행했다. 물론 사냥도 함께했다. 사냥에 나설 때마다 디오니소스는 암펠로스의 용기를 북돋

우며 칭찬을 아끼지 않았다. 그 때문인지 암펠로스는 아무 동물한테나 덤벼들고는 했다. 그러다 개울가에서 물을 마시던 수소의 목에 굴레를 걸고 겁 없이 올라탔다. 그러자 깜짝 놀란 수소가 미친 듯이 내달리며 암펠로스를 내팽개쳤고, 높은 언덕에서 굴러떨어진 암펠로스는 바위에 부딪혀 죽고 말았다.

디오니소스는 울부짖으며 언덕 아래로 내려갔으나 이미 암펠로스는 처참한 몰골로 숨을 거둔 뒤였다. 디오니소스는 애통한 울음을 터뜨리며 암펠로스의 시신을 수습해 묻어주고, 무덤 위에 자신이 가장 좋아하는 포도나무 한 그루를 심었다. 그리고 훗날 무덤에 뿌리를 내린 포도나무에서 포도가 열리자, 즙을 만들어 숙성시킨 뒤 사람들에게 맛보게 했다. 이것이 곧 디오니소스가 빚은 최초의 포도주다. 이후 디오니소스는 암펠로스의 무덤에 심은 포도나무를 암펠로스 포도나무라고 명명하고, 여러 곳을 유랑하며 그 종자를 퍼뜨렸으며, 포도가 열리면 포도주를 만들어 축제를 벌였다.

**미다스의 손** 디오니소스의 일화 중에는 이른바 '미다스의 손'에 관한 이야기도 있다. 미다스는 프리지아의 왕으로, 디오니소스를 양육한 실레노스를 아주 잘 대해줬는데, 이에 디오니소스는 미다스에게 무슨 소원이든 하나 들어주겠다는 약속을 했다. 그러자 미다스는 자신의 손이 닿는 것은 무엇이든 황금이 되도록 해달라고 했다. 디오니소스는 정말 미다스의 손이 닿는 것이면 무엇이든 황금이 되게 해주었다.

미다스는 자신의 손이 말 그대로 '황금의 손'이 되자 매우 기뻐했다. 하지만 기쁨도 잠시였다. 미다스는 무엇이든 황금으로 변하는 바람에 큰 곤란을 겪었다. 음식이 손에 닿아도 황금으로 변해버리고, 자신의 딸과 충직한 신하마저 황금으로 변해버렸다. 결국 미다스는 다시 디오니소스를 찾아가 자신의 신통력을 없애 달라고 부탁했다. 이에 디오니소스는 그에게 팍톨루스강에 몸을 씻으면 원래 상태로 돌아갈 것이라고 했다.

미다스가 팍톨루스강에 몸을 씻자 손에 깃든 신통력이 정말로 사라졌다. 그는 이후 부와 영화는 아무 소용도 없다면서 시골에 들어가 들판에 기거하며 조용히 살았다고 한다.

**디오니소스의 아내, 아리아드네**   디오니소스는 미소년을 좋아한 동성애자였지만, 그렇다고 그에게 여인이 없었던 것은 아니다. 그에게도 아리아드네라는 아내가 있었기 때문이다.

아리아드네는 미노스와 파시파에의 딸이다. 아리아드네의 어머니 파시파에는 황소를 사랑해 반은 소이고 반은 사람인 미노타우로스를 낳았다. 미노스는 이 괴물 같은 존재인 미노타우로스를 한번 들어가면 빠져나올 수 없는 미궁을 지어 그 안에 가둬버렸다. 그리고 해마다 젊은 남녀 7명씩을 미노타우로스에게 제물로 바치게 했다.

그런데 아테네의 왕자 테세우스가 자신을 제물로 위장해 스스로 미궁에 들어갔다. 괴물 미노타우로스를 죽이기 위해서였다. 그는 미궁에 들어가기 전에 아리아드네를 만났는데, 그녀는 테세우스에게 첫눈에 반해 반드시 살아서 돌아오라며 칼과 붉은 실타래를 선물했다. 칼로 괴물을 죽이고, 실타래를 이용해 미궁을 빠져나오라는 뜻이었다. 미궁으로 들어간 테세우스는 붉은 실타래의 실을 풀어 미로를 빠져나올 길을 표시한 다음 미노타우로스를 죽였다. 그리고 풀어놓은 실을 따라 미궁을 빠져나오는 데 성공했다.

하지만 미궁을 빠져나온 테세우스는 무슨 까닭인지 아리아드네를 떠나버렸다. 그 이유에 대해서는 여러 설이 있다. 일설에는 아리아드네를 연모한 디오니소스가 그에게 떠날 것을 권유했다고도 하고, 다른 설에는 테세우스가 아리아드네에게 싫증이 나 그녀가 잠든 사이에 달아나버렸다고도 한다.

어쨌든 테세우스에게 버림받은 아리아드네는 몹시 슬퍼하며 절망했다. 그 순간 디오니소스가 나타나 그녀를 위로하며 안아주었고, 마침내 두 사람은 결혼에 이르렀다.


## 5. 알크메네의 아들, 헤라클레스

### 살인을 일삼은 광기 어린 영웅

**태어날 때부터 시작된 고난** 헤라클레스는 제우스와 알크메네 사이에서 태어난 아들이다. 신화는 그의 어머니 알크메네의 본남편은 암피트리온인데, 제우스가 암피트리온이 전쟁에 나간 사이에 그녀를 취해 헤라클레스를 낳았다고 전한다.

헤라클레스의 출생과 관련한 이야기에는 현실적으로 이해하기 어려운 요소가 많다. 알크메네는 제우스의 속임수에 넘어가 그와 몸을 섞었고, 암피트리온이 전쟁에서 돌아오자 그와도 잠자리를 가졌다. 이후 그녀는 헤라클레스와 이피클레스 쌍둥이 형제를 낳았는데, 아버지가 각각 다른 쌍둥이였다. 헤라클레스는 제우스의 아들이고, 이피클레스는 암피트리온의 아들이라는 것이다.

알크메네가 헤라클레스를 출산하는 과정도 결코 순탄하지 않았다. 암피트리온이 아내 알크메네가 누군가와 간통한 사실을 알고 그녀를 화형에 처하려 했기 때문이다. 그때 제우스가 비를 내려 그녀가 화형당하는 것을 막았다고 한다.

헤라클레스가 태어나는 것을 방해한 인물은 암피트리온만이 아니었다. 알크메네가 제우스의 아이를 잉태했다는 사실을 안 헤라가 그녀의 출산을 노골적으로 방해했다. 그 바람에 알크메네는 무려 일주일 동안이나 산통을 겪으며 죽음을 넘나드는 시간을 보내야 했다.

그렇게 어렵사리 헤라클레스가 태어나자 제우스는 헤라클레스에게 불사의 생명을 주기로 결심한다. 그래서 헤라가 잠든 틈에 헤라클레스에게 그녀의 젖을 물렸다. 그런데 헤라클레스가 빠는 힘이 너무 셌는지 헤라가 놀라서 깨어나 아기를 뿌리쳤고, 그때 흘러나온 젖이 은하수가 되었다는 그야말로 신화 같은 이야기가 전한다.

하지만 헤라클레스가 헤라와 어떤 형태로든 실제로 인연을 맺은 것은 분명해 보인다. 헤라클레스라는 이름은 '헤라'와 그리스어로 명예를 뜻하는 '클레오스'를 결합해 만든 '헤라의 영광으로'라는 의미이기 때문이다. 그런데 헤라와 헤라클레스는 좋은 인연은 아니었던 것 같다. 신화는 헤라클레스가 생후 8개월이 되었을 때 헤라가 그를 죽이기 위해 독사 두 마리를 요람에 풀었다고 전한다. 하지만 헤라클레스가 독사들을 손으로 잡아 목 졸라 죽였다고 한다.

어쨌든 헤라와 헤라클레스의 관계에 대해서는 여러 이야기가 전한다. 헤라클레스라는 이름도 '헤라 때문에 유명해지다'라는 뜻으로 해석하면 헤라의 박해를 피하다 보니 자연스럽게 유명해진 사람이 곧 헤라클레스라고 해석할 수 있다. 말하자면 헤라클레스는 이름이 아니라 별명이라는 뜻이다. 또 다른 설에서는 헤라가 갖은 방법으로 핍박했지만 그 모든 것을 이겨내고 헤라의 인정을 받아 결국 올림포스의 일원이 된 덕에 헤라클레스라는 이름을 얻었다고도 한다.

하지만 헤라클레스가 올림포스 12신에 속하지 않는 것을 보면 그가 헤라에게 인정받아 제우스의 아들로 대우받은 것은 아닌 듯하다. 사실 헤라는 지속적으로 헤라클레스의 목숨을 노렸고, 동시에 알크메네를 핍박했다. 그래서 알크메네는 헤라의 박해를 피해 숨어 다녔고, 그동안 헤라클레스를 자신의 조부 알카이오스의 이름을 따서 알카이데스라 불렀다고 한다.

어쨌든 이런 곤경 속에서 헤라클레스는 쌍둥이 형제 이피클레스와 함께 암피트리온과 알크메네 부부 슬하에서 훌륭한 청년으로 성장했다. 그리고 마침내 고대 그리스인에게 가장 추앙받은 영웅의 한 사람으로 우뚝 서게 된다.

이런 헤라클레스의 신화가 어느 정도나 사실인지는 알 수 없지만, 헤라클레스의 영웅담이 기원전 1400경 미케네 왕국에 실존했던 인물을 모델로 해서 만든 이야기라는 말도 전한다.

**광기와 발작으로 스승과 아내, 자식과 조카를 살해하다** 암피트리온 부부는 헤라의 핍박을 받으면서도 헤라클레스에게 훌륭한 스승을 찾아주기 위해 애썼다. 그래서 켄타우로스 종족의 현자 케이론 문하에서 교육받게 했고 뛰어난 음악가 리노스에게 음악 수업도 받게 했다. 리노스는 당대 최고의 음악가로 불린 오르페우스와 형제였다. 그런데 헤라클레스는 음악 수업을 받던 중 리노스에게 여러 차례 지적받자 화를 참지 못하고 리라로 그를 마구 때렸다고 한다. 그 때문에 리노스는 숨을 거두고 말았다.

암피트리온은 리노스를 살해한 벌로 헤라클레스를 키타이론으로 추방해 산에서 양을 치게 했다. 그곳에서 청소년기를 보낸 헤라클레스는 청년이 된 뒤에야 출생지 테베로 돌아오는데, 돌아오는 길에 테베와 오르코메노스 사이에 일어난 전쟁에 참전했다. 테베 장수로 참전한 헤라클레스는 대승을 거뒀고, 이에 테베 왕 크레온은 승리의 선물로 그를 자신의 사위로 삼아 장녀 메가라와 결혼하게 했다. 이후 헤라클레스는 메가라에게서 3명의 아이를 얻었다.

그런데 헤라클레스는 술만 먹으면 미치광이가 되었다. 그는 취중에 자신의 아내 메가라와 아이들을 모두 죽였다. 또 쌍둥이 형제 이피클레스의 부인과 아들들도 살해했다. 그 광기 속에서 이피클레스의 장남 이올라오스만이 간신히 목숨을 건졌다. 헤라클레스는 양아버지 암피트리온까지 살해하려 했다. 다행히 암피트리온은 아테네의 왕자인 테세우스의 도움으로 가까스로 목숨을 구했다.

신화는 헤라클레스의 이러한 광기가 모두 헤라의 모략 때문이라고 전한다. 신화에 따르면 헤라 때문에 미치광이가 된 헤라클레스의 눈에는 아내와 자식, 조카가 모두 멧돼지로 보였다고 한다. 헤라클레스는 멧돼지를 잡아 죽였을 뿐인데 정신을 차리고 보니 자신이 죽인 멧돼지들이 가족이었다는 것이다. 하지만 이는 헤라클레스의 행동을 정당화하기 위해 후대에 꾸민 것으로 보인다.

한편 술에서 깨어난 헤라클레스는 자신이 아내와 자식, 그리고 제수와 조카까지 죽였음을 알고 자살하려 한다. 하지만 테세우스의 만류로 죽지 않았다. 테세우스는 헤라클레스를 데리고 델포이 신전으로 가서 정화 의식을 치렀고, 델포이 신전에서 신탁을 얻게 한다. 그것은 미케네의 왕 에우리스테우스를 찾아가 그가 시키는 노역을 마치면 죄를 씻을 수 있다는 내용이었다. 그래서 헤라클레스는 미케네로 가서 에우리스테우스가 시키는 12가지 노역을 12년 동안 수행한다.

사실 헤라클레스와 에우리스테우스는 원래 미케네의 왕위를 두고 경쟁하는 관계였다. 미케네의 왕위는 본래 헤라클레스의 것이었지만, 그의 양아버지 암피트리온이 실수로 미케네의 왕을 죽이는 바람에 에우리스테우스가 차지한 것이었다. 그 때문에 에우리스테우스는 어떻게든 헤라클레스를 죽이고자 했고, 헤라클레스를 위험에 빠뜨릴 만한 노역만 시켰다(두 사람의 악연에 대한 자세한 내용은 5장의 '헤라클레스에게 12가지 노역을 시킨 에우리스테우스' 편을 참조하기 바란다).

**헤라클레스가 행한 12가지 노역** 에우리스테우스의 명령으로 헤라클레스가 행한 12가지 노역은 평범한 인간으로서는 도저히 할 수 없는 것이었다. 하지만 헤라클레스는 그 노역을 모두 성공해 되레 영웅 반열에 오른다. 헤라클레스가 수행한 12가지 노역은 다음과 같은 것이었다.

첫 번째로 네메아의 사자를 죽이는 일이었는데, 이때 그는 사자를 죽여 그 가죽으로 옷을 만들어 입었다. 두 번째로 머리가 9개 달린 레르나의 히드라를 죽였고, 세 번째로 아르카디아의 잡기 힘든 사슴을 잡았다. 네 번째로 에리만토스산의 멧돼지를 잡았고, 다섯 번째로 엄청난 규모로 유명했던 엘리스의 왕 아우게이아스의 외양간을 단 하루 만에 청소하는 데 성공했다. 여섯 번째는 스팀팔리아 늪지에 사는 사람을 먹는 괴물 새들을 쏘아 죽이는 일이었고, 일곱 번째는 크레타섬을 공포에 떨게 한 미친 소를 잡는 것이었다. 여덟 번째로 비스토네스의 왕 디오메데스 소유의 사람 잡아먹는 암말들을 잡았고, 아홉 번째로 아마존 여왕 히폴리토스의 허리띠를 가져오는 일을 마쳤다. 그리고 열 번째는 서쪽 끝에 있는 에리테이아(붉은색이라는 뜻)섬을 다스리는, 몸이 세 개인 거인 게리온의 소 떼를 잡는 일이었는데, 모두 성공적으로 수행했다.

사실 에우리스테우스가 시킨 노역은 10년 동안 열 가지 일을 하는 것이었다. 하지만 에우리스테우스는 헤라클레스가 수행한 두 가지 일에 불만을 표하며 두 가지 노역을 더 시켰다. 물론 헤라클레스를 죽이기 위한 계략이었다. 그래서 헤스페리데스가 세상 끝에서 지키고 있는 황금 사과를 가져오도록 했는데, 헤라클레스는 이 일 또한 성공했다. 그리고 열두 번째로 지하세계의 문을 지키는 머리 셋 달린 개 케르베로스를 데려오는 일까지 성공했다. 이로써 헤라클레스는 12가지 노역을 모두 마쳤고, 어느덧 그리스 최고의 영웅이 되어 온 세상에 명성을 떨쳤다.

한편 헤라클레스를 사지로 몰아넣은 에우리스테우스는 헤라클레스의 어머니 알크메네에 의해 처참한 죽음을 맞이하게 된다.

**헤라클레스의 여인들** 헤라클레스에게는 첫 부인 메가라 외에도 몇 명의 여인이 더 있었다. 아우게, 이올레, 데이아네이라, 헤베 등이다.

아우게는 헤라클레스가 고향으로 돌아가던 중 만난 여인으로, 테게아의 공주였다. 헤라클레스는 한동안 그녀와 사랑을 나눴지만 곧 이별하고 다시 고향으로 향했는데, 이후 아우게는 헤라클레스의 아들 텔레포스를 낳았다.

이올레는 오이칼리아의 왕 에우리토스의 딸이다. 명궁이던 에우리토스는 자신과 자신의 아들 이피토스를 활쏘기 시합에서 이기는 자에게 공주 이올레를 주겠다는 공언을 한다. 그런데 헤라클레스가 활쏘기 시합에 나서 그들을 모두 이기자 에우리토스는 약속을 지키지 않았다. 그는 헤라클레스가 이전에 아내와 자식들을 모두 죽인 사실을 거론하며 자기 딸 이올레의 남편으로 삼을 수 없다고 했다. 그러자 그의 장남 이피토스는 아버지에게 약속을 지켜야 한다며 이올레를 헤라클레스에게 시집보낼 것을 간언했다. 에우리토스는 아들의 요청을 묵살했는데, 그래도 이피토스는 헤라클레스에게 오이칼리아의 소 떼를 훔친 도둑을 함께 잡자고 제안했다고 한다. 헤라클레스는 그의 제안을 받아들였는데, 또 술을 먹고 광기를 부리다 이피토스를 죽이고 말았다. 이 때문에 헤라클레스는 이올레와 결혼하지 못하고 오이칼리아를 떠나야 했다.

이후 헤라클레스는 칼리돈 왕국으로 가서 멧돼지 사냥에 참가했다. 그리고 거기서 칼리돈의 공주 데이아네이라를 만나 결혼했다. 데이아네이라는 아이톨리아의 칼리돈 왕 오이네우스와 왕비 알타이아의 딸이다. 칼리돈의 공주로 태어난 그녀는 헤라클레스와 아켈로오스의 청혼을 동시에 받았는데, 그녀의 아버지 오이네우스는 두 사람 중 싸움에서 이기는 사람을 사위로 삼겠다고 말했다. 물론 헤라클레스는 싸움에서 승리해 그녀와 결혼했고, 아들 힐로스를 얻었다.

칼리돈 왕의 사위가 된 헤라클레스는 약속을 지키지 않은 오이칼리아를 공격한다. 기필코 이올레를 차지하겠다는 의도였다. 그리고 결국 이올레를 데리고 칼리돈으로 돌아왔다. 그러자 그의 아내 데이아네이라는 질투심에 가득 차 헤라클레스에게 네소스의 외투를 입힌다.

네소스는 데이아네이라를 겁탈하려다 히드라 독을 묻힌 헤라클레스의 화살에 맞고 죽은 인물이다. 그는 죽기 직전에 자신의 피가 묻은 외투를 데이아네이라에게 건네며 헤라클레스의 영원한 사랑을 얻고 싶으면 자신의 외투를 입히라고 말했다. 그래서 데이아네이라는 그 옷을 잘 간직해뒀는데, 헤라클레스가 젊고 아름다운 이올레를 데리고 오자 헤라클레스에게 그 외투를 입혀 영원히 자신만 사랑하게 만들 심산이었다.

하지만 네소스는 그녀에게 거짓말을 한 것이었다. 사실 네소스의 피에는 히드라의 독이 스며 있었고, 그의 외투에 묻은 피는 옷을 입은 사람의 피부를 파고들어 그를 죽게 만들었다. 그 사실을 전혀 모르는 데이아네이라는 오직 사랑을 독차지하고자 헤라클레스에게 외투를 보냈고, 헤라클레스는 아무런 의심 없이 아내가 보내준 옷을 걸쳤다. 그러자 외투에 묻어 있던 네소스의 피가 헤라클레스의 몸속으로 파고들었고, 헤라클레스는 고통으로 몸부림치다 스스로 불길에 몸을 던져 죽었다.

물론 이 이야기는 신화화되고 문학화되면서 꾸며지고 보태진 것이겠지만, 어쨌든 헤라클레스가 아내 데이아네이라 때문에 죽은 것만은 분명한 듯하다.

그런데 신화는 헤라클레스가 죽은 뒤 천상에 올리기 또 한 명의 여인을 아내로 맞이했다고 전한다. 그의 새로운 신부는 제우스와 헤라의 딸 헤베였다. 그와 헤베의 결합은 헤라가 그를 받아들였다는 것으로 해석되는데, 이 역시 신화에서 꾸며낸 이야기가 아닐까 싶다.

# 6. 다나에의 아들, 페르세우스

## 메두사를 죽여 온갖 영예를 누리다

**바다를 떠다니다 구사일생으로 살아난 페르세우스**  페르세우스는 제우스와 다나에의 아들로 묘사되기도 하고, 프로이토스의 아들이라고 묘사되기도 한다. 이렇듯 페르세우스의 아버지에 대한 의견이 분분한 것은 그의 출생이 일반적이지 않았기 때문이다.

페르세우스의 어머니 다나에는 아르고스의 왕 아크리시오스의 딸이다. 아크리시오스는 왕위에 오르는 과정에서 쌍둥이 형제 프로이토스와 계승권을 두고 다퉜는데, 프로이토스를 내쫓고 왕위에 올랐다. 그런데 그는 장차 외손자의 손에 죽을 것이라는 신탁을 들었다. 당시 그에게는 딸이 다나에 하나뿐이었고, 그녀는 시집도 가지 않은 상태였다. 그럼에도 아크리시오스는 신탁의 예언이 두려워 다나에를 청동으로 만든 감옥에 가둬버린다. 아무도 만나지 못하게 해 그녀가 아이를 잉태할 수 없도록 하는 조치였다.

하지만 다나에는 청동 감옥 안에서 임신을 했다(이에 대한 자세한 내용은 2장의 '청동 감옥에서 제우스와 결합한 여인, 다나에' 편을 참조하기 바란다). 아크리시오스가 아이 아비가 누구냐고 다그치자 다나에는 제우스라고 대답했다. 제우스가 아이 아버지라면 제아무리 아르고스의 왕이더라도 아이를 죽일 수는 없는 노릇이었다. 고민하던 아크리시오스는 아이가 태어나자 다나에와 아이를 큰 상자에 넣고 바다에 던져버렸다.

그리스의 일부 전설에서는 다나에를 임신시킨 사람이 제우스가 아니라 아크리시오스의 쌍둥이 형제 프로이토스라고 전한다. 당시 티린스의 왕이던 프로이토스는 다나에가 청동 감옥에 갇힌 사실을 알고 형 아크리시오스 행세를 하며 다나에에게 접근해 그녀를 겁탈했고, 이에 분노한 아크리시오스가 프로이토스를 내쫓았다고 한다. 이후 프로이토스는 장인인 리키아의 왕 이오바테스에게 도망쳐 목숨을 구했고, 그곳에서 세력을 얻어 리키아 군사들과 함께 티린스로 돌아왔다는 내용이다.

어쨌든 상자에 담긴 채 바다를 떠다니던 다나에와 아들 페르세우스는 어부 딕티스의 도움으로 구출되었다. 페르세우스는 세리포스섬에 있는 딕티스의 집에서 성장할 수 있었다. 그런데 세리포스를 지배하던 왕 폴리덱테스가 다나에를 탐했다. 그는 다나에를 차지하려 했고 페르세우스가 걸림돌이 되자 그를 죽이기로 결심한다. 이때부터 페르세우스의 모험과 영웅담이 시작된다.

**메두사의 목을 치다** 폴리덱테스는 페르세우스를 죽일 요량으로 그에게 메두사를 죽이라는 명령을 내린다. 메두사는 고르고네스 세 자매 중 하나였다. 고르고네스 세 자매는 스테노, 에우리알레, 메두사인데, 이들은 모두 특별한 능력을 지닌 괴물이었다.

신화와 전설에 따르면 이들의 부모는 포르키스와 케토였다. 포르키스와 케토는 고르고네스 세 자매 외에도 눈 하나와 이빨 하나를 번갈아 사용하는 백발 노파 괴물 그라이아이 세 자매를 낳았다. 말하자면 포르키스와 케토는 6명의 괴물 자매를 낳은 셈이다.

고르고네스 세 자매 중 힘센 여자라는 뜻의 스테노와 멀리 떠 돌아다니는 여자라는 뜻의 에우리알레는 불사의 몸이었다. 하지 만 메두사는 불사의 존재가 아니었다. 이들 자매의 모습은 보기 에도 무시무시했다. 머리칼은 살아 있는 뱀이며, 피부는 용의 비 늘이었고, 치아는 톱니와 같으며, 황금 날개가 달려 있었다. 거기 다 이들의 모습을 직접 보면 누구나 돌로 변해버렸다.

메두사는 이런 괴물이었지만 전설에 의하면 그녀에게도 가슴 아픈 사연이 있었다고 한다. 원래 메두사는 괴물이 아닌 아름다 운 여인이었다. 특히 머리카락이 가장 아름다웠다고 한다. 제우 스의 형제이자 올림포스 12신인 포세이돈이 메두사에게 반해서 그녀와 사랑을 나누었다. 그런데 하필 사랑을 나눈 장소가 아테 나의 신전이었다. 아테나는 이 일로 몹시 분개했고, 메두사에게 저주를 내려 그녀의 아름다운 머리카락을 뱀으로 바꿔놓았다고 한다.

그렇지만 어쨌든 페르세우스는 그녀를 죽여야만 했다. 그래서 페르세우스는 아테나의 도움으로 모습을 감출 수 있는 하데스의 투구, 메두사의 머리를 담을 헤라의 주머니, 아테나의 방패 아이 기스, 헤르메스의 하늘을 날 수 있는 날개 달린 신발 등을 빌려 자고 있는 메두사에게 접근하는 데 성공했다. 그리고 그녀를 직 접 보지 않고 아테나의 방패에 비친 모습을 보면서 칼을 들고 달 려들었다. 그리고 마침내 메두사의 머리를 잘라내고 그녀를 죽이 는 데 성공했다.

신화와 전설에 따르면 페르세우스가 메두사의 목을 베었을 때

메두사의 머리, 카라바조(1598년경), 피렌체 우피치 미술관 소장.

그 피가 땅속에 스며들자 갑자기 날개 달린 말 한 마리가 나왔다
고 한다. 그 말이 곧 페가수스다(일설에는 페가수스를 포세이돈과 메두사
사이에서 태어난 자식이라고도 한다). 아테나는 페가수스를 잡아 길들인
후 무사이 여신들에게 선물했다고 한다.

**에티오피아의 공주 안드로메다** 메두사를 죽인 페르세우스는 그녀의
머리를 가지고 귀환 길에 올랐다. 그때 그는 헤르메스의 날개 달
린 신발에 힘입어 날아서 돌아오고 있었다. 그는 에티오피아 땅

을 지날 때 에티오피아의 공주 안드로메다가 바다의 괴물에게 희생물로 바쳐진다는 소문을 들었다.

에티오피아의 왕은 케페우스였는데, 그의 왕비 카시오페이아는 아주 아름다운 여인이었다. 그런데 성정이 자만해 자신의 아름다움을 바다 요정에 버금간다고 떠들고 다녔다. 이 말을 들은 바다 요정들이 분개하며 거대한 바다괴물을 보내 에티오피아 해안을 황폐하게 만들어버렸다. 케페우스는 바다 요정들의 노여움을 달래기 위해 딸 안드로메다를 바다괴물에게 제물로 바치기로 한 것이었다.

페르세우스가 공중에서 내려다보니 제물로 바쳐진 안드로메다가 바다의 큰 바위에 쇠사슬로 묶여 있었다. 페르세우스는 그녀에게 다가가 바위에 결박당한 사연을 물었고 안드로메다는 그간의 사정을 털어놓았다. 어느덧 저 멀리 바다에 거대한 괴물이 보였는데, 괴물은 거대한 뱀의 형상을 하고 있었다(일설에는 고래의 형상이었다고 한다). 거대한 괴물이 다가오자 육지에서 그 광경을 지켜보고 있던 케페우스 부부가 애통해하며 비명을 질렀다. 그때 페르세우스가 그들에게 다가가 괴물에게서 딸을 구해내면 자신에게 딸을 줄 수 있느냐고 제의했다. 케페우스 부부가 이를 즉시 승낙하자 페르세우스는 목숨을 걸고 싸운 끝에 괴물을 죽이고 안드로메다를 구해냈다.

케페우스 부부는 딸을 구한 대가로 안드로메다와 그를 결혼시킬 뿐 아니라 나라까지 주겠다고 약속했다. 그리고 페르세우스를 궁궐로 초청해 큰 잔치를 베풀었다. 하지만 문제가 있었다. 안드로메다에게는 피네우스라는 약혼자가 있었던 것이다. 피네우스는 부하들을 이끌고 궁궐로 들어와 안드로메다를 자기에게 내놓을 것을 요구했고, 창을 던져 페르세우스를 죽이려 했다. 이에 페르세우스가 응수하며 궁중은 싸움판으로 변했다. 수적으로 불리한 페르세우스는 점점 궁지에 몰렸는데, 그런 상황에서 그는 메두사의 머리를 꺼내 높이 들며 소리쳤다.

"나의 적이 아닌 자는 모두 고개를 돌려라!"

고개를 돌리지 않고 페르세우스에게 덤벼들던 사람들이 모두 돌로 변했다. 숨어 있던 피네우스 또한 페르세우스 앞으로 끌려 나와 메두사의 얼굴을 보고는 돌로 변하고 말았다.

페르세우스는 이렇게 메두사의 머리를 이용해 연적을 물리치고 안드로메다와 결혼했다. 이후 그는 에티오피아의 왕이 되어 그곳을 다스렸고, 안드로메다에게서 장남 페르세스를 얻었다.

**예언대로 외할아버지를 죽이다** 한동안 에티오피아를 다스리던 페르세우스는 어머니를 구하기 위해 고향 세리포스섬으로 향했다. 그런데 막상 세리포스에 돌아가 보니 어머니는 폴리덱테스를 피해 몸을 숨긴 후였다. 분노한 페르세우스는 메두사의 머리를 들고 궁궐로 찾아가 폴리덱테스를 돌로 만들어버렸다. 그리고 자신을 키워준 어부 딕티스를 왕으로 세워 세리포스를 다스리게 했다.

이후 페르세우스는 어머니 다나에를 찾아내 만났으며, 아내 안드로메다와 어머니 다나에, 그리고 아들과 함께 외할아버지 아크리시오스가 다스리던 아르고스로 가고자 했다. 그런데 이 소문을 들은 아크리시오스는 신탁의 예언대로 외손자가 자신을 죽일까 두려워 몰래 피신해 라리사에 몸을 숨겼다(이때 동생 프로이토스의 군대가 쳐들어오자 궁궐을 버리고 달아났다고도 한다).

아크리시오스가 왕위를 버리고 라리사에 숨어 사는 처지가 되자 아르고스는 프로이토스가 다스렸다. 이 소식을 들은 페르세우스는 메두사의 머리를 가지고 프로이토스를 찾아가 그를 돌로 만들어버렸다. 이후 한동안 아르고스는 페르세우스가 통치했다.

그러던 어느 날 라리사에서 운동 경기가 열렸다. 이 경기에 페르세우스도 참가했는데, 경기 도중 그가 던진 원반이 갑자기 불어닥친 바람 때문에 관중석으로 날아갔다. 그 때문에 관중석에서 경기를 구경하던 노인 하나가 원반에 맞아 죽었다. 그 노인이 알고 보니 아크리시오스였다. 이로써 신탁이 이뤄졌다. 일설에는 아크리시오스가 프로이토스가 침략했을 때 죽었다고 전하고 있어 이 이야기는 후대에 만든 것으로 해석되기도 한다.

어쨌든 페르세우스는 메두사의 머리 덕에 아내도 얻고 아르고스도 되찾게 되었다. 그는 대단한 무기인 메두사의 머리를 자신을 도와준 아테나에게 바쳤다고 한다. 페르세우스는 아테나를 찾아가 자신이 빌린 모든 전투 장비를 돌려주고 선물로 메두사의 머리를 주었는데, 아테나는 메두사의 머리를 자신의 방패에 달고 다녔다.

# 7. 이오의 아들, 에파포스

## 이집트 멤피스 창건자

신화에 따르면 에파포스는 제우스와 이오 사이에 태어난 아들이라고 한다. 하지만 다른 설로는 이집트 왕의 아들이라고도 한다. 에파포스라는 이름은 산달을 다 채우지 않고 태어났다는 뜻인데, 우리말로 하자면 '팔삭둥이' 정도에 해당된다.

그의 출생과 관련해서는 여러 설이 분분하지만, 이오가 헤라에게 쫓겨 다니다 이집트 땅에 이르러 그를 낳았다는 설이 가장 많다. 그래서 그의 고향은 이집트 나일강 근처라고 한다. 이집트에서 성장한 그는 멤피스라는 여인과 결혼했고, 그녀와 함께 이집트 고대국가 멤피스를 창건했다. 두 사람 사이에는 리비아와 리시아나사, 두 딸이 있었다고 전한다. 또 에파포스의 손자 벨로스는 이집트의 전설적인 왕으로 알려져 있다.


# 8. 에우로페의 아들, 미노스, 라다만티스, 사르페돈

## 미노스 문명을 남긴 전설적인 왕, 미노스

**다이달로스를 시켜 미궁을 짓다** 미노스는 제우스와 에우로페의 아들이다. 제우스와 에우로페는 그 외에도 라다만티스와 사르페돈까지 3형제를 낳았다. 미노스는 신화에 크레타섬의 전설적인 왕으로 등장하는데, 그는 그리스 최초로 함대를 만들어 에게해를 지배하고, 여러 섬에 식민지를 건설했다고 한다.

　미노스 왕과 관련된 전설 중 가장 유명한 것은 미노타우로스 이야기다. 신화에서 미노타우로스는 미노스의 왕비 파시파에가 황소와 결합해 낳은 반인반수, 즉 반은 인간이고 반은 소인 괴물로 묘사된다. 미노스는 이 괴물을 가둬놓기 위해 한번 들어가면 빠져나올 수 없는 미궁을 만들었다.

　미노스의 미궁을 설계하고 건설 책임을 맡은 것은 다이달로스였다. 다이달로스는 신기한 물건을 잘 만들기로 소문난 인물이었다. 그는 원래 크레타섬 출신이 아니었다. 사실 그는 사람을 죽이고 크레타섬으로 몰래 숨어든 살인자였다.

　다이달로스가 죽인 사람은 누이의 아들 페르딕스였다. 당시 페르딕스는 열두 살이었는데, 물고기 등뼈에서 착안해 톱을 발명하고 원을 그리는 컴퍼스를 발명한 천재였다. 다이달로스는 페르딕스의 천재성을 시기한 나머지 그를 높은 성채에서 떨어뜨려 죽이고 크레타섬으로 도주한 것이었다.

　크레타섬에 온 그는 자신의 재주를 알아본 미노스에게 발탁되어 여러 도구를 만들었다. 황소를 사랑하던 왕비 파시파에를 위해 나무로 암소를 만들어 바치기도 했고, 대리석으로 무용실을 짓기도 했다. 그리고 미노스의 명을 받아 미궁을 설계해 미노타우로스를 그곳에 가뒀다.

　미노스는 미노타우로스를 위해 9년에 한 번씩 남녀 7명씩을 미궁으로 들여보냈다. 그들은 미노타우로스에게 희생되어야 하는 제물이었던 셈이다. 다이달로스가 설계한 미궁은 매우 복잡해

한번 들어가면 결코 나올 수 없는 곳이었다. 그 때문에 미궁에 바쳐진 사람들은 그곳에서 죽을 수밖에 없었다.

**미궁의 괴물을 죽인 젊은 영웅 테세우스** 미궁 속 괴물에게 바쳐지는 남녀는 모두 아테네인이었다. 당시 아테네는 크레타와의 전쟁에서 패배해 조공의 의미로 크레타에 남녀 7명씩을 바치고 있었다. 이에 아테네의 왕자 테세우스는 자신이 직접 미궁에 바쳐지는 7명의 남자 중 하나가 되었다. 미궁에 들어가 괴물을 죽이고 젊은이들을 구하기 위해서였다.

그런데 미노스의 딸 아리아드네가 제물이 되기 위해 크레타섬에 온 테세우스를 보고 첫눈에 반해버렸다. 그녀는 테세우스가 미궁의 괴물을 죽이기 위해 왔다는 것을 알고는 그를 돕기로 결심했다. 그래서 다이달로스를 찾아가 미궁을 탈출할 방도를 물었다. 다이달로스는 실타래를 주며 그것을 이용하라고 알려주었다. 실타래의 실을 풀면서 미궁으로 들어갔다가 실을 따라 되돌아 나오면 된다는 뜻이었다.

아리아드네는 다이달로스의 말대로 테세우스에게 실타래를 건네며 미궁을 탈출하는 방법을 알려주었고, 테세우스는 미노타우로스를 죽이고 미궁을 탈출하는 데 성공했다(자세한 내용은 5장의 '아티카를 통일한 아테네의 최고 영웅, 테세우스' 편을 참조하기 바란다).

**미궁을 탈출한 다이달로스와 이카로스** 뒤늦게 미노타우로스가 죽었다는 소식을 접한 미노스는 몹시 분개했다. 그는 테세우스와 아리아드네에 대한 수배령을 내렸지만 이미 그들은 달아난 후였다. 그러자 미노스는 미노타우로스를 죽이는 데 협조한 다이달로스와 그의 아들 이카로스를 잡아다 미궁 꼭대기에 가둬버렸다. 그리고 간수를 붙여 항상 감시하게 했다. 하지만 다이달로스의 천재성을 아낀 미노스는 그를 죽일 생각이 없었다. 그래서 파수꾼에게 이렇게 일러두었다.

"다이달로스가 원하는 것은 모두 구해주어라. 그는 뛰어난 발명가이니 무엇을 발명하든 내게 쓸모가 있을 것이다."

하지만 다이달로스는 미궁 꼭대기에 갇힌 뒤로 탈출할 방법만 찾고 있었다. 그리고 새처럼 날아 미궁을 빠져나가기로 결심했다. 그는 간수에게 나뭇가지와 큰 새의 날개, 초와 실을 구해달라고 했고, 간수는 별 의심 없이 그의 부탁을 들어주었다.

다이달로스는 간수가 가져다준 새의 날개에서 깃털을 뽑아 실로 이어 붙이고 밀랍을 발라 거대한 날개를 만들었다. 날개가 완성되자 그는 함께 탈출할 아들에게 주의를 주며 말했다.

"너무 높이 날면 태양의 열 때문에 밀랍이 녹아 떨어질 것이고, 너무 낮게 날면 바다의 물기 때문에 날개가 무거워져 떨어질 것이니, 항상 하늘과 바다의 중간을 날아야 한다."

두 사람은 마침내 탈출을 감행해 팔에 날개를 끼우고 하늘로 날아올랐다. 그런데 흥분한 이카로스가 너무 높이 나는 바람에 깃털을 붙였던 밀랍이 태양의 뜨거운 열에 녹아버렸고, 그는 바다로 곤두박질쳐 그만 죽고 말았다. 이때 이카로스가 떨어져 죽은 바다를 '이카로스의 바다'란 의미로 이카리아해라고 부른다.

이카로스의 추락. 페테르 파울 루벤스(1635~1637년), 마드리드 프라도 미술관 소장.

이카로스는 바다에 떨어져 죽었지만, 다이달로스는 자신이 만든 날개를 이용해 마침내 미궁을 탈출했다. 그는 크레타섬에서 빠져나가 시칠리아로 달아났다.

**욕조에서 생을 마감한 미노스**  한편 미노스는 다이달로스가 미궁의

탑에서 탈출했다는 소식을 듣고 크게 분노했다. 그리고 다이달로스를 다시 잡아들일 계략을 꾸몄다. 미노스는 누구든지 고둥 껍데기를 실로 꿰서 오면 큰 상을 내리겠다고 알렸다.

소문은 어느덧 다이달로스가 머물던 시칠리아까지 퍼졌다. 시칠리아 카미코스의 왕 코칼로스는 다이달로스에게 고둥을 실로 꿰어달라고 부탁했다. 그는 대수롭지 않게 아이디어를 내 고둥을 실로 꿰어주었다. 코칼로스는 사람을 시켜 실로 꿴 고둥을 미노스에게 보냈다. 그러자 미노스는 상은 주지 않고 군대를 이끌고 카미코스로 쳐들어와 다이달로스를 내놓으라고 윽박질렀다. 그제야 미노스의 계략을 알아차린 코칼로스는 고민 끝에 한 가지 계획을 세웠다. 그는 미노스를 달래며 말했다.

"곧장 다이달로스를 잡아 대령할 테니 대왕께서는 목욕이나 즐기고 계십시오."

그런데 그 목욕탕은 다이달로스가 만든 것이었다. 다이달로스는 코칼로스와 계략을 꾸미며 목욕탕에서 미노스를 죽이려 한 것이다. 그런 사실도 모르고 미노스가 욕조에 들어가 피로를 풀고 있자 다이달로스는 순식간에 막 끓인 뜨거운 물을 욕조에 흘려보냈다. 미노스는 피할 틈도 없이 마구 쏟아지는 끓인 물에 화상을 입고 죽었다.

이렇듯 다이달로스의 계략에 빠져 일생을 마감한 미노스지만, 그의 시대에 번성한 크레타 문명은 그리스 문명의 초석이 되었고, 그래서 크레타 문명을 일컬어 미노스 문명이라고 한다.

미노스 문명은 수천 년 동안 잠자고 있다가 20세기 초에 영국

고고학자 아서 에번스에 의해 발굴되었다. 이로써 전설과 신화로만 전해지던 미노스라는 인물이 역사적 존재로 확인된 셈이었다. 역사 인물 미노스는 아내 파시파에와의 사이에서 아리아드네, 안드로게오스, 데우칼리온, 파이드라, 글라우코스, 카트레우스, 아카칼리스 등의 자녀를 두었다고 한다.

## 미노스에게 쫓겨난 라다만티스와 사르페돈

제우스와 에우로페의 아들 라다만티스는 미노스, 사르페돈의 형제다. 에우로페는 제우스의 세 아들을 데리고 크레타의 왕 아스테리온과 결혼했는데, 아스테리온은 세 아들 중 라다만티스가 가장 정직한 인물이라고 판단하고 그에게 왕위를 물려줬다고 한다.

왕위에 오른 라다만티스는 정치는 잘했지만, 형인 미노스가 반란을 일으켜 크레타에서 쫓겨나고 말았다. 그는 그리스의 코린토스만 동북에 위치한 보이오티아로 향했다. 당시 보이오티아는 그의 외삼촌 카드모스가 지배하던 곳이었다. 카드모스는 라다만티스의 어머니 에우로페의 오빠인데, 그녀가 제우스에게 납치되어 행방불명되자 아버지의 명령에 따라 그녀를 찾아다니다가 보이오티아의 테베에 정착해 그곳의 왕이 되었다고 한다.

라다만티스는 현명하고 공정하기로 소문이 자자했으며, 훌륭한 법전까지 만들었다. 그 법전은 훗날 스파르타가 모방해서 썼다고 전한다. 이런 그의 공정성과 현명함 때문인지 전설에 의하면 그는 죽은 뒤 지하세계에서 죽은 자를 심판하는 심판관이 되었다고 한다.

사르페돈 또한 제우스와 에우로페의 아들이며, 미노스와 라다만티스의 형제다. 일설에는 그가 아스테리온의 아들이라고도 한다. 그 역시 라다만티스처럼 미노스에 의해 크레타에서 쫓겨났는데, 이후 외삼촌 킬릭스 왕에게 의탁했다고 전해진다. 킬릭스는 그의 어머니 에우로페와 남매지간이며, 에우로페가 제우스에게 납치되었을 때 형 카드모스와 함께 그녀를 찾아 나선 인물이다. 그는 에우로페를 찾아다니다가 소아시아 지역에 정착해 그곳의 왕이 되었다고 한다.


## 9. 아이기나의 아들, 아이아코스

### 트로이 전쟁 영웅들의 조상

아이아코스는 신화에 따르면 제우스와 요정 아이기나 사이에서 태어난 아들로 전한다. 그는 아이기나의 왕이었으며, 라다만티스처럼 공정한 왕으로 명성을 얻었다. 그래서 전설 속에서 그는 죽은 이후 라다만티스와 함께 저승의 심판자가 되었다고 한다.

아이아코스는 엔데이스와 프사마테를 아내로 두었다. 그는 엔데이스와의 사이에서 텔라몬과 펠레우스를 낳았는데, 펠레우스는 트로이 전쟁의 영웅인 아킬레우스의 아버지다. 텔라몬은 아이아스와 테우크로스를 낳았다. 아킬레우스와 더불어 아이아스, 테우크로스도 모두 트로이 전쟁의 영웅이다.

프사마테는 포코스를 낳았는데, 아이아코스는 텔라몬과 펠레우스보다 막내 포코스를 더 총애했다. 그 바람에 포코스는 두 이복형에게 미움을 받아 그들의 손에 죽는다. 그 일로 텔라몬과 펠레우스는 아이기나를 떠나 살라미스로 가게 된다.


## 10. 레다의 아들, 폴리데우케스

### 쌍둥이자리가 되다

폴리데우케스는 제우스와 레다 사이에서 태어난 아들이다. 신화에서 그는 항상 쌍둥이 카스토르와 함께 언급되는데, 이는 어머니 레다가 그들을 낳은 전설과 연관되어 있다.

레다는 원래 스파르타 왕 틴다레오스의 왕비인데, 제우스가 레다를 탐해 그녀를 몰래 취했다. 그런데 레다는 제우스와 결합하고서 남편 틴다레오스와도 동침했다고 한다. 그리고 두 개의 알을 낳았는데, 그 알에서 아이들이 각기 2명씩 태어났다. 아이들 이름은 헬레네, 클리타임네스트라, 카스토르, 폴리데우케스였다. 신화는 이 4명의 아이 중 헬레네와 폴리데우케스를 제우스의 자식으로 보고, 카스토르와 클리타임네스트라는 틴다레오스의 자식으로 본다.

하지만 대개 폴리데우케스와 카스토르는 쌍둥이로 항상 붙어 다녔는데, 둘 다 힘이 매우 셌다. 둘은 항상 붙어 다니며 다툼도 자주 일으켰다. 그런데 다툼 중 카스토르가 죽고 말았다. 절망에 빠진 폴리데우케스가 카스토르처럼 죽기를 바라자 제우스가 그들을 쌍둥이자리로 만들었다고 한다.


## 11. 엘렉트라의 아들, 이아시온과 다르다노스

### 쌍둥이 형제 이아시온과 다르다노스

이아시온과 다르다노스는 제우스와 엘렉트라 사이에서 태어난 쌍둥이 형제다. 이아시온은 대단한 미남이었다고 하는데, 제우스의 동생이자 아내 데메테르가 그의 외모에 반해 그를 매우 좋아했다. 데메테르는 이아시온을 유혹해 관계를 가졌는데, 제우스가 이 사실을 알고 벼락으로 이아시온을 죽여버렸다고 한다. 하지만 일설에는 이아시온을 죽인 사람이 제우스가 아니라 쌍둥이 형제 다르다노스라고도 한다.

어쨌든 이아시온이 죽자 이에 겁먹은 다르다노스는 그리스를 떠나 소아시아로 건너갔다. 그리고 그곳의 왕인 테우크로스의 딸 바테이아와 결혼해 자신의 이름을 딴 다르다노스 왕국을 건설했다.

다르다노스에게는 두 아들 일로스와 에릭토니오스가 있었는데, 일로스는 자식 없이 죽고 에릭토니오스는 트로스를 낳았다. 이 트로스의 이름을 딴 나라가 바로 트로이다. 따라서 다르다노스는 트로이의 시조가 된다(자세한 내용은 7장의 '트로이 왕국의 성립과 왕위 계승' 편을 참조하기 바란다).

## 12. 플루토의 아들, 탄탈로스

### 영원히 타르타로스에 갇혀버리다

탄탈로스는 제우스와 플루토 사이에서 태어난 아들이다. 신화는 탄탈로스가 잘못을 저질러 분노한 제우스에 의해 지옥의 세계인 타르타로스에 갇혔다고 전한다.

제우스가 분노한 이유에 대해 신화는 두 가지 이야기를 남기고 있다. 첫 번째는 탄탈로스가 올림포스의 잔치에 초대되었는데, 그곳에서 신들의 음식을 훔쳐 신들의 비밀을 세상에 알리려 했다는 것이다. 이 때문에 제우스가 분노해 탄탈로스는 타르타로스에 갇히게 되었다.

또 다른 이야기에서는 탄탈로스가 신들의 지혜를 시험하고자 자신의 아들 펠롭스를 죽여 요리로 만들어 신들에게 대접했다고 한다. 신들 대부분이 탄탈로스를 의심해 요리를 먹지 않았으나 데메테르만이 그 요리를 먹었다. 이때 데메테르는 페르세포네를 하데스에게 잃고 큰 슬픔에 빠져 있었다고 한다. 그녀는 펠롭스의 어깨 부분을 먹었는데, 나중에 신들이 펠롭스를 되살려주자 헤파이스토스가 상아로 어깨를 때워주었다. 이렇듯 탄탈로스는 신화에서 제우스를 몹시 분노하게 만든 아들로 묘사된다.

## 13. 타이게테의 아들, 라케다이몬

### 스파르타 왕국의 시조

라케다이몬은 제우스와 타이게테의 아들이다. 신화에 따르면 그는 라코니아의 왕으로, 스파르타와 결혼해 아미클라스와 에우리디케를 낳았다. 스파르타는 에우로타스 왕의 딸로, 그에게 아들이 없었기 때문에 사위 라케다이몬에게 나라를 물려주었고, 라케다이몬은 국호를 왕비의 이름을 딴 스파르타로 변경했다. 따라서 라케다이몬은 스파르타 왕국의 시조라고 할 수 있다.

## 14. 칼리스토의 아들, 아르카스

### 작은곰자리의 사연

아르카스는 제우스와 칼리스토의 아들이다. 그의 어머니 칼리스토는 원래 아르테미스를 섬기는 시녀였는데, 제우스가 강제로 그녀를 취해 칼리스토를 낳게 되었다. 이 일로 칼리스토는 헤라에게 심한 핍박을 받았고, 그 때문에 아르카스는 어머니 얼굴도 제대로 모른 채 마이아의 손에 양육되었다. 이후 가까스로 모자 상봉이 이뤄졌고, 모자가 다시는 헤어지고 싶어 하지 않자 제우스가 그들을 별로 만들어준다. 그렇게 해서 생긴 별자리가 큰곰자리와 작은곰자리라고 한다(자세한 내용은 2장의 '큰곰자리가 된 여인, 칼리스토' 편을 참조하기 바란다).

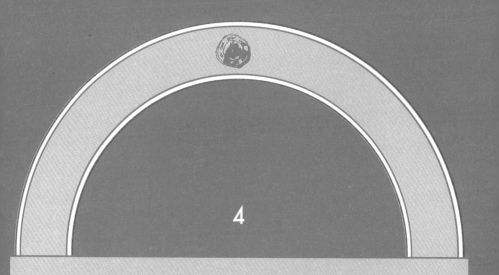

4

# 제우스의 딸들

제우스는 첫 부인 메티스를 비롯한 21명의 여인에게서 43명의 자녀를 얻었다. 그중 딸을 낳은 여인은 9명이고, 딸은 25명이다. 이들 25명의 이름은 아테나, 호라이 세 자매, 모이라이 세 자매, 카리테스 세 자매, 페르세포네, 무사이 아홉 자매, 아르테미스, 에일레이티아, 헤베, 헬레네, 아프로디테다. 25명의 딸에 얽힌 이야기를 그들의 생모를 중심으로 요약 정리한다.

## 1. 메티스의 딸, 아테나

### 온갖 능력을 지닌 지혜의 여신

**지혜와 전쟁의 여신으로 태어나다**  아테나(로마식: 미네르바)는 제우스와 메티스의 딸이며, 신화에서는 지혜, 전쟁, 직물, 요리, 도기, 문명의 신 등으로 다양하게 묘사되는데, 주로 지혜와 전쟁의 여신으로 불린다. 신화에 따르면 아테나는 제우스의 머리에서 태어났다고 하는데, 그 내용을 요약하면 이렇다.

제우스는 아버지 크로노스를 내쫓고 왕위를 빼앗았는데, 자기도 아버지처럼 자식에게 내쫓길까 두려웠다. 그때 제우스는 지혜로운 여인 메티스와 결혼한 뒤였는데, 대지의 신 가이아가 장차 메티스가 낳을 아들이 올림포스를 빼앗을 것이라는 신탁을 들려준다. 이에 불안한 나머지 제우스는 임신 중이던 아내 메티스를 자기 몸속에 가둬버렸다(일설에는 메티스를 파리로 변신시키고 자신은 개구리가 되어 그녀를 꿀꺽 삼켜버렸다고 한다).

메티스를 삼킨 지 수개월 후 제우스는 지독한 두통에 시달렸고, 두통은 시간이 지날수록 더욱 심해졌다. 그래서 아들 헤파이스토스로 하여금 도끼로 자신의 머리를 쪼개게 했더니, 그 속에서 완전무장한 성인 여자가 소리를 지르며 튀어나왔다.

이때 하늘과 바다가 모두 아테나의 탄생을 축하하며 환호를 보냈고, 제우스 또한 기뻐하며 아테나를 총애했다. 그래서 올림포스 궁전에서 함께하게 되었다. 그리고 제우스의 몸속에 갇힌 지혜로운 여인 메티스는 영원토록 그곳에 머물면서 제우스에게 지혜를 제공하고 있다고 한다.

이렇듯 신화는 아테나가 지혜로운 여인 메티스의 딸로 제우스의 머리에서 태어났다고 묘사한다. 이는 아테나가 메티스의 지혜를 유전적으로 이어받음과 동시에 제우스의 지혜까지 함께 물려받았음을 의미한다. 거기다 태어날 때부터 투구와 갑옷, 창으로 완전무장을 하고 있었으니, 태어나면서부터 전쟁의 여신도 겸했던 것이다(아테나의 출생 과정에 대한 자세한 내용은 2장의 '제우스에게 버림받은 첫째 부인, 메티스' 편을 참조하기 바란다).

**아테네의 수호신이 되다**  이후 아테나는 올림포스 12신 중 하나가 되었는데, 대개 갑옷과 투구로 무장하고 창과 방패를 든 모습으로 그려진다. 아이기스라는 방패에는 메두사의 머리를 달았다. 그녀의 방패 아이기스는 원래 헤파이스토스가 만들어 제우스에게 바친 것인데, 제우스가 아테나에게 선물로 주었다고 한다. 방패를 장식한 메두사의 머리는 메두사를 죽인 영웅 페르세우스가 그녀에게 바친 것이다.

검투사 모습을 한 그녀는 신화에서 헤라클레스, 오디세우스, 이아손 등 영웅들의 조력자로 등장하는데, 이는 일종의 문학적 장치로 영웅의 행적에는 여신의 신령한 힘이 작용했다는 점을 강조하고자 하는 의도인 듯하다.

대개 아테나를 상징하는 동물은 올빼미, 나무는 올리브나무다. 올빼미는 지혜를, 올리브나무는 비옥함과 평화를 상징하는데, 그녀가 곧 지혜와 비옥함, 평화를 수호하는 신인 까닭이다.

신화는 올리브나무가 그녀의 상징이 된 사연을 전하고 있다. 아테나는 그리스 중남부 지역을 이르는 아티카 지방의 가장 중요한 요지를 누가 지배할 것인지를 두고 포세이돈과 대립했다고 한다. 그래서 포세이돈과 아테나는 내기를 하는데, 그들이 각자 그곳 백성들에게 줄 선물을 만들고 백성들이 누구의 선물을 택하느냐에 따라 승자가 결정되는 내기였다. 이에 포세이돈은 그를 상징하는 무기인 삼지창으로 땅을 내리쳐 샘을 만들어주고 말을 태어나게 했으며, 아테나는 올리브나무를 피어나게 했다. 백성들은 샘과 말이 아닌 올리브나무를 선택해 아테나에게 승리를 안겨주었다. 백성들은 말이 투쟁과 슬픔을 상징하는 반면, 올리브나무는 평화와 풍요를 상징한다고 여긴 것이다.

이후 그곳 백성들은 아테나를 섬기며 도시 이름을 그녀의 이름을 따 아테네라고 지었다. 그곳의 신전 파르테논도 아테나가 수호하게 되었다. 그래서 파르테논 신전에는 아테나 여신상과 함께 그녀가 포세이돈과 겨루는 모습을 담은 조각상이 놓여 있다.

한편 아테나에게 패해 아테네에 대한 지배권을 놓친 포세이돈은 분을 삭이지 못하고 거대한 홍수를 불러 아테네를 물바다로 만들어버렸다고 한다. 그래서 아테네 백성들은 그의 마음을 달래줄 요량으로 아테네에 대한 1순위 지배권은 아테나에게 주고, 그 다음 지배권은 포세이돈에게 줬다는 신화가 함께 전한다.

**처녀 신 아테나에게도 아들이 있었다**  아테나는 제우스의 장녀로 태어난 셈인데, 그녀가 메티스 소생인 까닭에 제우스의 왕비 헤라는 그녀를 올림포스의 일원으로 받아들이는 것을 강하게 반대했다. 하지만 제우스는 기어코 아테나를 올림포스 12신에 포함해 자신의 적녀임을 확인시킨다.

어렵사리 올림포스 궁전의 일원이 된 아테나는 스스로 평생 처녀로 지낼 것을 맹세한다. 그런데 처녀로 살 것을 맹세하고 처녀 신으로 알려진 그녀에게도 아들이 있었다. 바로 헤파이스토스의 아들이었는데, 그녀가 헤파이스토스의 아들을 양육하게 된 사연을 요약하자면 이렇다.

헤라의 아들이자 장애인이던 헤파이스토스는 아테나를 연모해 그녀를 취할 기회를 노렸다. 그리하여 아테나가 무기를 얻기위해 그의 대장간으로 오자 그녀를 겁탈하려 했고, 아테나는 깜짝 놀라 달아났다. 이때 헤파이스토스의 정액이 아테나의 다리에 묻었는데, 아테나는 올리브 잎으로 그것을 닦아냈다. 그러다가 헤파이스토스의 정액이 땅에 떨어졌고, 대지의 여신 가이아가 그 정액으로 수태해 아이를 낳았다. 가이아는 그 아이를 아테나에게 맡겼고, 아테나는 그 아이를 아들로 삼아 길렀다. 그가 바로 아테네 왕국을 일으킨 에리크토니오스 왕이다(일설에는 에리크토니오스가 헤파이스토스와 아테네 왕 크라나오스의 딸 아티스 사이의 아들이라는 말도 있다).

즉 아테나는 처녀의 몸으로 아들을 양육하게 된 것이다. 하지만 이 이야기는 아테나를 순수한 처녀 신으로 꾸미기 위한 문학적 장치로 보인다. 헤파이스토스의 정액이 땅에 스며들어 대지의 신 가이아가 잉태하고 출산한 후 아테나에게 보내 아들로 삼게 했다는 내용이 너무 작위적인 까닭이다. 또 에리크토니오스가 세운 나라 이름을 아테나의 이름에서 따왔다는 것, 이 도시의 백성들이 아테나를 신으로 섬겼다는 것 모두 에리크토니오스가 아테나의 친자임을 방증한다.

**아라크네를 거미로 만들다** 아테나는 다양한 분야의 신이었던 만큼 신화는 아테나가 온갖 영역을 넘나들며 간섭하거나 분노를 드러내는 이야기를 들려준다. 그중에는 손재주가 뛰어난 여인을 거미로 만든 이야기도 있다.

아테나가 거미로 만들어버린 여인의 이름은 아라크네다. 아라크네는 리디아의 염색장 이드몬의 딸이었다. 이드몬은 염색으로 명인 반열에 오른 인물이었는데, 그의 딸 아라크네는 베 짜기와 자수에 매우 뛰어났다. 사람들이 그녀의 재주를 높이 평가하자 그녀는 자신의 실력이 아테나 여신보다 대단하다고 떠들고 다녔다. 그리고 급기야 아테나에게 도전장을 내밀었다.

이 소식을 들은 아테나는 할머니로 변신해 아라크네를 찾아가 신을 모독한 잘못을 빌고 용서를 받으라고 충고했다. 하지만 아라크네는 전혀 반성할 기미를 보이지 않았고, 되레 노파로 변신한 아테나를 내쫓으려 했다. 이에 분노한 아테나가 제 모습으로 돌아와 그녀에게 실력을 겨룰 것을 제안했다.

이렇게 해서 아라크네와 아테나의 자수와 베 짜기 시합이 벌어졌다. 시합에 앞서 아테나는 자신과 포세이돈이 승부를 겨룬 일이며, 신에게 대항한 인간의 처참한 말로에 대해 들려주며 아라크네에게 시합을 중단할 것을 종용한다. 하지만 아라크네는 시합을 포기할 의사가 없었다.

아라크네는 자신의 실력을 총동원해 베를 짜고 수를 놓았다. 그녀는 수판에 제우스와 여러 신의 문란한 성생활을 표현했는데, 이는 신들의 사생활에 대한 노골적인 비판이었다. 아라크네는 신들을 웃음거리로 만든 것이다. 그런데 아테나가 보기에도 감탄할 정도로 아라크네의 솜씨는 굉장히 뛰어났다. 아테나는 그녀의 수

판에 그려진 모욕적 내용에 몹시 분노했지만, 직조 실력과 수놓는 실력에서는 아라크네에게 패배했음을 인정할 수밖에 없었다. 그야말로 아라크네는 신을 능가하는 실력을 지닌 인간이었고, 자신은 인간에게 패배한 최초의 신이 될 처지였다.

그때 아테나는 한 가지 술수를 썼다. 아테나는 갑자기 아라크네가 짠 베와 수를 모두 찢어버리고, 북으로 아라크네의 이마를 때린 것이다. 그 때문에 아라크네는 치욕감을 느끼고 스스로 목을 매고 만다. 그러자 아테나는 미안한 마음이 들었는지 아라크네가 영원히 실을 자을 수 있도록 그녀를 거미로 변하게 하고 그녀가 목을 맨 밧줄을 거미줄로 만든다.

**아테나에 얽힌 또 다른 이야기**  아테나 때문에 아라크네보다 더 비참한 삶을 산 여인도 있다. 바로 메두사다. 메두사는 원래 아주 아름다운 여인이었다. 특히 머릿결이 매우 고왔다고 한다. 그 아름다운 여인을 연모한 신이 있었는데, 바로 아테나와 대결을 벌인 포세이돈이었다.

포세이돈은 메두사를 연모하다 마침내 관계를 맺었는데, 고의인지 우연인지 알 수 없지만 그는 아테나가 수호하는 파르테논 신전에서 메두사와 사랑을 나누었다. 이에 모욕감을 느낀 아테나는 메두사에게 저주를 내려 그녀를 흉측한 괴물이 되게 하고, 고운 머리카락은 뱀으로 만들어버렸다. 또 그녀의 눈과 마주치면 동물이든 사람이든 모두 돌로 변하게 했다.

아테나가 메두사를 괴물로 만들어버린 배경에는 질투심도 섞여 있었다. 한때 아테나는 포세이돈에게 구애한 적이 있었다. 그러나 포세이돈이 이를 받아들이지 않았으니 아테나는 메두사에게 질투심을 느낄 수밖에 없었을 것이다. 그런데 하필 아테나가 수호하는 파르테논 신전에서 포세이돈과 메두사가 정사를 벌였으니, 아테나의 질투 어린 분노가 폭발한 것이다.

어쨌든 메두사는 아테나의 저주로 인해 괴물의 몸으로 살다가 세리포스섬의 왕 폴리덱테스의 명령을 받은 페르세우스에게 죽고 만다. 페르세우스는 메두사의 머리를 아테나에게 바쳤고, 아테나는 자신의 방패에 그녀의 머리를 부착해 전리품처럼 가지고 다녔다.

아라크네와 메두사 외에도 아테나의 분노 때문에 고통받은 사람은 또 있다. 아테나의 총애를 받던 님프 카리클로의 아들 테이레시아스는 우연히 아테나가 목욕하는 장면을 목격했다가 눈이 멀게 되었다. 하지만 자신이 아끼는 카리클로가 그 일로 슬퍼하자, 그에게 새의 말을 알아듣고 예언할 수 있는 능력을 주었다고 한다.

아테나와 얽힌 에피소드가 모두 남을 해치는 내용만은 아니다. 아테나는 다방면에 뛰어난 능력을 지닌 신답게 영웅을 도와주는 역할로도 등장한다. 페르세우스에게는 방패를 빌려주어 메두사를 죽이는 데 도움을 주었고, 헤라클레스가 조국인 테베 구원 전쟁에 참전했을 때는 함께 싸워서 승리하도록 돕는 역할도 한다. 또 오디세우스가 트로이 전쟁이 끝난 뒤 귀환할 때 여러 난관을 극복할 수 있도록 도와주기도 했다.

이렇듯 아테나는 여러 영역에서 온갖 능력을 발휘하며 수많은 에피소드를 남겼고, 덕분에 그리스인이 가장 사랑하는 여신이 되었다.


## 2. 테미스의 딸, 호라이 세 자매와 모이라이 세 자매

### 시간과 계절을 수호하는 호라이 세 자매

호라이 세 자매와 모이라이 세 자매는 제우스와 테미스 사이에서 태어난 딸들이라고 전한다. 호라이 세 자매는 에우노미아, 디케, 에이레네를 일컫는데, 이들을 호라이 자매라고 부르는 것은 이들 세 자매가 모두 시간이나 계절의 변천을 주관하는 여신이기 때문이다. 그리스어로 '호라'는 시간 또는 계절을 의미하고, 호라이는 호라의 복수형이다.

호라이 세 자매는 계절의 질서와 식물의 생장, 또는 인간 사회의 질서를 수호하는 임무를 맡고 있다. 이들은 항상 꽃을 손에 든 우아한 처녀의 모습으로 그려진다.

세 자매의 이름에 대해서는 지역마다, 책마다 달라 여러 설이 있지만, 헤시오도스의 《신들의 계보》는 에우노미아, 디케, 에이레네라고 전한다.

신화는 이들 중에서 에우노미아는 질서의 여신으로 봄을 수호하고, 디케는 정의의 여신으로 여름을 수호하며, 에이레네는 평화의 여신으로 가을을 수호한다고 묘사한다. 그래서 에우노미아는 봄의 풍요를 다스리고 꽃을 자신의 상징물로 삼으며, 디케는 여름의 번영을 다스리고 곡물을 자신의 상징물로 삼고, 에이레네는 수확의 계절인 가을의 소득을 다스리고 올리브를 상징물로 삼는다.

## 인간의 운명을 다스리는 모이라이 세 자매

모이라이 세 자매 역시 제우스와 테미스 사이에서 태어난 딸들로 전한다. 따라서 이들은 호라이 세 자매와 자매인 셈이다.

모이라이 세 자매는 클로토(로마식: 노나), 라케시스(로마식: 데키마), 아트로포스(로마식: 모르타)를 일컫는데, 이들을 모이라이라고 부르는 것은 세 자매가 모두 운명을 수호하는 임무를 맡았기 때문이다. 그리스어로 '모이라'는 '각자가 받은 몫'이라는 뜻인데, 곧 운명을 의미한다. 모이라이는 모이라의 복수형이다.

호라이와 마찬가지로 모이라이 자매의 이름 또한 지역과 책에 따라 다르게 불린다. 헤시오도스의《신들의 계보》는 이들을 클로토, 라케시스, 아트로포스라 전한다.

모이라이라는 용어에서 알 수 있듯 이들은 모두 운명의 여신이다. 이들 자매는 모두 인간의 생명을 관장하는데, 이들에게는 생명을 관장하는 실이 있었다고 한다. 한 명이 실을 자으면, 다른 한 명은 자은 실을 감고, 나머지 한 명이 인간의 목숨이 다할 때 그 실을 끊는 역할을 했다.

이처럼 이들은 인간의 생사에 관한 일을 분업을 통해 주관한다. 세 자매 중 실을 잣는 역할을 하는 이는 클로토인데, 그녀는 사람이 어머니 몸속에 잉태된 상태로 있는 열 달 동안을 관장한다. 라케시스는 인간이 세상 밖으로 나온 뒤 수명을 다할 때까지 그 생명을 관장하는 역할을 한다. 그래서 그녀는 인간의 수명을 할당한 실을 감는 임무를 맡고 있다. 이후 세 번째 임무, 즉 생명의 실타래를 자르는 역할을 하는 이가 바로 아트로포스다. 그녀는 인간의 죽음 시기와 방법을 결정하는 운명의 여신으로 단호하고 가차 없이 가위질을 하는 냉정한 성격으로 전해진다.

## 3. 에우리노메의 딸, 카리테스 세 자매

### 우아함의 상징, 삼미신 세 자매

아글라이아, 에우프로시네, 탈리아 등 3명은 제우스와 에우리노메의 딸로 흔히 삼미신으로 불리며 신화에서 아프로디테의 시녀로 묘사된다. 삼미신이란 3명의 아름다운 여신이라는 뜻인데, 신화에 따르면 그들은 각각 매력, 미모, 창조력을 담당한다고 전한다.

그리스 신화는 삼미신으로 헤라, 아테나, 아프로디테를 통칭하기도 하는데, 이들은 각각 사랑과 신중함, 아름다움을 맡고 있다. 하지만 헤시오도스의 《신들의 계보》는 에우리노메의 딸인 아글라이아, 에우프로시네, 탈리아를 삼미신으로 전한다. 《신들의 계보》는 이들 세 자매를 통칭해 카리테스(로마식: 그라티아이, 영어식: 그레이즈, grace의 어원)라고 부르는데, 카리테스는 아름다움이나 우아함을 의미하는 카리스의 복수형이다.

헤시오도스는 이들이 제우스와 에우리노메 사이에서 태어났다고 전하지만, 일설에는 디오니소스와 아프로디테 또는 헬리오스와 바다의 요정 아이글레 사이에서 태어났다고 전하기도 한다.

어쨌든 이들이 삼미의 여신으로 불리는 것은 동일한데, 신화에서 이들 세 사람은 각자 맡은 분야가 다르다. 아글라이아는 아름다움을 수호하고, 에우프로시네는 명랑과 유쾌함을 수호하며, 탈리아는 발랄함과 풍요로움을 수호한다고 한다.

일부 신화에서는 아글라이아를 대장장이의 신 헤파이스토스의 아내로 묘사하기도 하는데, 나머지 두 자매는 이성 관계에 대한 기록이 없다.


## 4. 데메테르의 딸, 페르세포네

### 하데스에게 납치되어 억지로 지하의 여왕이 되다

페르세포네(로마식: 프로세르피나)는 제우스와 그의 누이 데메테르 사이에서 태어난 딸로 전하는데, 올림포스 12신 반열에 들지는 못했다. 신화에서 그녀는 외삼촌 하데스에게 납치되어 지하세계의 왕비가 되었다고 한다. 그 사연은 이렇다.

하데스는 지하세계를 관장하는 신으로 어둡고 무서운 존재로 인식되었다. 아프로디테는 하데스를 몹시 싫어했고, 아들 에로스도 마찬가지였다. 그래서 어느 날 하데스가 지하세계에서 지상으로 올라오자 아프로디테는 아들 에로스에게 하데스가 사랑에 빠지게 해달라고 했다. 이에 에로스는 하데스에게 금 화살을 쏘았고, 그 때문에 하데스는 처음 보는 여인을 무조건 사랑하게 되었다. 그리고 그가 처음 본 여인이 바로 여동생 데메테르의 딸 페르세포네였다. 하데스는 들판에서 꽃을 따고 있던 페르세포네를 보자마자 사랑에 빠져 그녀를 납치해 지하세계로 끌고 갔다. 그리고 강제로 그녀를 취했고, 페르세포네는 자신의 의지와 상관없이 지하세계의 여왕이자 하데스의 아내가 되고 말았다.

이런 하데스의 행동은 제우스의 묵인 아래 이뤄졌다. 하지만 페르세포네의 어머니 데메테르는 전혀 모르는 일이었다. 데메테르는 페르세포네가 사라진 것을 알고 백방으로 딸을 찾아 수소문했다. 데메테르는 곡식을 관장하는 임무를 맡았는데, 그녀가 딸을 찾아 헤매는 바람에 곡식을 돌보지 못해 세상의 모든 곡식이 시들기 시작했다.

데메테르가 애타게 딸을 찾고 있는 것을 본 티탄족의 헬리오스는 페르세포네가 하데스에게 납치되어 지하세계로 갔다는 말을 들려준다. 그러자 데메테르는 제우스를 찾아가 항의하며 딸을 돌려달라고 요구한다. 데메테르의 강한 요구에 제우스는 별수 없이 헤르메스를 하데스에게 보내 페르세포네를 돌려보내라고 한다. 그때 하데스는 페르세포네를 보내지 않기 위해 한 가지 꾀를 냈다. 페르세포네를 지상에 올려 보내기 전에 그녀에게 석류 씨를 먹인 것이다. 지하세계의 음식을 먹으면 지상으로 돌아갈 수 없다는 신들의 법을 악용한 셈이다. 그 때문에 페르세포네는 지상으로 완전히 돌아가지 못하고 지상과 지하를 오가야 하는 처지가 되었다.

그리하여 페르세포네는 6개월은 지상으로 가서 어머니 데메테르와 함께 지내고, 6개월은 지하세계로 가서 하데스의 부인으로 살아야 했다. 그래서 페르세포네가 지상에서 지내는 6개월은 데메테르가 곡식과 식물을 돌봐 봄과 여름이 되었고, 지하에서 지내는 6개월 동안은 데메테르가 슬픔에 잠겨 곡식과 식물을 돌보지 않기 때문에 가을과 겨울이 되었다고 한다.

이렇듯 페르세포네는 하데스에게 납치되어 원하지도 않는 지하의 여왕으로 늘 슬픔과 그리움을 안고 살아야 하는 존재가 되고 말았다.

사실 페르세포네는 좋아하던 남자가 따로 있었다. 그는 아도니스라는 사냥꾼으로 인물이 준수했다고 한다. 그래서 페르세포네와 아프로디테가 동시에 그를 좋아했는데, 사냥 중 멧돼지에게 물려 죽고 말았다. 신화는 이때 아도니스를 물어 죽인 멧돼지가 아프로디테를 좋아하던 아레스였다고 묘사한다. 이는 곧 아레스의 계략에 빠져 아도니스가 죽은 것을 문학적으로 표현한 것으로 보인다.

그런데 신화는 아도니스가 죽은 뒤에도 페르세포네와 아프로디테의 다툼이 이어졌다고 쓰고 있다. 아도니스가 죽어서 지하세계로 가자 지하세계의 여왕인 페르세포네가 그를 독차지하게 되었고, 아프로디테가 이에 반발했다는 것이다. 그래서 제우스가 이를 중재해 두 여인이 각각 6개월씩 아도니스와 지내게 했다고 한다.

# 5. 므네모시네의 딸, 무사이 아홉 자매

## 음악을 관장하는 무사이 여신

무사이 자매는 제우스와 므네모시네 사이에서 태어난 딸들이며, 신화에서는 음악을 관장하는 여신으로 묘사된다. 무사이는 무사(영어식: 뮤즈)의 복수형이다.

무사이 자매의 어머니인 므네모시네는 흔히 기억의 여신으로 불리는데, 이들 자매는 어머니의 기억 능력을 물려받아 기억을 통해 올림포스와 인간세계의 음악과 시를 담당하게 되었다. 기억이란 문자가 생기기 이전에 문화를 전승하는 가장 중요한 수단이었고, 음악과 시는 기억을 통해 탄생했다. 그래서 문자가 발명되기 이전 시대에는 음악과 시를 창작하고 전하는 데 기억을 가장 중요하게 여겼다. 당시에는 기억술이 유행했는데, 기억을 기술적 능력으로 봤다는 뜻이다. 무사이 자매의 어머니 므네모시네는 아마도 이 기억술의 달인이었던 것으로 보인다. 그리스어로 기억을 '므네메'라고 하는 것도 므네모시네의 이름에서 기인했다.

헤시오도스의 《신들의 계보》에서는 이들 자매가 제우스와 므네모시네의 딸이라고 전하지만, 일부 다른 문헌에서는 하늘의 신 우라노스와 대지의 신 가이아의 딸이라고도 하고, 하르모니아의 딸이라고도 한다.

무사이 여신 9명의 이름은 클레이오, 우라니아, 멜포메네, 탈레이아, 테르프시코레, 칼리오페, 에라토, 폴리힘니아, 에우테르페다. 초기 그리스 신화에서는 무사이 자매의 수를 3명으로 기록하기도 했는데, 점차 수가 늘어 9명이 되었다. 어쩌면 무사이 자매는 원래 3명이었는데, 그들의 역할을 세분하기 위해 9명으로 늘렸는지도 모를 일이다.

어쨌든 그리스인은 언제부턴가 이들의 수를 아홉으로 믿기 시작했고, 9명의 무사이 자매에게 각기 다른 역할을 부여했다. 클레이오는 역사, 우라니아는 천문, 멜포메네는 비극, 탈레이아는 희극, 테르프시코레는 합창, 칼리오페는 서사시, 에라토는 독창, 폴리힘니아는 찬가, 에우테르페는 서정시를 맡았다고 한다.

신화에서 이들은 대개 사람들에게 영감을 주는 역할을 하는데, 호메로스의 서사시에서도 이야기를 시작하기 전에 호메로스가 그들에게 영감을 달라고 기도하는 내용이 있다. 로마 신화에서도 무사이 여신들에게 영감을 받아 글을 쓰고 노래를 시작한다는 내용이 다수 발견된다. 이렇듯 그리스 로마 시대에는 시와 음악을 창작하는 데 신에게 영감을 받는 것이 매우 중요했던 듯하다.

일반적으로 무사이 여신은 결혼하지 않고 처녀로 살았다고 여기기 십상인데, 사실 이들 중에는 결혼한 사람이 더 많았다.

테르프시코레는 아켈로오스와 결합해 세이렌을 낳았다고 한다. 신화에서 세이렌은 신체의 반은 새이고 반은 사람인 반인반수다. 그녀는 아름다운 노랫소리로 어부들을 유혹해 배를 난파시키곤 했다고 한다. 그녀는 호메로스의 《일리아스》와 《오디세이아》에도 등장하는데, 오디세우스는 트로이 전쟁에 참전했다가 귀향하는 길에 세이렌이 사는 영역을 지나게 되자, 밀랍으로 선원들의 귀를 틀어막아 위험에서 벗어났다고 한다.

탈레이아는 아폴론과 결합해 코리반트라는 아들을 낳았다고 전하고, 클레이오는 마케도니아의 왕 피에로스와 결합해 히아킨토스를 낳았다고 한다. 히아킨토스는 히아신스 꽃의 전설과 관련된 인물로 아폴론이 사랑했던 미소년이다.

한편 칼리오페는 트라키아의 왕 오이아그로스와 결합해 오르페우스와 리노스 등 두 아들을 낳았다고 전해진다. 오르페우스는 음악적 재능을 타고난 인물로 죽은 아내를 살리기 위해 지하세계까지 쫓아가 아내를 구해 오다 뒤를 돌아보지 말라는 하데스의 충고를 잊어 결국 아내를 잃었다는 이야기를 남기고 있다.

에우테르페는 강의 신 스트리몬과 결합해 레소스를 낳았다고 한다. 레소스는 호메로스의 《일리아스》에 등장하는 인물로 트로이 전쟁 중 디오메데스라는 인물에게 죽음을 당한다.

신화는 이들 5명 외에 다른 네 자매에 대해서는 아이를 낳았다는 기록을 전하지 않아 그들의 결혼 여부는 알 수 없다.


# 6. 레토의 딸, 아르테미스

## 순결 맹세에 사로잡힌 여신

**순결의 강박에 사로잡히다** 아르테미스(로마식: 디아나, 영어식: 다이애나)는 제우스와 레토의 딸이며 아폴론과는 쌍둥이 남매다. 신화에서 그녀는 달의 여신이자 순결의 여신으로 묘사된다. 아르테미스는 아폴론과 함께 올림포스 12신 중 하나이며, 곰과 사슴, 활과 화살, 초승달을 대표적인 상징물로 삼았다.

아르테미스는 출생 과정이 결코 순탄하지 않았다. 그녀의 어머니 레토는 제우스의 아이를 임신한 순간부터 헤라에게 쫓겨 다녀야 했다. 심지어 레토는 출산이 임박했을 때도 출산할 장소를 찾지 못해 애를 먹었는데, 다행히 포세이돈의 도움으로 헤라의 눈을 피해 해산했고, 쌍둥이 남매 아폴론과 아르테미스를 낳았다.

이런 힘겨운 탄생 때문인지 아르테미스는 유년 시절부터 처녀로 평생 지내겠다고 맹세한다. 이를 실현하기 위해 제우스에게 영원한 처녀성을 선물로 달라고 조르기까지 한다. 또한 자신에게 접근하는 남성들을 물리치기 위해 키클롭스에게 활과 화살을 만들어달라고 부탁한다. 그리고 주변을 처녀들이 에워싸게 하고 그녀들을 시녀로 삼아 순결을 맹세하게 했다.

신화에서 아르테미스는 시녀들과 함께 숲속에서 활과 화살을 들고 사냥하는 모습으로 자주 등장하기 때문에 순결하면서도 야생적인 모습으로 그려지곤 했다. 이런 강인한 이미지에 걸맞게 그녀는 잔인하고 복수심이 강해 여러 사람을 가혹하게 죽인다. 그리고 유년 시절 맹세를 지키며 순결의 강박에 사로잡힌 영혼처럼 평생 처녀로 살아간다.

**순결을 저버린 칼리스토를 응징하다**  아르테미스는 순결을 맹세한 시녀들이 맹세를 저버리면 가혹하게 응징했다. 그 때문에 시녀 중 어느 누구도 감히 맹세를 어길 엄두를 내지 못했다. 그런데 칼리스토라는 아름다운 시녀가 제우스의 계략에 빠져 그만 제우스의 아이를 잉태하고 말았다.

칼리스토는 제우스에게 속아 부지불식간에 순결을 잃은 것이었지만, 아르테미스는 그녀를 용서하지 않았다. 처녀성을 지키겠다는 자신과의 굳은 약속을 어긴 죄로 쫓아냈을 뿐 아니라 철저히 그녀의 출산을 방해했다.

그럼에도 칼리스토는 가까스로 출산에 성공했지만, 아르테미스와 헤라 때문에 늘 위험을 무릅써야 했다. 아르테미스는 헤라에게 부탁해 칼리스토를 곰으로 만들어버리고 말았다. 그 때문에 그녀는 자기 아들을 키우지도 못한 채 쫓겨 다니다 제우스의 배려로 하늘의 별이 되었으니, 그 별이 곧 큰곰자리다(자세한 내용은 2장의 '큰곰자리가 된 여인, 칼리스토' 편을 참조하기 바란다).

**키오네를 죽여 불에 태우다**  아르테미스는 순결을 중시했지만, 명예도 매우 중시했다. 또 자존심이 강하고 질투도 심했다. 그래서 누군가가 자신의 자존심을 상하게 하면 결코 참지 못했다. 키오네는 그런 그녀의 자존심에 희생된 여인이었다.

키오네는 다이달리온의 딸로, 다이달리온은 흔히 샛별로 일컬어지는 에오스포로스의 아들이다. 대단한 미인이었던 키오네는 숱한 남성에게 청혼을 받았다. 제우스의 아들 헤르메스와 아폴론까지 키오네를 탐냈다. 둘은 키오네를 두고 경쟁을 벌였는데, 그런 상황에서 헤르메스는 계략을 써서 키오네를 겁탈했고, 아폴론 또한 변장술로 그녀에게 접근해 기어코 그녀와 잠자리를 가졌다.

이렇듯 제우스의 아들인 아폴론과 헤르메스의 사랑을 함께 받게 된 키오네는 매우 거만해졌다. 급기야 자신의 외모는 여신을 능가한다고 떠벌렸고, 그 과정에서 아르테미스의 이름을 언급했다. 아르테미스보다 자신이 더 아름답다고 말한 것이다.

이 소문을 들은 아르테미스는 분을 참지 못했다. 그리고 곧장 키오네를 찾아가 활을 당겨 그녀의 요망한 혀를 쏘았고, 결국 키오네는 죽고 말았다. 하지만 그것으로 분이 풀리지 않은 아르테미스는 키오네의 시신을 장작더미에 올려 태워버렸다.

**억울하게 죽은 사냥꾼 악타이온**　아르테미스는 키오네와 관련해 또 하나의 살인을 저질렀다. 희생자는 악타이온이라는 사람이었다. 악타이온은 테베 왕 카드모스의 손자로, 뛰어난 사냥꾼이었다. 그는 사냥을 하러 갔다가 우연히 숲속 샘에서 한 무리의 여인들이 목욕하는 모습을 보게 된다. 그들은 아르테미스와 시녀들이었다.

아르테미스는 시녀들과 목욕을 즐기면서 수다를 떨고 있었다. 시녀들에게 자기가 키오네를 화살로 쏘아 죽였다는 말을 늘어놓는 참이었다. 물론 그것은 누구도 알아서는 안 되는 비밀이었다. 키오네를 사랑한 아폴론과 헤르메스가 그 사실을 알게 되면 자신에게 어떤 일이 닥칠지 알 수 없었기 때문이다. 그런데 악타이온이 그 비밀을 듣고 말았다.

하지만 악타이온이 그런 내막을 알 리 없었다. 그는 그저 숲속 샘에서 여인들이 목욕하는 장면을 우연히 목격했을 뿐이었다. 그런데 그가 보고 있다는 것을 아르테미스가 알아채고 말았다.

아르테미스는 악타이온이 자신과 시녀들의 벗은 모습을 훔쳐 보았다는 것에 몹시 분노했다. 더구나 악타이온이 자신의 비밀까지 엿들었다고 판단해 가차 없이 그를 죽였다. 신화는 아르테미스가 그를 사슴으로 변신시켰고 악타이온은 자신이 끌고 온 사냥개에 물려 처참하게 죽었다고 전한다. 하지만 이는 신화화된 것으로 보이고, 실제로는 아르테미스가 사냥개를 풀어 그를 물어 죽이게 했을 것으로 판단된다.

**아르테미스의 연인, 오리온**　아르테미스는 순결을 지키는 데 매우 집착하며 남성의 접근을 철저히 차단한 것으로 유명했지만, 그녀에게도 한때 사랑하던 연인이 있었다. 남자에겐 얼음처럼 차가운 그녀의 마음을 사로잡은 인물은 바로 오리온이라는 청년이었다.

오리온은 신화에서 포세이돈의 아들로 묘사된다. 그는 외모가 준수한 거인이었다고 전하는데, 아주 뛰어난 사냥꾼이었다. 아르테미스는 사냥을 나갈 때 가끔 그와 동행하기도 했는데, 그 과정에서 두 사람 사이에 연정이 싹텄던 모양이다.

그런데 아르테미스의 쌍둥이 아폴론은 그런 상황을 좋아하지 않았다. 그는 오리온이 순결을 맹세한 아르테미스의 명예를 더럽히고 있다고 생각했다. 아폴론은 남매인 아르테미스의 명예와 순결을 지키는 것을 자신의 사명 중 하나라고 여겼던 것이다. 그래서 그는 오리온을 죽여버린다.

아폴론이 오리온을 죽인 이야기는 두 가지로 전한다. 첫 번째 이야기는 전갈을 이용해 오리온을 죽였다는 내용인데, 아폴론이 바다에서 헤엄치고 있던 오리온에게 전갈을 보내자 전갈의 독침에 맞아 죽었다는 것이다. 이 일로 아르테미스가 매우 슬퍼하자 오리온과 전갈을 모두 하늘로 올려 보내 별이 되게 했으니, 그것이 곧 전갈자리와 오리온자리라고 한다.

두 번째 이야기는 아폴론이 아르테미스를 속여 그녀의 화살로 오리온을 죽였다는 내용이다. 아폴론은 오리온을 죽이기 위해 아르테미스에게 활쏘기 시합을 제안했는데, 멀리 바다에 떠 있는 점 같은 물체 하나를 가리키며 누가 맞히는지 내기하자고 했다. 그러면서 아폴론은 아르테미스의 실력으로는 점 같은 작은 물체를 결코 맞힐 수 없을 거라고 은근히 그녀를 약 올렸다. 그 말에 약이 바짝 오른 아르테미스는 보란 듯이 바다 위 작은 물체를 향해 화살을 날렸고, 화살은 정확하게 목표물에 꽂혔다.

그들은 작은 물체를 확인하기 위해 바다로 갔다. 그런데 그곳엔 오리온의 시체가 떠 있었다. 점 같은 물체는 바다를 헤엄치며 놀던 오리온의 머리였던 것이다. 이 일로 슬픔에 잠긴 아르테미스는 자신의 실수로 죽은 오리온을 늘 보기 위해 그를 밤하늘의 별이 되게 했고, 그것이 바로 오리온자리라는 이야기다.

그런데 일설에는 오리온을 죽인 것이 아폴론이 아니라 아르테미스라는 말도 있다. 오리온이 자신에게 욕정을 품고 계속 다가오자, 아르테미스가 순결을 지키기 위해 그를 죽여버렸다는 것이다. 어쩌면 이 이야기가 순결의 강박에 사로잡힌 아르테미스의 성향에 더 잘 어울리지 않을까 싶다.

# 7. 헤라의 딸, 에일레이티이아와 헤베

## 존재감이 전혀 없는 제우스의 적녀들

에일레이티이아와 헤베는 제우스와 그의 왕비 헤라의 딸이다. 그런데 신화에서 이 두 딸은 존재감이 전혀 없다. 왕비인 헤라의 소생으로 제우스의 적녀임에도 올림포스 12신 반열에도 들지 못했다. 신화에서 헤라 소생은 이상할 만큼 존재감이 없다. 그나마 아들인 아레스와 헤파이스토스는 적어도 올림포스 12신 반열에 오르기라도 했는데 두 딸은 아예 끼지도 못한다.

에일레이티이아(로마식: 루시나)는 신화에서 출산의 여신으로 묘사된다. 그녀가 관여한 출산 이야기는 아폴론과 아르테미스의 어머니 레토의 출산, 그리고 헤라클레스의 어머니 알크메네의 출산에 관한 것이다.

출산의 여신임에도 에일레이티이아는 주로 출산을 방해하는 역할로 등장한다. 레토가 임신했을 때 그녀는 어머니 헤라의 명령으로 레토의 출산을 방해한다. 아버지 제우스가 전령의 여신인 이리스를 시켜 레토를 도우라고 하자, 그제야 레토에게 가 출산을 도왔고, 그 덕에 아폴론과 아르테미스가 무사히 세상에 나왔다.

에일레이티이아는 헤라클레스의 어머니 알크메네의 출산도 방해한다. 이때도 역시 헤라의 명령이었다. 알크메네가 일주일이나 산통으로 고통받고 있을 때 에일레이티이아가 다리를 꼬고 팔짱을 끼고 앉아 주술을 발휘해 아이가 태어나지 못하도록 했다는 것이다. 그러자 갈린티아스라는 시녀가 한순간 기지를 발휘해 아직 아이가 나오지도 않았는데 나왔다고 큰 소리로 외쳤다. 그 바람에 깜짝 놀란 에일레이티이아가 팔짱을 풀고 꼬고 있던 다리도 풀어버렸더니 무사히 산도가 열려 헤라클레스가 태어났다고 한다. 이후 갈린티아스는 헤라의 벌을 받아 고양이가 되었고, 이것이 사람들이 고양이를 키우게 된 시초라고 한다. 이때 갈린티아스가 족제비가 되었다는 설도 있다.

그런데 에일레이티이아가 등장하는 신화는 이것이 전부다. 심지어 누구와 결혼했다는 설조차 없다. 그만큼 존재감이 없는 것이다.

그래도 에일레이티이아의 존재감은 헤베(로마식: 유벤타스)보다는 나은 편이다. 헤베는 신화에서 젊음의 여신으로 일컬어지는데, 관련된 이야기가 거의 없다. 그저 올림포스산에서 신들이 연회를 즐길 때 넥타르(신들이 마시는 술)를 따르는 역할이 고작이다.

헤베에 관한 다른 이야기는 헤라클레스가 죽은 후 그와 결혼해 쌍둥이 알렉시아레스와 아니세투스를 낳았다는 것이 전부다. 죽어서 천상에 간 헤라클레스와 결혼해 자식을 낳았다는 황당한 내용이 그녀에 관한 이야기의 전부인 셈이다.

제우스와 헤라의 적녀임에도 신화에서 에일레이티이아와 헤베의 존재감이 이토록 없는 것을 보면, 이들이 실제로는 어린 시절에 죽은 것이 아닐까 조심스럽게 추측해본다.

# 8. 레다의 딸, 헬레네

## 트로이 전쟁의 원인이 된 경국지색

헬레네는 제우스가 레다와 결합해 얻은 딸로 흔히 사람이 낳은 여인 가운데 가장 아름다웠다고 한다. 하지만 헬레네와 관련해 후대에 알려진 가장 유명한 이야기는 그녀의 애정 문제 때문에 트로이 전쟁이 발발했다는 것이다.

신화에서 헬레네는 제우스와 레다 사이에서 태어난 것으로 전해지지만, 그녀는 스파르타의 왕 틴다레오스의 딸로 성장했다. 그 배경에는 어머니 레다와 제우스의 불륜 행각이 있었다. 레다는 원래 틴다레오스의 아내였는데, 제우스와 불륜 관계를 맺은 날 남편 틴다레오스와도 동침해 두 개의 알을 낳았고, 그 두 개의 알에서 각각 2명의 아이가 태어나 동시에 네 쌍둥이가 탄생하게 되었다. 그리고 4명 중 헬레네와 폴리데우케스가 제우스의 자녀로 전하고 있다.

이런 사연으로 제우스의 딸 헬레네는 스파르타의 공주로 자랐고, 어느덧 대단한 미인으로 성장했다. 그녀에게 청혼하기 위해 그리스 전역에서 청년들이 몰려들었다. 수많은 청년 가운데 틴다레오스가 염두에 둔 최종 후보는 오디세우스, 파트로클로스, 메넬라오스 등이었다. 틴다레오스는 이들 중 하나를 사위로 선택해야 했지만, 만약 한 명을 사위로 선택할 경우 나머지 구혼자들이 불만을 품고 선택된 사람을 공격할까 봐 염려해 쉽게 선택하지 못했다. 그러자 오디세우스가 한 가지 제안을 했다.

"만약 누군가가 틴다레오스의 사위가 되고, 그 사위가 이 일로 싸움에 휘말린다면 구혼자였던 모든 사람은 사위로 선택된 사람의 편을 들겠다고 맹세합시다."

이런 오디세우스의 의견에 따라 구혼자들이 모두 맹세했다. 그들이 모두 맹세를 마치자 틴다레오스는 마침내 최종적으로 사위의 이름을 발표했는데 바로 메넬라오스였다.

이후 틴다레오스가 죽고 왕자인 카스토르와 폴리데우케스마저 일찍 사망하자 헬레네의 남편 메넬라오스가 스파르타의 왕이 되었다. 헬레네와 메넬라오스 사이에는 공주 헤르미오네가 태어났다. 두 사람은 행복한 삶을 이어가는 듯했다. 그런데 돌발적인 사건이 발생했다. 헬레네가 트로이의 왕자 파리스를 따라 트로이로 가버린 것이다.

헬레네가 트로이로 간 것에 대해서는 여러 설이 있다. 헬레네가 당대 최고의 미남으로 알려진 파리스와 사랑에 빠져 함께 달아났다는 설도 있고, 파리스가 헬레네를 납치했다는 설도 있다. 또 이와 관련해 아프로디테가 파리스에게 황금 사과를 받은 대가로 파리스가 헬레네를 데리고 도망치도록 도와줬다는 설도 있다.

어쨌든 헬레네가 파리스와 함께 트로이로 가자, 분노한 메넬라오스는 그녀를 아내로 얻기 위해 몰려들었던 그리스의 구혼자들에게 맹세를 지켜야 할 때라고 공표했다. 이후 메넬라오스의 형 아가멤논을 주축으로 트로이를 공격할 그리스 연합군이 형성되었다.

아가멤논은 당시 미케네 왕국의 왕이었고, 헬레네와 자매지간인 클리타임네스트라의 남편이었다. 말하자면 동생 메넬라오스와는 형제인 동시에 동서였던 셈이다. 따라서 헬레네의 트로이행은 단순히 제수의 애정 문제 차원이 아니라 스파르타 왕국과 미케네 왕국의 명예가 걸린 중차대한 사건이었다.

　한편 아가멤논을 중심으로 그리스 동맹군이 형성되자 트로이도 주변의 동맹을 끌어모아 이에 대항했고, 마침내 트로이 전쟁이 시작되었다. 트로이 전쟁은 무려 10년이나 지속되었고, 결국 그리스의 승리로 끝났다. 트로이에 머물고 있던 헬레네는 메넬라오스에게 붙잡혔다. 그때 메넬라오스는 분노를 참지 못하고 그녀를 죽이려고 했다. 하지만 헬레네를 다시 본 그는 그녀의 아름다움에 취해 차마 죽이지 못하고 함께 스파르타로 돌아왔다고 한다.

　그리스의 역사가 헤로도토스는 헬레네의 트로이행과 관련해 다소 색다른 이야기를 전한다. 헬레네는 애초에 파리스와 함께 트로이로 달아난 적이 없었다는 것이다. 헤로도토스는 당시 파리스를 따라간 사람은 그녀의 허상이고, 진짜 헬레네는 이집트에 머물고 있었다고 기록하고 있다(트로이 전쟁 관련 인물에 대해서는 7장 '트로이 전쟁과 트로이의 몰락'을 참조하기 바란다).

# 9. 디오네의 딸, 아프로디테

## 비너스로 불리며 미의 상징이 된 여신

**남편 헤파이스토스를 버리고 아레스와 부부로 살다**  아프로디테(로마식: 베누스, 영어식: 비너스)는 제우스와 디오네 사이에서 태어난 딸로, 신화에서 미와 사랑의 여신으로 묘사된다. 호메로스의 《일리아스》 등 대부분의 신화에서 그녀는 제우스의 딸이지만, 일부 신화에서는 그녀를 제우스의 조부 격인 하늘의 신 우라노스의 잘린 생식기에서 흘러내린 피의 산물이라고 쓰고 있다. 또 헤시오도스의 《신들의 계보》에서는 크로노스가 우라노스의 생식기를 거세한 후 생식기를 바다에 던졌는데, 그곳에서 아프로디테가 태어났다고 기록했다.

아프로디테는 가장 아름다운 여신으로 손꼽히지만, 그녀의 삶은 결코 평탄하지 못했다. 그녀의 삶이 꼬이게 된 가장 결정적인 사건은 제우스가 그녀를 헤파이스토스에게 시집보낸 것이었다. 헤파이스토스는 대장장이의 신으로 불릴 만큼 손재주가 뛰어났고, 무기 제작에도 남다른 능력을 보였다. 특히 제우스가 티탄족과 전쟁을 치르고 있을 때 최고의 무기인 번개를 만들어 제우스에게 바쳤고, 덕분에 제우스는 전쟁에서 승리해 천하를 지배하는 신이 되었다. 제우스는 티탄족과의 전쟁에서 가장 큰 공을 세운 사람에게 아프로디테를 아내로 삼게 해주겠다고 약속했는데, 이에 헤파이스토스가 아프로디테를 아내로 맞이하게 되었다.

하지만 아프로디테는 이 결혼을 무척 못마땅하게 생각했다. 헤

아프로디테의 탄생, 보티첼리(1485년경), 피렌체 우피치 미술관 소장.

파이스토스는 성정과 인품이 좋았지만 불구인 데다 못생겼기에 아프로디테는 그를 좋아하지 않았다. 그래서 그녀는 헤파이스토스 몰래 아레스와 밀애를 즐겼다. 아레스는 인품이 형편없는 망나니였지만 외모는 뛰어났는데, 아프로디테는 인품보다 외모를 택한 셈이다.

헤파이스토스는 아프로디테를 단속하며 아레스와의 밀애를 세상에 드러내 망신을 주기도 했지만, 그녀의 마음은 요지부동이었다. 그런 까닭에 헤파이스토스는 결국 아프로디테를 포기할 수밖에 없었고, 아프로디테는 아레스와 부부 사이로 지내며 자식들을 낳았다.

신화는 그녀와 아레스 사이에서 태어난 자녀들이 포보스, 데이모스, 에로스, 하르모니아 등이라고 전한다. 하지만 일설에는 에로스가 아레스의 아들이 아니라고 하면서 그의 아버지가 누구인지 알 수 없다고 한다.

**하르모니아의 저주받은 목걸이** 아프로디테의 딸 하르모니아는 일부 신화에서 제우스와 엘렉트라의 딸로 기록되어 있지만, 대개 아프로디테와 아레스의 딸이라고 전한다. 하르모니아를 아프로디테의 딸로 전하는 신화는 테베의 전설에 따른 것이고, 엘렉트라의 딸로 전하는 신화는 사모트라키아섬의 전설에 따른 것이다.

하르모니아는 조화와 균형을 의미하는 여신으로 묘사되곤 하는데, 조화와 화합, 균형을 의미하는 하모니와 동일시되기도 한다. 신화는 하르모니아를 인물이 출중한 여인으로 그리며, 주로 미의 상징 아프로디테나 삼미신 카리테스 자매를 따르는 모습으로 묘사한다. 그런 까닭에 하르모니아의 역할은 크지 않다.

하르모니아에 관한 이야기 중 가장 널리 알려진 것은 그녀의 저주받은 목걸이와 관련한 것이다. 그 목걸이는 결혼 당시 남편 카드모스에게 받았다고 한다. 그녀의 남편 카드모스는 페니키아의 왕 아게노르의 아들로, 미노스의 어머니 에우로페의 오빠이며, 테베를 세운 영웅이다.

카드모스는 한때 제우스를 위험한 상황에서 구해준 적이 있는데, 제우스는 그 대가로 아테나, 아프로디테, 아르테미스, 헤베 등 딸 중 한 명을 아내로 고르게 해주겠다는 약속을 했다. 하지만 카드모스는 제우스의 제의를 뿌리치고 하르모니아와 결혼한다.

테베의 전설에 따르면 카드모스가 하르모니아를 아내로 맞이한 배경에는 아레스가 있다. 카드모스는 테베를 건국하는 과정에서 여러 괴물과 싸웠는데, 그 과정에서 아레스의 용을 죽이게 된다. 이에 카드모스는 아레스에게 속죄하는 의미로 8년 동안 그의 종으로 살았고, 카드모스가 8년간 성실하게 종살이를 하자 아레스가 그를 용서하고 자신과 아프로디테 사이에서 태어난 딸 하르모니아를 아내로 삼게 했다는 내용이다.

한편 카드모스와 하르모니아가 결혼할 때 헤파이스토스가 카드모스에게 목걸이를 선물로 주었다고 한다. 카드모스는 아내 하르모니아에게 그 목걸이를 주었다(일설에는 목걸이를 선물한 사람이 에우로페, 또는 아프로디테, 또는 아테나라고 전한다). 그런데 그 목걸이에는 저주가 서려 있었다. 이는 자기를 버리고 아레스와 바람을 피운 아프로디테에 대한 헤파이스토스의 복수였다. 목걸이의 주인이 계속 불행해지도록 하는 저주를 걸어둔 것이었다.

카드모스는 왕위에서 물러난 뒤 아내 하르모니아와 시골에 가서 지내다 함께 용이 되었다고 한다(자세한 내용은 5장의 '테베 왕가를 세운 카드모스' 편을 참조하기 바란다). 그때 하르모니아의 목걸이는 딸 세멜레가 가지고 있었다. 저주가 서린 목걸이를 걸고 있던 세멜레는 제우스에게 속아 디오니소스를 잉태했고, 다시 헤라에게 속아 제우스에게 본모습을 보여달라고 했다가 벼락에 맞아 타 죽는다. 또 목걸이를 소유했던 카드모스의 손자 악타이온과 펜테우스도 불행한 죽음을 맞았다. 세월이 흐른 뒤에 그 목걸이는 오이디푸스의 어머니 이오카스테의 소유가 되는데, 그녀 역시 오이디푸스가 아들인 줄 모르고 결혼했다가 스스로 목숨을 끊기에 이른다. 이후에도 하르모니아의 목걸이를 소유한 사람은 모두 불행한 죽음을 맞았다고 전한다.

**아프로디테의 아들 에로스와 그의 아내 프시케**  에로스(로마식: 쿠피도, 영어식: 큐피드)는 아프로디테의 아들이지만, 그의 아버지에 대해서는 설이 분분하다. 일설에는 제우스가 아버지라는 말도 있고, 헤르메스가 아버지라는 말도 있다. 하지만 아레스가 아버지라는 것이 통설이다.

에로스는 신화에서 연정과 성애의 신으로 묘사된다. 그는 대체로 자라지 않는 어린이 형상의 신으로 등장하며, 금 화살과 납 화살을 가지고 다닌다. 금 화살에 맞으면 맞은 직후 처음 본 사람을 사랑하게 되고, 납 화살에 맞으면 반대로 처음 본 사람을 싫어하게 된다고 한다. 에로스는 금 화살과 납 화살로 여러 차례 장난을 치기도 했다.

그런 가운데 에로스에게 운명의 사건이 벌어졌다. 바로 프시케를 만난 일이다. 프시케는 어느 나라의 공주였다. 그 나라의 왕과 왕비에게는 3명의 딸이 있었는데, 자매가 모두 미모로 유명했다. 특히 셋째 공주의 미모가 출중했는데, 그녀가 바로 프시케였다.

프시케의 아름다움은 온 세상에 소문이 났고, 그녀의 아름다운 모습을 보기 위해 외국에서 사람들이 몰려들 지경이었다. 급기야 사람들은 그때까지 아프로디테에게 바치던 경의를 프시케에게 바쳤고, 그 때문에 아프로디테의 제단을 찾는 사람이 줄었다. 아프로디테는 이런 상황에 몹시 화가 났다. 그래서 아들 에로스에

프시케와 에로스, 프랑수아 제라르(1797년), 파리 루브르 박물관 소장.

게 프시케를 단죄하도록 했다. 프시케가 추남이나 괴물을 사랑하게 만들라고 지시한 것이다.

에로스는 어머니의 명령을 수행하기 위해 프시케를 찾아갔다. 그런데 에로스는 프시케의 방에서 그만 실수해서 금 화살촉으로 자신의 손을 찔렀다. 에로스가 프시케에게 사랑을 느끼게 된 것이다.

한편 프시케는 대단한 미인이었지만 아무도 그녀와 결혼하겠다는 사람이 없었다. 그녀의 언니들은 벌써 짝을 만나 가정을 이뤘는데, 이상하게 가장 아름다운 프시케에게만 청혼하는 남자가 없었다. 신전에 찾아간 부모는 프시케가 괴물과 결혼할 운명이라는 신탁을 들었다. 그리고 사제는 프시케를 피테스산 정상에 데려다 놓으면 신랑이 와서 데려가리라고 말했다.

프시케는 피테스산 정상에 보내졌고, 사제의 말처럼 정말 신랑이 와서 그녀를 데려갔다. 그 신랑은 바로 에로스였다. 금 화살에 찔려 그녀에게 사랑에 빠진 에로스가 결국 프시케를 아내로 맞이한 것이다. 그때 에로스는 소년이 아니라 청년의 모습이었다. 사랑에 빠진 뒤로 몸이 성장한 탓이었다.

에로스가 프시케를 아내로 맞이했다는 사실을 알고 아프로디테는 몹시 분노하며 둘의 결혼을 허락할 수 없다고 했다. 그러자 에로스는 제우스를 찾아가 프시케와 함께 살 수 있도록 해달라고 호소했고, 마침내 아프로디테도 그의 사랑을 인정하고 프시케와의 혼인을 허락하게 되었다. 이후 부부가 된 두 사람은 올림포스에서 행복하게 살았다고 전한다.

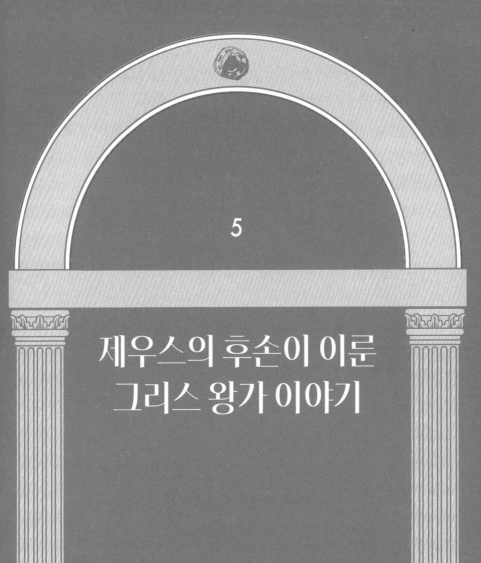

5

# 제우스의 후손이 이룬
# 그리스 왕가 이야기

그리스 신화는 크게 두 부류로 나뉘어 있는데, 첫째는 제우스와 그의 가족을 중심으로 한 이야기고, 두 번째는 제우스 후손들이 세운 그리스 소국 왕가 인물들의 이야기다. 이 책의 4장까지 펼쳐진 내용이 바로 첫 번째인 제우스 가족에 관한 이야기고, 5장에서 펼쳐지는 내용은 두 번째인 그리스 소국 왕가 인물들의 이야기다.

그리스 소국 중 신화에 가장 많이 등장하는 왕가는 테베 왕가, 아테네 왕가, 미케네 왕가 등 세 가문이다. 이들의 뿌리를 거슬러 올라가면 모두 제우스와 연결되어 있으므로 세 왕가의 이야기 역시 제우스의 가족에 관한 이야기의 연장선에 있다.

## 1. 테베 왕가의 신화 속 인물들

테베 왕가는 카드모스를 시조로 하며, 이 왕가가 다스린 국가는

## 테베 왕가 왕위 계승도

① **카드모스 왕조**

1대 카드모스 → 2대 펜테우스 → 3대 폴리도로스 → 4대 라브다코스 → 5대 암피온 → 6대 라이오스

② **오이디푸스 왕조**

7대 오이디푸스 → 8대 폴리네이케스 → 9대 리코스 2세 → 10대 라오다마스 3세 → 11대 테르산드로스 → 12대 티사메노스 → 13대 아우테시온

③ **다마식톤 왕조**

14대 다마식톤 → 15대 프톨레마이오스 → 16대 크산토스

---

보이오티아 지역의 테베였다. 테베 왕가는 크게 세 왕조로 분류되는데, 첫째는 카드모스 왕조, 둘째는 오이디푸스 왕조, 셋째는 다마식톤 왕조다.

첫 왕조인 카드모스 왕조는 6대까지 이어졌으며 1대 카드모스를 비롯해 펜테우스, 폴리도로스, 라브다코스, 암피온, 라이오스 등 6명의 왕을 배출했다. 두 번째 왕조인 오이디푸스 왕조는 7대 오이디푸스에서 시작해 폴리네이케스, 리코스 2세, 라오다마스 3세, 테르산드로스, 티사메노스, 아우테시온 등 7명의 왕을 배출했다. 세 번째 왕조인 다마식톤 왕조는 14대 다마식톤에서 시작해 프톨레마이오스, 크산토스 등 3명의 왕을 배출했다.

이들 16명의 왕 중 그리스 신화에 등장하는 주요 인물은 카드

모스, 펜테우스, 암피온, 오이디푸스 등인데, 이들과 주변 인물들의 이야기를 간략하게 정리한다.

## 테베 왕가를 세운 카드모스

**제우스와 복잡하게 얽히다**  카드모스는 테베 왕가를 세우고 그리스에 페니키아인이 발명한 알파벳을 도입한 인물로 기록되어 있다. 그의 가계에 대해서는 두 가지 설이 있다. 하나는 카드모스의 아버지 아게노르가 바다의 신 포세이돈과 리비아의 아들이라는 설이고, 다른 하나는 페니키아인 벨루스의 아들이라는 설이다. 따라서 카드모스는 포세이돈의 후손으로 묘사되기도 하고, 페니키아의 후손으로 묘사되기도 한다.

카드모스는 신화에서 제우스와 복잡하게 얽혀 있다. 그는 우선 제우스의 손녀사위다. 제우스의 아들 아레스(헤라 소생)와 딸 아프로디테(디오네 소생) 사이에서 태어난 딸 하르모니아가 바로 그의 아내이기 때문이다.

카드모스는 제우스의 손녀사위일 뿐 아니라 우습게도 처남이기도 하다. 카드모스의 여동생 에우로페가 곧 제우스의 여인이기 때문이다. 제우스에게 납치된 에우로페는 제우스와 결합해 미노스와 라다만티스, 사르페돈을 낳았으니, 카드모스는 그들의 외삼촌이기도 하다.

카드모스와 제우스의 관계는 여기서 끝나지 않는다. 제우스가 카드모스와 그의 아내 하르모니아 사이에서 태어난 딸 세멜레를 취해 디오니소스를 얻었다고 전해지기 때문이다. 이 신화의 내용이 사실이라면 카드모스는 제우스의 장인까지 되는 셈이다.

카드모스와 제우스는 이렇게 족보상으로 복잡하게 꼬여 있는 관계다. 거기다 둘 사이에는 또 다른 특별한 인연이 있었다. 사실 제우스는 한때 카드모스를 사위로 삼고자 한 적이 있었다. 제우스가 전쟁을 치르고 있을 때 카드모스가 제우스를 위험에서 구해줬는데, 제우스는 그의 도움에 보답하기 위해 자신의 딸인 아테나, 아프로디테, 아르테미스, 헤베 중 한 명을 아내로 주겠다고 약속했다. 하지만 카드모스가 제우스의 제의를 거절하는 바람에 그의 사위가 되지는 않았다.

**거대한 용을 물리치고 테베를 건국하다**　제우스의 사위가 되는 것은 거절했지만, 카드모스의 운명은 제우스를 벗어날 수 없었다. 제우스가 그의 여동생 에우로페를 납치해 크레타섬에 숨겨버렸기 때문이다.

에우로페가 납치되어 사라지자 남매의 아버지 아게노르는 아들 카드모스와 킬릭스에게 에우로페를 찾아오라고 명했다. 두 아들은 여동생을 찾아 헤맸지만 끝내 찾지 못했다. 카드모스는 면목이 없어 아버지에게 돌아가지 못했고, 고민 끝에 아폴론의 신전으로 가서 신탁을 받는다. 그에게 주어진 신탁은 들에서 암소를 한 마리 발견하거든 어디든지 소가 가는 곳을 따라가, 그 소가 멈추는 곳에 도시를 세우라는 것이었다.

신탁을 받은 후 카드모스가 나오자 신탁대로 암소 한 마리가 있었다. 암소는 한참을 걷더니 파노페 평야에서 발을 멈추고 공중을 향해 고개를 든 채 크게 울었다. 카드모스는 바로 그곳이 도시를 세울 곳이구나 확신하고 부하를 시켜 제우스에게 제사를 올리는 데 필요한 맑은 물을 구해 오라고 했다. 그런데 물을 구하기 위해 맑은 샘물이 솟는 동굴로 들어갔던 부하들이 동굴에 웅크리고 있던 거대한 용에게 모두 죽고 말았다.

부하들의 죽음을 확인한 카드모스는 그 괴물 같은 용과 사투를 벌였고, 마침내 용을 죽이고 샘물을 구하는 데 성공했다. 그러자 어디선가 용의 이를 빼서 대지에 뿌리라는 음성이 들려왔다. 카드모스는 그 음성대로 용의 이를 뽑아 대지에 뿌렸다. 그러자 대지에서 무사 여러 명 나오더니 서로를 죽이며 싸우기 시작했다. 그들은 5명이 남았을 때 서로 평화롭게 살자고 맹세하며 무기를 던져버렸다. 카드모스는 그들과 협력해 도시를 세우고 테베라고 했다. 이것이 곧 신화가 들려주는 테베 건국 이야기다.

**한 쌍의 용이 된 카드모스와 하르모니아** 그런데 테베를 건국한 뒤 카드모스는 한 가지 난관에 부딪혔다. 용을 죽일 때까지는 몰랐는데 알고 보니 자기가 죽인 용이 제우스의 아들이자 전쟁의 신인 아레스에게 바쳐진 용이었던 것이다. 이 때문에 아레스가 무척 분노하자 카드모스는 그에게 무릎을 꿇고 속죄했다. 그리고 앞으로 그의 종으로 살겠다고 맹세한다.

이후 카드모스는 무려 8년 동안이나 아레스의 종으로 살았다. 카드모스가 진정으로 속죄하며 종살이를 하자 아레스는 그의 진심에 감탄했다. 그래서 카드모스를 용서하고 자신과 아프로디테

사이에서 태어난 아름다운 딸 하르모니아와 결혼시켰다.

카드모스가 결혼한다는 소식이 들리자 헤파이스토스는 카드모스에게 목걸이를 선물했다. 헤파이스토스는 원래 아프로디테의 남편이었기에 아프로디테가 아레스와 바람을 피워 자식들을 낳은 것을 무척 못마땅하게 여기고 있었다. 그런데 카드모스가 하르모니아와 결혼하자 저주가 서린 목걸이를 선물한 것이다. 그런 사실을 전혀 모르는 카드모스는 그 목걸이를 아내 하르모니아에게 선물했다. 그리고 하르모니아는 그 목걸이를 자신의 딸 세멜레에게 선물했다. 그런데 목걸이를 받은 세멜레는 헤라의 계략에 걸려 목숨을 잃었고, 목걸이를 소유했던 손자 악타이온과 펜테우스도 불행하게 죽음을 당했다. 이후에도 목걸이를 가졌던 오이디푸스의 어머니 이오카스테가 자살하는가 하면, 목걸이를 소유한 사람은 모두 불행해졌다(자세한 내용은 4장의 '디오네의 딸, 아프로디테' 편을 참조하기 바란다).

한편 카드모스와 하르모니아는 한동안 테베에서 지내다 테베가 싫어져 엥켈리아로 갔다. 그리고 그곳 백성들의 환대를 받고 왕 노릇을 했는데, 자손들이 계속 불행한 죽음을 맞이하자 카드모스는 몹시 우울해졌다. 그는 이 모든 것이 자신이 죽인 용의 저주에서 비롯됐다고 생각하고 이렇게 소리쳤다.

"용의 생명이 그토록 신들에게 귀중한 것이었다면, 차라리 나도 용이었더라면 좋았을걸!"

이 말을 내뱉자마자 카드모스는 거대한 용으로 변했고, 하르모니아도 남편처럼 용이 되게 해달라고 울부짖었다. 이에 그녀 역시 용이 되었다. 이후 그들은 숲속에서 용으로 살았다고 한다. 물론 그들은 사람을 해치거나 괴롭히지 않았다.

## 디오니소스 신도들에게 사지가 찢겨 죽은 펜테우스

펜테우스는 카드모스의 딸 아가베와 카드모스의 호위 무장 출신 에키온 사이에서 태어난 아들로, 카드모스에 이어 테베의 왕이 되었다. 그가 왕위를 계승한 것에 대해서는 두 가지 설이 있다. 하나는 카드모스가 노쇠해 그에게 바로 왕위를 물려줬다는 것이고, 다른 하나는 카드모스는 아들인 폴리도로스에게 양위했는데, 펜테우스가 그를 밀어내고 왕위를 이었다는 것이다.

어쨌든 펜테우스는 카드모스의 외손 자격으로 왕위를 이어 테베를 다스리고 있었는데, 어느 날부터 그를 불안하게 하는 인물이 나타났다. 바로 디오니소스였다.

디오니소스는 카드모스의 딸인 세멜레와 제우스 사이에서 태어난 아들이었고, 펜테우스와는 이종사촌지간이었다. 하지만 펜테우스는 그가 자신의 사촌인 줄은 몰랐다. 세멜레는 이미 죽었기에 그는 당연히 세멜레의 아들도 죽었다고 믿고 있었다. 그래서 디오니소스를 그저 삿된 말로 사람들을 미혹하는 불온한 인물로 여길 뿐이었다.

당시 디오니소스는 여러 나라를 떠돌며 사람들의 찬사와 숭배를 받는 인물이 되어 있었다. 그는 어느덧 자신의 추종자들을 이끌고 어머니 세멜레의 고향인 테베에 당도했다. 하지만 테베의 왕 펜테우스는 그를 반기지 않았다. 오히려 그를 두려워해 그의 행동을 감시했다.

펜테우스가 디오니소스를 두려워한 것은 그가 수많은 군중을 이끌고 다녔기 때문이다. 펜테우스는 디오니소스의 그런 행동을 백성을 미혹해 나라를 혼란에 빠뜨리려는 것으로 판단했다. 디오니소스와 추종자들의 행태는 펜테우스에게 오해를 불러일으키기에 충분했다. 디오니소스는 늘 그들과 함께 포도주 축제를 즐겼고, 그의 추종자들은 술에 취해 때론 폭력적인 행동을 서슴지 않았기 때문이다. 심지어 디오니소스를 따르는 여인의 무리는 마치 그를 신으로 섬기듯 숭배했고, 늘 그를 찬양하는 노래를 부르며 사람들을 홀렸다. 펜테우스는 백성들의 안위를 위해서라도 불온한 신도 무리를 하루빨리 쫓아버려야 한다고 생각해 수하들에게 명령했다.

"포도주에 취해 다니는 리디아에서 온 사기꾼 마법사를 잡아들여라!"

그 소식을 듣고 테이레시아스라는 늙은 예언자가 찾아와 펜테우스에게 경고했다.

"그는 제우스가 구해낸 지상에서 가장 위대한 신입니다. 그를 핍박하면 대왕께 재앙이 닥칠 것입니다."

하지만 펜테우스는 남루한 차림을 한 그를 비웃으며 내쫓아버렸다. 이후 병사들이 디오니소스를 잡아오자 그를 힐난하며 물었다.

"네가 신과 함께 있느냐?"

"그렇소. 지금 신은 이곳에 나와 함께 있으며 모든 것을 지켜보고 있소."

"내 눈에는 아무것도 보이지 않는데 도대체 신이 어디 있단 말이냐?"

"그 신은 바로 내 안에 있소. 그대는 순수하지 못해 그 사실을 모를 뿐이오."

그러자 펜테우스는 화를 내며 디오니소스를 감옥에 처넣으라고 소리쳤다. 하지만 그때 이미 디오니소스에 대한 신앙은 테베 전역에 퍼져 있었다. 수많은 테베의 백성들이 그를 추종했고, 심지어 펜테우스의 어머니 아가베와 이모인 이노, 아우토노에까지 모두 그를 추종하고 있었다.

그런 까닭에 감옥에 갇힌 디오니소스는 어느새 풀려나 신도들과 함께 축제를 즐겼다. 감옥을 지키던 병사들조차 두려워서 그를 풀어주고 만 것이다. 이 소식을 듣고 화가 난 펜테우스는 어머니와 이모들을 그의 축제에 참가하지 못하게 막았지만, 그녀들은 펜테우스의 말을 듣지 않았다. 펜테우스는 병사들을 데리고 디오니소스의 축제를 찾아갔다. 그들을 강제로 흩어놓기 위함이었다. 하지만 디오니소스가 분노한 목소리로 신도들에게 명령을 내리자 그들은 미친 듯이 달려들며 되레 펜테우스를 사로잡아버렸다. 그리고 그들은 한순간에 펜테우스의 사지를 갈가리 찢어 죽여버렸다.

일설에 의하면 디오니소스가 신도들에게 최면을 걸어 펜테우스를 들짐승으로 보이게 만들었고, 펜테우스를 들짐승으로 착각한 사람들이 그를 죽였다고 한다. 또 펜테우스를 죽인 무리 중에는 그의 어머니 아가베와 이모들도 섞여 있었는데, 아가베는 정신이 든 후 자신의 손으로 아들을 죽인 것을 알고 고통에 몸부림치며 울부짖었다고 한다.

어쨌든 펜테우스는 디오니소스를 핍박하다 군중의 손에 비참하게 죽었다고 전한다. 또 일설에는 이때 펜테우스는 죽지 않고 테베에서 추방당했다고도 한다. 이후 펜테우스가 차지하고 있던 왕위는 카드모스의 아들 폴리도로스가 잇게 된다.

## 자식을 모두 잃고 스스로 목숨을 끊은 암피온

암피온은 그리스의 작은 도시 시키온의 왕 에포페우스와 안티오페의 아들이며, 제토스와 쌍둥이 형제다. 일부 신화에서는 암피온과 제토스를 제우스와 안티오페의 아들로 전하지만, 신빙성이 떨어지는 내용이다.

암피온의 어머니 안티오페는 대단한 미인으로 소문이 나 있었는데, 그 때문에 그녀의 백부 리코스는 그녀를 차지하기 위해 남편인 에포페우스를 살해했다. 그리고 그녀를 데리고 테베로 달아났는데, 테베로 가는 도중에 안티오페는 쌍둥이 형제인 암피온과 제토스를 낳았다.

암피온과 제토스는 리코스 슬하에서 자라게 되었고, 리코스는 테베의 왕 라브다코스의 섭정이 되어 테베의 권력을 장악한다. 그러자 암피온은 쌍둥이 제토스와 함께 리코스를 죽이고 라브다코스를 밀어낸 뒤 테베의 왕이 되었다.

테베의 왕이 된 암피온은 제우스의 아들인 탄탈로스의 딸 니오베를 왕비로 맞아들였고, 그들 부부는 7남 7녀를 낳았다. 왕비

니오베는 인물이 출중하고 콧대가 높은 여자였는데, 14명의 자식에 대한 자랑이 심했다. 그리고 자만해서 이런 말을 하곤 했다. "레토는 자식을 2명밖에 낳지 못했지만, 나는 훌륭한 자식을 14명이나 두었다."

레토는 제우스의 부인 중 하나로 아폴론과 아르테미스의 어머니다. 그녀 또한 매우 자존심이 강해서 니오베가 그런 말을 하고 다닌다는 소문을 듣고 몹시 분개했다. 그래서 아폴론과 아르테미스를 불러 니오베의 자식을 모두 죽이라고 했다. 이에 아폴론과 아르테미스가 니오베의 자식 14명을 모두 활로 쏘아 죽였다. 이렇게 하루아침에 자식을 모두 잃자 절망한 암피온은 자살했고, 왕비 니오베 또한 비통한 마음을 달래지 못하고 슬피 울다가 바위로 변해버렸다고 한다.

암피온이 죽자 테베의 왕위는 라브다코스의 아들이자 오이디푸스의 아버지 라이오스에게 돌아갔다.

## 아버지를 죽이고 어머니와 결혼한 오이디푸스

**친아버지를 죽이다** 오이디푸스는 암피온이 죽은 뒤 테베의 왕위를 이은 라이오스와 이오카스테 사이에서 태어났다. 라이오스와 이오카스테 부부는 자식이 없어 고민하다가 델포이 신전을 찾았는데, 그곳에서 무서운 신탁을 듣게 된다. 장차 태어날 아들이 아버지를 죽이리라는 내용이었다. 그 때문에 라이오스는 아내 이오카스테를 멀리했는데, 하루는 술을 마시고 감정을 주체하지 못해 이오카스테의 침실을 찾았다. 이오카스테는 임신했고 열 달

뒤 아이가 태어났다. 그러자 라이오스는 아이의 발에 구멍을 뚫고 두 발을 묶어 수하에게 키타이론산에 버리게 했다. 하지만 그의 수하는 차마 그렇게 하지 못하고 몰래 이웃 나라인 코린토스의 목동에게 아이를 넘겨준다.

목동은 그 아이를 자식이 없어 고민하던 코린토스의 왕 폴리보스에게 바쳤고, 폴리보스는 묶여 있던 아이의 발이 부풀어 오른 것을 보고 아이 이름을 오이디푸스라고 지었다. 오이디푸스는 '부풀어 오른 발'이라는 뜻이다.

오이디푸스는 폴리보스와 그의 왕비 메로페의 손에 양육되었고, 오이디푸스는 그들을 친부모로 알고 성장했다. 어느덧 열여덟 청년이 된 오이디푸스는 주변에서 자신이 폴리보스의 친자식이 아니라는 소리를 들었다. 그래서 어머니 메로페에게 사실을 물었지만, 메로페는 진실을 말해주지 않았다. 이에 답답한 나머지 오이디푸스는 델포이 신전을 찾아갔는데, 여기서 매우 불길한 신탁을 듣게 된다. 신탁 내용은 절대 고향으로 돌아가지 말라는 것이었는데, 만약 고향으로 돌아가면 아버지를 죽이고 어머니와 결혼하게 될 것이라고 했다.

오이디푸스는 이 신탁 때문에 양부모가 살던 코린토스로 돌아가지 않고 반대쪽으로 향했다. 그 길은 테베로 향하는 길이었다. 테베로 가는 길에 그는 한 마차와 마주쳤는데, 마부는 그에게 길을 비키라고 윽박질렀다. 자존심이 상한 오이디푸스는 길을 비켜주지 않았다. 명색이 코린토스의 왕자인 그에게 명령 조로 말하는 마부의 언행에 화가 난 것이다.

오이디푸스가 길을 비켜주지 않자 마차에 타고 있던 귀족 차림의 노인이 느닷없이 오이디푸스를 지팡이로 내려쳤다. 그러자 순간적으로 화를 참지 못한 오이디푸스는 그 사람을 끌어내려 때려죽이고 말았다. 그런데 그가 때려죽인 사람은 자신의 친부 라이오스였다. 하지만 오이디푸스가 그 사실을 알 리 없었다.

**생모와의 결혼** 라이오스를 죽인 오이디푸스는 계속 테베를 향해 갔다. 그리고 테베에 도착했을 때, 그곳에서는 이상한 일이 벌어지고 있었다. 성벽 꼭대기에 스핑크스라는 괴물이 자리 잡고 앉아 성을 지나가는 모든 사람에게 수수께끼를 내서 문제를 풀지 못하면 그 사람을 잡아먹어버리는 것이었다. 스핑크스의 수수께끼는 이것이었다.

"아침에는 네 발로, 점심에는 두 발로, 그리고 저녁에는 세 발로 걷는 것은 무엇인가?"

그런데 아무도 이 문제의 답을 말하지 못해 여러 사람이 스핑크스에게 희생되었다.

이런 상황에서 왕 라이오스가 죽자 왕권을 대리하던 왕비 이오카스테의 오빠 크레온은 백성들에게 이렇게 약속했다.

"만약 스핑크스로부터 테베를 구해내는 사람이 있다면 왕위를 내주고 왕비와 결혼시켜주겠다."

그러자 오이디푸스가 스핑크스 앞으로 가서 수수께끼의 답을 말했다.

"답은 바로 인간이오."

오이디푸스와 스핑크스, 장 오귀스트 앵그르(1808년), 파리 루브르 박물관 소장.

오이디푸스가 정답을 말하자 깜짝 놀란 스핑크스가 되물었다.

"어째서 인간이냐?"

"인간은 인생의 아침에는 네 발로 기어다니다가, 성장하면 두 발로 걷고, 늙으면 지팡이를 짚고 걷기 때문이오."

대답을 들은 스핑크스는 자신의 패배를 인정하고 성벽 첨탑에서 떨어져 죽었다. 이렇게 오이디푸스가 스핑크스를 제거하자 크레온은 약속대로 오이디푸스와 왕비 이오카스테를 결혼시키고 왕위도 그에게 넘겨주었다.

이후 오이디푸스는 지혜를 발휘해 테베를 잘 다스렸다. 또 이오카스테에게서 에테오클레스와 폴리네이케스, 안티고네와 이스메네 등 2남 2녀를 얻어 행복한 삶을 누렸다.

**스스로 눈을 찔러 맹인으로 살다**  그렇게 행복한 삶을 누리는 듯했지만 오이디푸스에게도 환란이 닥쳤다. 테베 전역에 역병이 퍼지는가 하면, 여자들이 아이를 갖지 못하는 이상한 현상이 일어났다. 오이디푸스는 고민 끝에 이 문제를 해결하기 위해 처남 크레온에게 델포이 신전으로 가서 신탁을 받아 오라고 했다. 크레온이 받아 온 델포이 신전의 신탁은 이런 것이었다.

"라이오스를 죽인 자가 벌도 받지 않고 버젓이 테베에 살고 있으니, 그 살인자를 추방하지 않으면 환란은 끝나지 않으리라."

오이디푸스는 신탁에서 말하는 살인자를 찾기 위해 직접 나섰다. 그리고 테베의 늙은 예언자 테이레시아스를 불러 진실을 캐물었는데, 테이레시아스는 그에게 끔찍한 이야기를 들려주었다.

"라이오스 왕을 죽인 것은 바로 당신입니다. 또 라이오스는 당신의 생부이며, 당신이 아내로 삼은 왕비는 당신의 생모입니다."

하지만 오이디푸스는 그 말을 믿을 수 없었다. 그는 혹 처남 크레온이 자신을 내쫓기 위해 계략을 꾸민 것이 아닌지 의심했다. 그 바람에 오이디푸스와 크레온 사이에 갈등이 야기되었고, 그들의 갈등은 날이 갈수록 심해졌다. 왕비 이오카스테도 오이디푸스가 자신의 아들일 리 없다고 생각했다. 자신의 아들은 태어나자마자 죽었다고 굳게 믿었기 때문이다.

그런데 그 무렵 오이디푸스에게 폴리보스의 부고와 함께 코린토스의 왕위를 물려받아야 한다는 전갈이 왔다. 그 소식을 전하러 온 인물은 오이디푸스를 폴리보스 부부에게 바친 바로 그 목동이었다. 그리고 오이디푸스는 그에게서 자신이 폴리보스의 친자가 아니며, 친부모는 라이오스와 이오카스테라는 말을 듣게 된다. 오이디푸스는 목동에게 어린 자신을 넘겨준 라이오스의 수하를 찾아 다시 한번 진실을 확인한 뒤 비로소 모든 사실을 인정하게 된다.

오이디푸스가 버렸던 자신의 아들이라는 사실을 안 이오카스테는 스스로 목을 매고 만다. 그리고 이오카스테의 죽음을 목격한 오이디푸스는 이오카스테의 목에 걸린 밧줄을 풀어 내린 뒤, 그녀의 옷에 달린 옷핀으로 자신의 눈을 찔러 스스로 맹인이 되었다. 그러고는 처남 크레온을 섭정으로 삼아 왕위를 맡기고 딸 안티고네, 이스메네와 함께 세상을 떠돌아다니다가 죽는다.

한편 오이디푸스가 떠난 테베 왕국은 그의 두 아들인 폴리네이케스와 에테오클레스가 공동 왕이 되어 다스렸는데, 두 형제는 서로 반목하며 왕권을 다퉜고, 그 과정에서 먼저 왕위에 오른 폴리네이케스가 아우 에테오클레스와 전쟁을 치르다 목숨을 잃는다. 이후 왕위는 에테오클레스가 이어간다.

**오이디푸스 콤플렉스와 엘렉트라 콤플렉스**  20세기 초 오스트리아의 정신분석학자 지그문트 프로이트는 오이디푸스 이야기에서 이른바 '오이디푸스 콤플렉스' 이론을 만들어낸다. 오이디푸스 콤플렉스의 핵심은 아들이 어머니를 좋아하는 본능 때문에 아버지를 적대시한다는 것이다.

이와 반대로 딸이 아버지를 좋아해 어머니를 경쟁 상대로 보는 본능도 있는데, 이를 '엘렉트라 콤플렉스'라고 한다. 트로이 전쟁으로 유명한 아가멤논의 딸 엘렉트라는 아버지를 죽인 어머니 클리타임네스트라에게 복수하는데, 20세기 스위스의 정신의학자 카를 구스타프 융은 프로이트의 오이디푸스 콤플렉스 이론에 근거해 엘렉트라 콤플렉스라는 개념을 만들었다(엘렉트라에 관한 자세한 내용은 5장의 '아내에게 살해된 아가멤논' 편을 참조하기 바란다).


## 2. 아테네 왕가의 신화 속 인물들

아테네 왕가는 이집트 신화에 반인반수로 등장하는 케크롭스를 시조로 삼는다. 전설에 의하면 그는 하반신은 물고기이고 상반신은 사람인 인어였다고 한다. 이집트 출신인 그는 아테네인에게 결혼, 독서, 글쓰기, 장례식 등을 가르쳤다고 전해진다. 또 일설에 의하면 제우스, 아테나, 헬리오스 등의 신앙도 그가 그리스에 전파했다.

아테네 왕가가 지배한 곳은 그리스 중남부 아티카 지방의 아

## 아테네 왕가 왕위 계승도

### ① 케크롭스 왕조
1대 케크롭스 → 2대 크라나오스 → 3대 암픽티온

### ② 에리크토니오스 왕조
4대 에리크토니오스 → 5대 판디온 → 6대 케크롭스 2세 → 7대 판디
온 2세 → 8대 아이게우스 → 9대 테세우스 → 10대 메네스테우스 →
11대 데모폰 → 12대 옥시테스 → 13대 아페이다스 → 14대 티모이테스

### ③ 멜란토스 왕조
15대 멜란토스 → 16대 코로도스 → 17대 메돈

테네였는데, 테베 왕가처럼 크게 세 왕조로 구분되었다. 첫째가
케크롭스 왕조, 둘째가 에리크토니오스 왕조, 셋째가 멜란토스
왕조이다.

첫 왕조인 케크롭스 왕조는 시조 케크롭스에서 크라나오스, 암
픽티온 등 3대까지 이어졌다. 두 번째 왕조인 에리크토니오스 왕
조는 4대 에리크토니오스에서 시작해 판디온, 케크롭스 2세, 판
디온 2세, 아이게우스, 테세우스, 메네스테우스, 데모폰, 옥시테
스, 아페이다스, 티모이테스 등 11명의 왕을 배출했다. 세 번째인
멜란토스 왕조는 멜란토스, 코로도스, 메돈 등 3명의 왕을 배출
했다.

이들 17명의 왕 중 그리스 신화에 주요하게 등장하는 인물은
에리크토니오스, 아이게우스, 테세우스 등인데, 이들 3명과 그 주

변 인물들의 이야기를 간략하게 정리한다.

## 아테네 왕국을 일으킨 에리크토니오스

에리크토니오스는 아테네 왕국을 번성시킨 인물이다. 그는 신화에서 아테나의 양자이자, 제우스의 아들인 헤파이스토스의 아들로 묘사된다. 따라서 그는 제우스의 손자가 되는 셈이다.

아테나가 그를 아들로 삼은 경위에 대해 신화는 다음과 같이 언급한다. 대장장이 헤파이스토스는 아테나를 연모해 그녀를 취할 기회를 노렸는데, 어느 날 아테나가 무기를 얻으러 그의 대장간을 방문하자 그녀를 겁탈하려 했다. 하지만 아테나는 깜짝 놀라 그를 뿌리치고 달아났다. 그런데 이때 헤파이스토스의 정액이 아테나의 다리에 묻었고, 아테나는 올리브 잎으로 정액을 닦아냈다. 그러다 헤파이스토스의 정액이 땅에 떨어졌는데, 대지의 여신 가이아가 그 정액으로 수태해 아이를 낳았다. 가이아는 그 아이를 아테나에게 맡겨 기르도록 했고, 그래서 아테나가 아들로 삼은 아이가 에리크토니오스였다.

하지만 일설에는 에리크토니오스가 헤파이스토스와 크라나오스의 딸인 아티스 사이에서 태어난 아들이라는 말도 있다. 어쨌든 에리크토니오스가 왕이 된 뒤 국명을 아테나의 이름에서 차용하고 아테네 백성들이 모두 아테나를 섬긴 것을 볼 때, 그가 아테나의 아들로 인식된 것만은 분명한 듯하다.

아테나에게 양육된 에리크토니오스는 케크롭스 왕조의 3대 왕인 암픽티온을 몰아내고 왕위에 오른다. 암픽티온은 케크롭스의 아들 크라나오스를 폐위시키고 왕위를 찬탈했는데, 에리크토니오스가 그의 복수를 하고 왕위를 되찾은 셈이었다.

전설에 의하면 에리크토니오스는 아테나의 손에 양육된 것이 아니라 케크롭스의 딸들에 의해 양육되었다고 전해진다. 따라서 에리크토니오스는 케크롭스의 아들 크라나오스와도 친밀한 관계였을 것이다.

왕위에 오른 에리크토니오스는 아테나 여신의 명예를 높이기 위해 파나테이아 축제를 열기도 했고, 아크로폴리스에 아테나의 목제 조각상을 세우기도 했다. 또 그는 말을 이용해 수레에 쟁기 매는 법을 백성들에게 보급했고, 사두 이륜 전차를 만들어 보급했다고 전해진다.

## 에게해의 전설이 된 아이게우스

아이게우스는 판디온 2세와 필리아 사이에서 태어난 아들이다. 판디온 2세와 필리아는 아이게우스 외에도 리코스, 니소스, 팔라스, 에우리메돈 등의 자녀를 낳았다.

아이게우스는 아버지 판디온 2세가 죽었을 때 너무 어렸기 때문에 왕위를 잇지 못했다. 당시 왕위는 숙부 메티온이 차지했는데, 그는 아이게우스 형제를 축출해버렸다. 그러나 아이게우스는 성장한 뒤 형제와 함께 메티온을 내쫓고 왕위를 되찾았다.

아이게우스는 왕위에 올랐지만 오래도록 자식을 얻지 못했다. 그는 아티카 귀족의 딸 메타와 클레메노스의 딸 칼키오페를 아내로 두었지만 자식이 없었다. 아이게우스가 자식이 얻지 못하자 무려 50명의 아들을 둔 아우 팔라스가 아이게우스의 왕위를 노리기에 이르렀다. 상황이 이러니 아이게우스는 자식을 얻기 위해 델포이 신전으로 가서 신탁을 받기로 했다. 델포이 신전의 예언자는 그에게 묘한 말을 들려주었다.

"아테네로 돌아가기 전까지 절대 술병의 마개를 열지 마라. 만약 마개를 열면 아들을 보게 될 것이다."

이 말을 들은 아이게우스는 고개를 갸웃거렸다. 도대체 무슨 뜻인지 알아들을 수 없었던 것이다. 어쨌든 아이게우스는 아테네로 돌아와야 했다. 그리고 돌아오는 길에 트로이젠의 왕이자 자신의 친구인 피테우스에게 들러 하루를 묵었다. 그는 술을 마시고 취해버렸는데 술김에 피테우스의 딸 아이트라와 동침했다. 그리고 그곳을 나서면서 그녀에게 이런 말을 남겼다.

"궁전의 기둥 돌 아래에 부러진 칼과 샌들 한 짝을 묻어뒀으니 사내아이가 태어나면 이것을 들고 와서 징표로 삼게 하라."

아테네로 돌아온 아이게우스는 세월이 제법 흐른 뒤에 새로운 여인을 맞이한다. 그녀는 메데이아라는 여인이었다. 그런데 메데이아에게는 사연이 많았다. 그녀는 흑해 동쪽의 콜키스(지금의 조지아 지역) 왕 아이에테스의 딸인데, 원래 황금 양모를 구하기 위해 콜키스에 온 이아손의 아내였다. 그녀는 아버지의 반대에도 이아손이 황금 양모를 찾는 데 도움을 줬다가 아버지의 분노를 사서 쫓기는 신세가 되었고, 결국 이아손과 함께 그리스로 도주해 왔다. 하지만 그리스로 온 후 이아손이 코린토스의 공주 글라우케와 결혼하자, 모략을 부려 코린토스 왕 크레온과 공주 글라우케를 죽이고 아테네로 도주해 아이게우스의 여인이 된 것이다.

그런데 그 무렵, 아이게우스에게 뜻밖의 인물이 찾아온다. 놀랍게도 그는 트로이젠 궁전 기둥 아래 숨겨둔 부러진 칼과 샌들 한 짝을 가지고 있었다. 그는 바로 아이게우스와 아이트라의 아들 테세우스였다.

테세우스를 먼저 알아본 사람은 아이게우스가 아니라 메데이아였다. 그녀는 한눈에 테세우스가 아이게우스의 아들임을 알아보고 그를 죽이려는 음모를 꾸몄다. 자신의 아들 메도스로 하여금 왕위를 잇게 하려 했던 그녀는 테세우스 때문에 계획에 차질이 생기지 않을까 염려한 것이다. 그래서 테세우스로 하여금 독주를 마시게 할 작정이었는데, 테세우스가 이를 알아채는 바람에 그녀의 계략은 실패로 돌아간다.

이후 아이게우스는 테세우스를 만나 그가 자신의 아들임을 확인했고, 테세우스를 죽이려고 했던 메데이아는 아테네에서 쫓겨난다. 그리고 아이게우스는 테세우스를 자신의 후계자로 공식 선포하기에 이른다.

그런데 당시 아테네에는 큰 근심거리가 하나 있었다. 아테네는 크레타의 왕 미노스의 요구에 따라 남녀 7명씩 14명을 괴물 미노타우로스에게 제물로 바치고 있었던 것이다. 그 사실을 안 테세우스는 제물로 바쳐지는 백성을 구하기 위해 미노타우로스를 죽이기로 결심하고 스스로 제물이 되어 크레타로 떠난다. 테세우스는 크레타의 공주 아리아드네의 도움을 받아 미노타우로스를 죽이는 데 성공하고 무사히 크레타를 탈출한다.

테세우스가 크레타로 떠나기 전에 아이게우스는 아들에게 미노타우로스를 죽이고 무사히 돌아오면 짐을 나르는 배에 다는 검은 돛을 흰색으로 바꿔 달고 오라고 당부했고, 테세우스도 그렇게 하겠다고 약속했다. 그런데 테세우스는 그 약속을 새까맣게 잊어버리고 검은 돛을 단 채 바다를 건너 아테네로 돌아왔다.

아이게우스는 아들이 돌아오길 손꼽아 기다리며 늘 아크로폴리스에서 바다를 응시했다. 그러다 검은 돛을 달고 들어오는 배를 발견했다. 아이게우스는 검은 돛을 보고 아들이 죽었다고 생각해 상심한 나머지 아크로폴리스 언덕에서 바다로 투신하고 말았다.

아테네 궁궐로 돌아온 테세우스는 아이게우스가 자신의 죽음에 좌절해 바다에 몸을 던져 죽었다는 사실을 알고 통한의 눈물을 흘렸다. 그리고 아이게우스의 뜻에 따라 왕위를 물려받고 아테네의 왕이 되었다.

오늘날 그리스와 튀르키예 사이의 바다를 에게해라고 부르는데, 이는 '아이게우스의 바다'라는 뜻이다. 전설에 따르면 아이게우스가 아크로폴리스 언덕에서 투신해 죽은 이후로 붙은 이름이라고 한다.

## 아티카를 통일한 아테네의 최고 영웅, 테세우스

**생부를 만나 아테네의 왕자가 되다** 테세우스는 아테네 역사상 가장 위대한 영웅으로 손꼽힌다. 그는 젊은 시절부터 수많은 영웅담을 남겼을 뿐 아니라 아테네의 왕이 된 이후 아티카 지역을 모두 통일한 위대한 인물로 전해진다.

테세우스의 출생과 관련해서는 두 가지 설이 있다. 하나는 앞에서 언급한 대로 아이게우스와 트로이젠의 공주 아이트라 사이에서 태어났다는 것이고, 다른 하나는 바다의 신 포세이돈과 아이트라 사이에서 태어났다는 것이다.

이렇게 두 가지 설이 생긴 데는 이유가 있다. 앞에서 이야기했듯 아이게우스가 트로이젠을 방문해 아이트라 공주와 잠자리를 한 것은 사실이지만, 그때 아이게우스는 술에 너무 취해 아이트라와 결합할 상황이 아니었다. 그 상황에서 포세이돈이 두 사람의 잠자리를 찾아가 아이트라와 관계를 가졌다는 것이다. 하지만 이 이야기는 테세우스와 포세이돈을 억지로 엮기 위한 문학적 장치에 불과한 것으로 보이고, 실제는 아이게우스와 아이트라가 하룻밤을 보냈다는 설이 맞을 듯하다. 당사자인 테세우스가 아이게우스를 자신의 생부로 굳게 믿고 왕위를 이은 사실만으로도 그것은 확인되는 일이다.

어쨌든 테세우스는 아이게우스와 아이트라의 아들로 태어났고, 그가 성장하자 어머니 아이트라는 그에게 출생의 비밀을 알려주며 아테네로 가서 아버지를 만날 것을 권했다. 그리고 외할아버지 피테우스와 어머니 아이트라는 그가 편하게 아테네로 갈 수 있도록 배 한 척을 내준다. 물론 여러 병사와 선원도 동승하게 했다. 하지만 테세우스는 이를 모두 거부하고 단신으로 육로를 통해 아테네로 향한다. 배를 타고 편안하게 가는 것은 나약하고 비겁한 행위라고 생각한 것이다.

이후 아테네로 향하는 여정에서 테세우스는 여러 차례 강도를 만나는 등 많은 난관에 부딪힌다. 하지만 그는 강도를 모두 소탕하고 일약 그리스의 영웅으로 떠오른다. 그렇게 아테네에 도착한 덕분에 테세우스는 자신의 생부이자 아테네의 왕 아이게우스에게서 연회에 초청받는다.

하지만 아이게우스는 단순히 그를 환대하기 위해 궁으로 초청한 것이 아니었다. 사람들의 추앙을 받는 젊은 영웅인 테세우스가 혹 자신의 왕위를 넘볼지도 모른다는 불안감에 그를 죽일 요량으로 궁으로 끌어들인 것이었다. 사실 테세우스를 죽이고자 먼저 계략을 제안한 사람은 아이게우스가 아니라 그의 여인 메데이아였다. 메데이아는 이미 테세우스가 아이게우스의 아들임을 알고 있었기 때문에 그를 독살하려 했던 것이다.

메데이아는 테세우스를 맞아들이며 그에게 독이 든 술잔을 건넸다. 하지만 테세우스는 독주를 마시기 전에 트로이젠에서 가지고 온 아이게우스의 부러진 칼을 뽑아 들었다. 무엇보다도 자신이 아이게우스의 아들이라는 사실을 알리는 것이 먼저라고 판단했던 것이다. 그제야 아이게우스는 그가 자신의 아들임을 알아보았다. 그리고 테세우스가 마시려던 술잔을 쳐서 떨어뜨린다.

이렇게 부자 상봉이 이뤄지자 테세우스를 죽이려던 메데이아는 아들 메도스를 데리고 아테네를 떠났고, 테세우스는 아이게우스의 공식적인 후계자가 되었다.

**미궁으로 들어가 미노타우로스를 죽이다** 그런데 당시 아이게우스 왕에게는 곤란한 문제가 하나 있었다. 몇 년 전 크레타의 왕 미노스의 아들 안드로게오스가 아테네를 방문했는데, 아이게우스의 실책으로 그만 안드로게오스가 사망한 것이다. 그때 아테네에는 무시무시한 황소가 있어 골치를 앓고 있었는데, 아이게우스는 별 고민 없이 그 황소를 죽이는 일에 안드로게오스도 함께하도록 했다. 그런데 안드로게오스가 되레 황소에 받혀 죽고 말았다. 이 일로 미노스 왕이 분노해 군대를 이끌고 아테네로 쳐들어왔고, 많은 백성을 포로로 잡은 뒤 9년마다 청년과 처녀 7명씩을 공물로 보내지 않으면 도시를 쑥대밭으로 만들어버리겠다고 선포했다.

이후 아테네는 9년에 한 번씩 14명의 남녀를 공물로 크레타로 보내야 했다. 그리고 그들은 모두 미노스 왕의 미궁 라비린토스에 사는 미노타우로스에게 바쳐질 제물로 쓰였다. 이 사실을 안 테세우스는 분을 감추지 못하고 반드시 미노타우로스를 죽이고 백성들을 구하겠다고 다짐했다. 그래서 제물이 될 것을 자처했다. 하지만 테세우스와 함께 제물이 될 사람들은 그의 계획을 전혀 몰랐다.

제물이 될 14명의 젊은 남녀가 크레타에 도착하자 크레타 백성들이 그들을 구경하기 위해 몰려들었다. 그들 가운데는 미노스 왕의 딸인 아리아드네 공주도 있었다. 아리아드네는 제물이 될 사람들을 구경하다가 테세우스를 발견하고는 첫눈에 반해버렸다. 그래서 그녀는 테세우스를 구할 마음을 품고 미궁을 설계한 다이달로스에게 미궁을 빠져나올 방법을 알려달라고 했다. 그리고 한편으론 테세우스에게 만일 자기를 아테네로 데려가 아내로 삼는다면 미궁에서 탈출할 방법을 알려주겠다고 제안했다.

테세우스가 아리아드네의 제안을 받아들이자 그녀는 다이달 로스가 알려준 미궁 탈출 방법을 말해주었다. 그 방법은 실뭉치 한쪽 끝을 미궁 문 안쪽에 묶은 다음 실타래를 계속 풀어가면서 앞으로 나아갔다가, 그 실을 따라 되돌아 나오는 것이었다. 테세 우스는 그녀가 알려준 방법대로 실뭉치를 사용해 돌아 나올 길 을 확보한 다음, 미노타우로스를 찾아가 그를 죽여버렸다. 그리 고 함께 들어갔던 젊은이들을 데리고 실을 따라 나와 미궁을 탈 출했다.

미궁을 빠져나온 그는 아리아드네와 함께 아테네로 향했다. 그 리고 항해 중 잠시 낙소스섬에 정박했는데, 테세우스는 그곳에 머물다가 아리아드네가 잠든 사이에 그녀를 떼어놓고 아테네로 떠나버렸다.

그가 아리아드네를 낙소스섬에 버린 이유에 대해서는 여러 설 이 있다. 첫째는 아리아드네에 대한 사랑이 식어 그녀를 떼어놓 았다는 것이고, 둘째는 디오니소스가 찾아와 아리아드네를 양보 하라고 요구했기 때문이라는 것이다. 셋째는 아리아드네가 심하 게 뱃멀미를 해 잠시 낙소스섬에 정박했는데, 갑자기 격랑이 일 어 배가 바다로 밀려가는 바람에 어쩔 수 없이 그녀를 그곳에 두 고 떠났고, 한참 만에 돌아가 보니 아리아드네가 이미 죽어 있었 다는 것이다.

이 세 가지 설 중에 어느 것이 사실인지 알 수 없지만, 어쨌든 테세우스는 아리아드네를 떼어놓고 아테네로 갔다. 그는 크레타로 떠나기 전 아버지 아이게우스와 일에 성공하면 돌아오는 배의 돛 색깔을 검은색에서 흰색으로 바꾸기로 약속했는데, 그만 깜박하고 말았다. 바다 너머로 검은 돛을 본 아이게우스는 아들이 죽었다고 착각해 절망한 나머지 스스로 바다에 몸을 던지고 만다.

**아테네를 넘어 아티카의 위대한 지도자로 거듭나다**  아이게우스가 죽은 후 아테네의 왕위를 물려받은 테세우스는 새로운 나라를 구상한다. 그는 백성 위에 군림하는 왕이 아니라 백성들이 뽑은 지도자가 나라를 이끄는 공화국을 만들기로 결심했다. 그래서 그는 왕권을 포기하고 의회를 설립하는 한편, 시민들의 투표로 지도자를 선출하는 공화국을 세운다고 선언했다. 이후 그는 왕이 아니라 아테네 군대의 총사령관을 맡았고, 내정을 안정시키는 한편 주변국들의 평화와 안정에도 기여했다.

그 무렵, 아르고스와 테베 사이에 전쟁이 벌어졌다. 아르고스는 7명의 장수를 앞세워 테베를 공격했지만 패배하고 말았고, 승리한 테베인들은 죽은 아르고스의 병사들을 묻어주지도 않았다. 이에 아르고스인들이 테세우스를 찾아와 죽은 병사들이 땅에 묻힐 수 있도록 도와달라고 요청했다. 테세우스는 군대를 이끌고 테베로 진격해 정복한 후 죽은 아르고스인들의 시신을 땅에 묻고 돌아온다. 이때 테세우스는 자신의 병사들에게 절대 테베를 약탈하지 못하도록 엄명을 내리는 한편, 아르고스인의 시신을 묻어주었을 뿐 그에 대해 테베에 어떠한 보복도 하지 않음으로써 관대한 지도자의 모습을 보인다.

테세우스의 이런 관대한 모습은 늙고 병든 오이디푸스를 받아들이는 행위로 이어진다. 당시 오이디푸스는 왕위를 버리고 방랑하던 중이었는데, 자신의 백성들은 물론 주변 모든 사람에게 버림받은 상태였다. 하지만 테세우스는 그를 받아들여 죽을 때까지 지켜주며 관용을 베푼다. 오이디푸스와 함께 세상을 떠돌던 그의 두 딸도 보호해주며 고향으로 무사히 돌아가도록 보살핀다.

헤라클레스가 광기 때문에 자신의 아내와 아들, 조카들을 죽이고 스스로 목숨을 끊으려던 것을 만류하며 그를 살린 사람도 테세우스였다. 당시 사람들은 미치광이 살인자 헤라클레스를 외면하고 두려워했지만, 오직 테세우스만이 그를 위로하고 새롭게 태어나도록 도와준다.

이렇듯 용기와 관대함을 동시에 갖춘 테세우스는 아테네뿐 아니라 아티카 전 지역의 백성들에게 존경받는 지도자가 되었고, 그 덕에 아테네는 아티카 모든 왕국의 종주국이 되어 그리스의 중심 국가로 거듭난다.


## 3. 미케네 왕가의 신화 속 인물들

미케네 왕가는 제우스와 다나에 사이에서 태어난 아들 페르세우스를 시조로 삼고 있다. 페르세우스는 미데아의 왕이 되었는데,

## 미케네 왕가 왕위 계승도

1대 페르세우스 → 2대 알카이오스 → 3대 엘렉트리온 → 4대 스테넬로스 → 5대 에우리스테우스 → 6대 아트레우스 → 7대 티에스테스 → 8대 아이기스토스

미데아에는 미케네와 아르고스, 두 도시가 있었다. 티린스도 때로는 미데아의 일부가 되기도 했다. 미케네, 아르고스, 티린스 등은 혈연으로 엮여 있어 때론 미케네의 왕이 다른 두 도시를 함께 지배하기도 했다.

페르세우스 이후 미케네의 왕위는 알카이오스, 엘렉트리온, 스테넬로스, 에우리스테우스, 아트레우스, 티에스테스, 아이기스토스 등 8대까지 이어진다. 이들은 모두 신화에서 주요 인물로 등장하므로, 이들과 주변 인물들에 대해 간략하게 정리한다(페르세우스에 대한 자세한 내용은 3장의 '다나에의 아들, 페르세우스' 편을 참조하기 바란다).

### 왕이 된 페르세우스의 세 아들

미케네의 2대 왕 알카이오스와 3대 왕 엘렉트리온, 4대 왕 스테넬로스는 모두 제우스의 아들 페르세우스와 안드로메다 사이의 아들이다. 페르세우스와 안드로메다는 메스토르, 알카이오스, 페르세스, 엘렉트리온, 스테넬로스 등 아들 5명과 딸 고르고포네를 두었다.

페르세우스가 미케네의 왕으로 있다가 죽자, 그에 이어 왕위에 오른 인물은 알카이오스였다. 그는 어릴 때부터 힘이 장사였는데, 보이오티아의 테스피오스산에 자주 출몰해 농작물을 훼손하던 사자를 때려잡았다는 전설이 남아 있다(당시엔 그리스를 비롯한 유럽 여러 지역에 사자가 서식했다). 이 전설은 때로 그의 외손인 헤라클레스의 전설과 혼동되기도 한다. 어쨌든 그도 헤라클레스처럼 힘이 장사였고 용감무쌍한 인물이었다고 하는데, 그의 이름 알카이오스도 '용감한 자'라는 뜻이다.

알카이오스는 펠로폰네소스 반도의 지배자 펠롭스(제우스와 플루토의 아들인 탄탈로스의 아들)의 딸 아스티다메이아, 데이다메이아 등과 결혼해 암피트리온과 아낙소 남매를 얻었다. 그리고 아낙소는 삼촌 엘렉트리온과 결혼했고, 이들 사이에서 태어난 딸이 바로 헤라클레스의 어머니 알크메네다. 이런 까닭에 헤라클레스는 알카이데스로도 불리는데, 이는 '알카이오스의 후손'이라는 뜻이다.

한편 알카이오스의 아들 암피트리온은 아낙소의 딸이자 자신의 조카 알크메네와 결혼했다. 그래서 헤라클레스는 양부 암피트리온을 아버지로 알고 자란다(자세한 내용은 3장의 '알크메네의 아들, 헤라클레스' 편을 참조하기 바란다).

알카이오스에 이어 왕위에 오른 사람은 아들 암피트리온이 아니라 동생이자 사위 엘렉트리온이었다. 이에 일찍 죽은 페르세우스의 장남 메스토르의 후손들이 왕위 계승에 문제가 있다며 이의를 제기한다. 메스토르는 피사의 왕 펠롭스의 딸인 리시디케와 결혼해 히포토에를 낳았고, 히포토에는 타포스섬을 개척한 타피오스를 낳았는데, 타피오스의 딸과 결혼한 타포스의 왕 프테렐라오스가 엘렉트리온의 왕위 계승을 문제 삼은 것이었다. 그래서 프테렐라오스는 군대를 동원해 미케네를 습격하고 엘렉트리온의 아들 6명을 죽인 후, 소 300마리를 훔쳐 갔다.

이에 분노한 엘렉트리온은 조카 암피트리온에게 소를 되찾아 오면 자신의 딸 알크메네와 결혼시켜주겠다고 제의했다. 암피트리온은 이 제의를 수락해 군대를 이끌고 가서 프테렐라오스를 죽였다. 하지만 그는 훔쳐 간 소를 테살리아 왕에게 팔아버린 뒤였다. 그래서 암피트리온은 현금을 주고 테살리아 왕에게 소 300마리를 사서 엘렉트리온에게 바쳤다.

그런데 엘렉트리온은 기뻐하기는커녕 도둑맞은 소를 돈을 주고 사 왔다고 되레 암피트리온을 질책했다. 암피트리온은 질책을 듣다가 화가 나서 원반을 땅바닥에 던졌는데, 하필 그 원반이 튀어 올라 엘렉트리온의 이마에 맞았고, 그 충격으로 엘렉트리온은 죽고 말았다.

암피트리온이 졸지에 왕을 살해한 범죄자가 되자 그 기회를 놓치지 않고 그의 숙부, 즉 페르세우스의 또 다른 아들 스테넬로스가 암피트리온을 살인범으로 몰아 미케네에서 추방해버렸다. 암피트리온은 알크메네와 함께 테베로 떠나야 했다(이것이 헤라클레스가 테베에서 태어난 배경이다).

이후 미케네의 왕위는 스테넬로스의 차지가 되었다. 스테넬로스는 니키페와 결혼했는데, 니키페 역시 피사의 왕 펠롭스의 딸이었다. 스테넬로스는 니키페에게서 아들 에우리스테우스를 얻었는데, 그가 미케네의 왕위를 이었다.

## 헤라클레스에게 12가지 노역을 시킨 에우리스테우스

에우리스테우스는 스테넬로스와 니키페 사이에서 태어난 아들이다. 신화에 따르면 그는 원래 헤라클레스보다 늦게 태어나기로 되어 있었다고 한다. 그런데 헤라클레스의 어머니 알크메네를 미워한 헤라가 에우리스테우스를 예정보다 빨리 태어나게 해, 헤라클레스에게 돌아갈 미케네의 왕위를 에우리스테우스가 차지하도록 만들었다. 하지만 이는 신화에서 문학적으로 가공된 것일 뿐 에우리스테우스는 스테넬로스의 후계자로서 적법한 절차를 거쳐 왕위에 오른 인물이다.

그러나 암피트리온이 실수로 숙부 엘렉트리온을 죽이는 사고만 없었더라면 미케네의 왕위는 암피트리온의 차지가 되었을 것이다. 암피트리온 다음으로는 그의 아들 헤라클레스가 왕위를 차지했을 테니, 에우리스테우스는 헤라클레스를 늘 경계했다.

어쨌든 에우리스테우스는 스테넬로스에 이어 미케네의 왕으로 미케네와 티린스를 함께 지배하게 되었다. 그가 왕위에 오른 뒤 헤라클레스가 자신의 아내와 자식들을 살해한 죄에 대한 형벌로 미케네에 와서 노역을 하게 되었다. 에우리스테우스는 헤라클레스에게 12년 동안 12가지 노역을 시키는데, 그 노역은 모두 목숨을 걸어야 할 정도로 위험천만한 일이었다. 하지만 헤라클레스는 이를 모두 수행해 세상이 알아주는 영웅으로 우뚝 선다.

하지만 헤라클레스는 새로운 아내 데이아네이라의 실수로 온

몸에 독이 퍼져 고통받다가 스스로 목숨을 끊었다. 이 일로 헤라클레스의 어머니 알크메네는 모든 것이 에우리스테우스 때문에 벌어진 일이라며 그를 원망했다. 알크메네는 헤라클레스의 복수를 위해 그의 아들들과 함께 기어코 에우리스테우스를 죽이는데, 분노에 찬 알크메네는 그의 눈을 뽑아버렸다고 한다. 그의 죽음과 관련해서는, 도리스족의 침략으로 도망자 신세가 된 에우리스테우스가 아테네로 도피했다가 결국 도리스족의 손에 죽었다는 설도 있다.

에우리스테우스에게는 아들이 없었는데, 그 때문에 그의 뒤를 이어 미케네의 왕이 된 것은 외가 친족 아트레우스였다.

## 아트레우스와 티에스테스 쌍둥이 형제와 아이기스토스

**피사의 왕위를 찬탈한 펠롭스**　아트레우스와 티에스테스는 트로이 전쟁을 일으킨 아가멤논의 아버지와 숙부로 더 잘 알려져 있다. 그들은 펠로폰네소스 반도에 위치한 피사의 왕 펠롭스와 히포다메이아의 쌍둥이 아들이다. 펠로폰네소스라는 지명은 '펠롭스의 섬'이라는 뜻인데, 펠롭스가 곧 펠로폰네소스의 지배자였음을 알 수 있다.

아트레우스가 미케네의 왕이 되는 과정을 이해하기 위해서는 그의 아버지 펠롭스에 대해 알 필요가 있다. 펠롭스는 제우스와 플루토 사이에서 태어난 탄탈로스의 아들이므로, 그가 지배하던 펠로폰네소스의 피사도 제우스의 영향력 아래 있던 나라였음을 알 수 있다.

신화에 의하면 펠롭스의 아버지 탄탈로스는 아나톨리아 지방 시필로스산의 왕이었는데, 제우스에 의해 무한 지옥인 타르타로스에 떨어져 영원한 형벌을 받은 인물이다. 그가 이런 형벌을 받게 된 것은 아들인 펠롭스를 죽이고 그로 요리를 만들어 신들에게 대접했기 때문인데, 이때 모든 신은 인육으로 만든 요리를 먹지 않았으나 딸 페르세포네가 하데스에게 납치되어 실의에 빠져 있던 데메테르만이 무심코 요리를 먹었다고 한다. 분노한 올림포스의 신들은 탄탈로스를 타르타로스에 떨어뜨렸고, 죽은 그의 아들 펠롭스는 다시 살려냈다. 그런데 데메테르가 펠롭스의 어깨 부분을 먹어버렸기 때문에 상아로 그의 어깨를 메워주었다고 한다.

이렇듯 신화상으로 아버지에게 죽음을 당했다가 다시 살아난 펠롭스는 피사 왕국의 왕이 되는데, 그 과정도 결코 순탄하지 않았다. 기록에 의하면 펠롭스는 리디아에서 태어나 그리스로 가서 피사의 왕이 되었는데, 왕위는 오이노마오스에게서 찬탈한 것이었다. 오이노마오스는 제우스의 아들인 아레스의 아들로 알려져 있는데, 그에게는 히포다메이아라는 딸이 있었다. 그런데 오이노마오스는 사위에게 죽을 것이라는 신탁을 받은 터라 딸을 혼인시키고 싶어 하지 않았다. 그래서 딸을 원하는 구혼자들이 오면 전차 경주 시합을 제안해 죽이곤 했다. 게다가 전차 경주를 통해 죽인 구혼자들의 머리를 집에 걸어두고 아무도 딸에게 구혼하지 못하도록 공포감을 조성했다고 한다.

그런 가운데 펠롭스가 목숨을 걸고 히포다메이아에게 청혼했다. 펠롭스는 청혼하기 전에 먼저 포세이돈을 찾아가 날개 달린 말이 끄는 전차를 빌렸다. 그리고 오이노마오스의 전차를 관리하던 헤르메스의 아들 미르틸로스를 매수해 전차 바퀴를 고정하는 청동 못을 밀랍으로 바꿔놓았다. 전차 경주가 벌어지자 오이노마오스는 전차 바퀴가 빠지면서 떨어져 죽었고, 펠롭스는 히포다메이아를 차지해 피사의 왕이 되었다.

그런데 펠롭스는 미르틸로스를 매수하는 과정에서 만약 자기가 히포다메이아를 차지하면 그녀와의 초야는 미르틸로스에게 양보하겠다는 약속을 했다. 그래서 미르틸로스는 펠롭스에게 약속을 이행할 것을 요구하며 히포다메이아를 내놓으라고 했는데, 펠롭스는 약속을 어기고 미르틸로스를 절벽에서 밀어 죽였다. 미르틸로스는 절벽에서 떨어지면서 펠롭스에게 저주를 남겼다.

"너의 후계는 대대손손 서로 죽고 죽이는 살인극으로 얼룩질 것이다."

이런 저주 때문인지 알 수 없지만, 펠롭스의 자손은 아트레우스, 티에스테스, 크리시포스, 아가멤논, 아이기스토스, 메넬라오스, 오레스테스에 이르기까지 죽고 죽이는 살인극에 휘말린다.

**아트레우스와 티에스테스의 처절한 다툼**  무시무시한 저주에도 펠롭스는 아내 히포다메이아와 후궁들에게서 20명에 이르는 많은 자녀를 얻었다. 그중에는 아트레우스와 티에스테스 쌍둥이 형제도 있었다. 딸 중 4명은 미케네 왕국으로 시집갔는데, 그중 하나인 에우리디케는 엘렉트리온과 결혼하고 또 다른 딸인 니키페는 그의 동생 스테넬로스와 결혼해 둘 다 미케네의 왕비가 되었다.

그런데 펠롭스의 아들들은 미르틸로스의 저주대로 서로 죽고 죽이는 살인극을 벌이게 되었다. 쌍둥이 형제 아트레우스와 티에스테스는 계승권을 다투다가 이복동생 크리시포스를 살해했다. 그들은 이 일로 아버지 펠롭스에게 추방당해 미케네로 피신했다. 그런데 그때 미케네의 왕 에우리스테우스가 헤라클레스의 아들들과의 전쟁에서 패배해 사망했다. 아트레우스는 미케네의 왕위를 차지하게 되었다.

　미케네의 왕이 된 아트레우스는 아르테미스 신전에 자신이 가진 가장 좋은 양을 제물로 바치겠다고 맹세했다. 그의 양 떼 중에는 황금 털이 난 양이 있었는데, 그는 이 황금 양을 아르테미스 신전에 바치지 않고 아내 아에로페에게 주고는 숨겨놓게 했다. 그런데 아에로페는 아트레우스의 쌍둥이 동생 티에스테스와 불륜 관계였다. 그녀는 티에스테스에게 황금 양을 줘버린다. 그러자 티에스테스는 아트레우스에게 누구든 황금 양을 가진 사람이 왕이 되도록 하자고 제의했고, 티에스테스가 황금 양을 가지고 있는 줄 몰랐던 아트레우스는 흔쾌히 이에 동의했다. 당연히 티에스테스는 황금 양을 보여주며 왕위를 달라고 요구했다.

　이런 상황에서 아트레우스는 한 가지 꾀를 냈다. 우선 왕위를 줄 테니, 만약 해가 반대쪽으로 움직인다면 다시 왕위를 돌려달라고 한 것이다. 신화는 아트레우스가 이런 제의를 하기 전에 헤르메스를 통해 제우스에게 해를 반대로 움직여줄 것을 요청한 상태였다고 전한다. 어쨌든 티에스테스는 이 불가능한 제의에 동의했는데, 정말 해가 반대로 움직였다. 그래서 아트레우스는 왕위를 되찾게 된다.

해가 반대로 움직일 수 없음은 자명하기에 이 이야기는 그저 신화일 따름일 것이다. 좀 더 현실성 있는 이야기로 대체하자면 해가 거꾸로 움직였다는 내용보다는 해가 사라지는 내용이 아니었을까 싶다. 말하자면 아트레우스는 개기일식이 있을 것을 알고 티에스테스에게 만약 해가 사라지면 왕위를 돌려달라고 했을 수 있다는 것이다. 그렇다면 좀 더 현실적인 이야기가 되었을 테지만, 신화로 전해지는 이야기인 만큼 현실성보다 신비로움이 더 매력적이었을 법도 하다.

어쨌든 아트레우스는 왕위를 되찾았고, 이후 자신의 아내 아에로페와 티에스테스가 불륜 관계였음을 알고 복수를 계획한다. 아트레우스는 티에스테스의 아들들을 죽여 사지와 머리를 잘라 그 인육으로 요리를 만들었고, 그것을 동생 티에스테스에게 대접했다고 한다. 티에스테스는 그 사실을 모른 채 인육 요리를 먹었고, 그제야 아트레우스는 그 요리가 바로 그의 아들들을 죽여서 만든 것임을 밝힌다. 그리고 티에스테스를 추방해버린다.

**왕위를 되찾는 티에스테스, 그리고 아이기스토스**  이후 티에스테스는 어떻게 해서든 복수해야겠다고 다짐하고 신탁을 받으러 갔다. 그리고 신전에서 이런 예언을 받는다.

"너의 친딸 펠로페이아와 아이를 만들면, 그 아이가 훗날 아트레우스를 죽일 것이다."

티에스테스는 이 신탁을 믿고 변장해서 딸 펠로페이아를 겁탈한다. 펠로페이아는 자신을 겁탈한 사람이 누군지 몰랐다. 다만 겁탈당할 때 사내의 칼을 몰래 훔쳐 숨겨두었다.

펠로페이아는 임신한 채 아트레우스와 결혼했는데, 아들이 태어나자 펠로페이아는 그 아들을 버렸다. 아들 이름은 아이기스토스였다. 그는 부모가 누군지 모른 채 양치기의 손에 자랐다. 그런데 아트레우스는 그 아이가 펠로페이아의 아들임을 알고 데려와 친아들처럼 대했다.

한편 그 무렵 펠로페이아는 자신이 가지고 있던 칼이 아버지의 칼임을 알게 되어 고통스러워하다가, 그 칼로 스스로 목숨을 끊고 말았다. 이에 분노한 아트레우스는 아이기스토스에게 티에스테스를 죽이라고 명령했다. 아이기스토스는 티에스테스를 죽이기 위해 그를 찾아갔는데, 그제야 그가 자신의 친부라는 사실을 알게 되었다. 결국 아이기스토스는 티에스테스를 죽이지 못하고 궁궐로 돌아와 되레 아트레우스를 살해했다. 이후 미케네의 왕위는 티에스테스와 아이기스토스가 차지했다. 그리고 티에스테스는 아트레우스의 아들 아가멤논과 메넬라오스를 추방해버렸다. 그들 형제는 스파르타로 달아나 몸을 의탁한다. 이후 티에스테스가 죽자 미케네의 왕위는 아이기스토스가 독차지한다.

## 아내에게 살해된 아가멤논

**미케네를 되찾고 트로이 전쟁에서 승리하다** 아가멤논은 아트레우스와 아에로페의 아들이다. 그는 아이기스토스에게 아버지 아트레우스가 살해되자, 동생 메넬라오스와 함께 스파르타의 왕 틴다레오스에게 가서 몸을 의탁한다. 그리고 그들 형제는 틴다레오스의 딸들과 결혼하게 되는데, 아가멤논은 클리타임네스트라를, 메넬라오스는 헬레네를 아내로 맞이한다.

메넬라오스는 틴다레오스의 왕위를 이어받아 스파르타의 왕이 되었다. 아가멤논은 메넬라오스의 지원 아래 미케네를 공격해 아이기스토스를 내쫓고 왕위를 되찾았다. 이후 아가멤논은 세력을 확장해 펠로폰네소스의 여러 도시를 장악했고, 미케네를 중심으로 아르고스와 코린토스 등을 직접 지배하게 되었다. 그래서 그는 이른바 '왕 중의 왕'이라는 뜻의 '와낙스'로 불렸다.

그 무렵, 트로이의 왕자 파리스가 메넬라오스의 아내 헬레네를 트로이로 납치하는 사건이 벌어진다(일설에는 파리스와 헬레네가 눈이 맞아 함께 트로이로 도주했다고도 한다). 이 사건으로 그리스는 동맹군을 결성해 트로이를 응징하기로 했고, 아가멤논은 그리스 동맹군의 총지휘관이 되어 트로이로 떠날 준비를 한다.

그런데 그리스 동맹군은 북풍 때문에 아울리스항에 묶여 있었다. 그러자 아가멤논은 이것이 모두 사냥의 신 아르테미스의 진노 때문이라고 판단하고, 예언자 칼카스의 의견에 따라 자신의 장녀 이피게네이아를 인신 공양으로 아르테미스에게 바쳤다. 그의 아내 클리타임네스트라는 이를 반대했지만, 아가멤논은 끝내 자신의 딸을 제물로 죽게 했다.

이후 북풍이 멈춘 덕분에 아가멤논은 함대를 이끌고 트로이로 진격했다. 그리고 10년 동안 전쟁을 지속한 끝에 마침내 트로이를 무너뜨리고 승리를 거두었다. 아가멤논은 승리의 대가로 트로이의 공주 카산드라를 전리품으로 데려왔고, 메넬라오스는 아내 헬레네를 되찾아 돌아왔다. 그러나 아가멤논에게는 불행이 기다리고 있었다. 아내 클리타임네스트라가 아이기스토스와 함께 그를 죽일 계획을 짜두었기 때문이다.

클리타임네스트라가 남편 아가멤논을 죽이고자 한 것은 딸 이피게네이아를 제물로 바친 것에 대한 복수심 때문이었다. 게다가 그녀는 아가멤논이 전쟁에 나가 있는 동안 쫓겨났던 아이기스토스를 불러들여 내연 관계를 맺고 있었다.

이런 사실을 전혀 모른 채 미케네로 돌아온 아가멤논은 승전 축하연을 벌이는데, 이 축하연장에서 아이기스토스에게 죽음을 당한다. 이로써 펠롭스 후손들의 불행이 이어지게 된 것이다.

**자식들의 손에 죽는 클리타임네스트라** 하지만 불행은 여기서 끝나지 않고, 또다시 피의 복수가 이어진다. 아가멤논과 클리타임네스트라 사이에서 태어난 자식은 이피게네이아만이 아니었다. 그녀 외에도 또 다른 딸 엘렉트라와 아들 오레스테스가 있었다.

아이기스토스가 아버지를 죽일 당시 엘렉트라와 오레스테스는 그곳에 없었다. 그들은 아테네에 머물고 있었는데, 엘렉트라는 아버지가 살해당했다는 소식을 듣고 어린 동생 오레스테스를 데리고 잠적한다. 엘렉트라는 복수를 꿈꾸며 당시 열두 살이던 오레스테스가 성인이 되길 기다렸다. 그리고 8년 뒤 오레스테스가 스무 살이 되자 복수를 결행한다.

오레스테스는 사촌이자 친구 필라데스와 함께 복수 계획을 세웠다. 그들은 미케네 궁전으로 가서 오레스테스의 부고를 알리기 위해 온 전령이라고 거짓말해 궁전에 잠입했다. 그리고 오레스테스는 아들이 죽었다는 소식을 듣고 나온 클리타임네스트라를 직접 죽였다. 필라데스는 아이기스토스를 살해했다.

복수한 이후 오레스테스는 잠적했다가 아테나 신전으로 스스로 나아가 아크로폴리스에서 12명의 재판관 앞에 섰다. 그의 죄를 판결하는 자리에서 재판관들의 의견은 반으로 나뉘었다. 아버지의 원수를 갚는 것은 당연하다는 쪽과 어머니를 죽인 죄를 물어야 한다는 쪽이 팽팽히 맞섰다. 이렇듯 재판관들이 대립했지만, 결국 오레스테스는 풀려났다. 그리고 그를 마지막으로 펠롭스 후손들에게 드리운 저주도 끝이 났다.

오레스테스가 친모를 죽인 사건의 배경에는 오랫동안 복수의 칼날을 간 엘렉트라가 있었다. 아버지를 배반한 어머니에게 복수한 것은 모두 그녀의 계획이었던 것이다. 정신의학자 카를 구스타프 융은 이 이야기에서 착안해 엘렉트라 콤플렉스라는 개념을 만들었다. 이는 지그문트 프로이트가 만든 오이디푸스 콤플렉스에 대한 대치 개념으로 사용되었다. 여자아이가 아버지에게 강한 애정을 품고 어머니에게 경쟁의식을 가지는 상태를 엘렉트라 콤플렉스라고 명명한 것이다. 하지만 프로이트는 엘렉트라 콤플렉스의 개념과 명칭을 받아들이지 않았다고 한다. 그는 여자아이에게도 오이디푸스 콤플렉스라는 명칭을 그대로 사용했다.

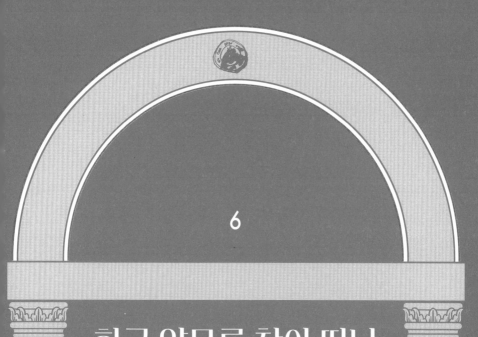

6

# 황금 양모를 찾아 떠난
# 아르고호 원정대

황금 양모를 찾아 떠나는 모험을 다룬 이번 장에는 원정의 주축이 된 이아손을 비롯해 메데이아, 오르페우스, 펠레우스와 텔라몬 형제, 멜레아그로스, 아탈란테, 벨레로폰, 필록테테스 등 여러 영웅이 등장한다. 아르고호 원정대 이야기는 트로이 전쟁보다 20년 정도 앞서 벌어졌다. 이 사건에 등장하는 인물들에 대한 신화 속 이야기를 간략하게 정리한다.


## 1. 아르고호 원정대의 대장 이아손과 악녀 메데이아

### 황금 양모를 찾기 위해 원정대를 꾸리는 이아손

이아손은 신화에서 아르고호 원정대의 대장으로 잘 알려진 인물이다. 그는 이올코스의 왕 아이손의 아들인데, 아이손의 뿌리를 거슬러 올라가면 프로메테우스에서 시작된다. 아이손의 아버지는 이올코스를 건국한 크레테우스이고, 크레테우스의 할아버지는 그리스인의 시조로 알려진 헬렌이다. 또 헬렌은 데우칼리온과 피라의 아들인데, 데우칼리온은 프로메테우스의 아들이고, 피라는 프로메테우스의 동생 에피메테우스와 판도라의 딸이다. 따라서 이아손은 프로메테우스의 6대손이 되는 셈이다.

그리스 신화에 등장하는 영웅 중 대부분은 제우스와 그의 형제의 후손인데, 특이하게도 이아손은 프로메테우스의 후손으로 기록되어 있다. 또 헬렌이 그리스인의 시조인 만큼 이아손은 헬렌의 핏줄을 이은 적손으로 등장함으로써 그가 그리스 왕족의 적통임이 부각된다. 이는 이아손이 제우스의 후손 출신 영웅 일색인 그리스 신화에서 매우 특별한 존재라는 의미다. 제우스와 그 가족의 건국신화가 주축이 된 그리스 신화에서 이아손은 인간을 만들고 인간에게 불을 안겨다 준, 인간 문명의 창조자 프로메테우스 신화의 연장선에 있는 인물이라는 점에서 매우 이질적이다.

이아손은 신화에서 아르고호 원정대를 이끌고 황금 양모를 찾아다니는 모험적인 영웅으로 등장한다. 신화는 신화 속 영웅의 표상이라 할 수 있는 헤라클레스의 모험과 비견될 만한 흥미로운 이야기를 펼쳐놓는다.

그렇다면 이아손은 왜 아르고호 원정대를 조직해 황금 양모를 찾아 헤맬 수밖에 없었을까? 그 배경엔 이올코스의 왕위 계승 문제가 있었다.

프로메테우스의 고손자 크레테우스는 테살리아 지방에 이올코스라는 도시를 건설하고, 왕위를 장남 아이손에게 물려주었다. 그런데 아이손이 늙자 아우 펠리아스가 왕위를 빼앗으려 했다. 아이손은 펠리아스의 위세를 물리칠 수 없으리라 판단하고 왕위를 펠리아스에게 양도했다. 하지만 한 가지 조건을 내걸었다. 자신의 아들 이아손이 성장하면 왕위를 이아손에게 물려줘야 한다는 조건이었다.

이후 아이손이 죽고 펠리아스가 나라를 다스렸는데, 어느덧 세월이 지나 그의 조카 이아손이 성장해 왕위 반환을 요구했다. 펠리아스는 흔쾌히 왕위를 내주겠노라고 했다. 하지만 그 역시 조건을 내걸었다. 황금 양모를 찾아오면 기꺼이 왕위를 넘겨주겠다는 것이었다.

황금 양모는 머나먼 흑해 동쪽 연안에 있는 콜키스 왕국에 가야 구할 수 있었는데, 콜키스에 황금 양모가 존재하게 된 배경에는 또 다른 전설이 있다.

옛날 테살리아 지방에 아타마스라는 왕이 있었는데, 그는 네펠레라는 여인과 결혼해 프릭소스와 헬레 남매를 얻었다. 그런데 아타마스는 네펠레와 사이가 나빠져서 그녀와 이혼하고 다른 여인과 재혼했다. 이렇게 되자 네펠레는 자신의 아들딸이 계모에게 구박받을 것을 염려해 어떻게 해서든 남매를 계모의 영향력이 미치지 않는 먼 곳으로 보내고자 했다. 하지만 마땅한 방도가 없어 근심만 늘어가고 있었는데, 그때 마침 헤르메스가 그녀를 동정해 황금 털이 난 숫양 한 마리를 주며 양에 태워 아이들을 멀리 보내라고 했다.

네펠레가 헤르메스가 준 양의 등에 남매를 태우자 정말 신기하게도 양은 아이들을 태우고 공중으로 높이 뛰어올라 사라졌다. 양은 유럽과 아시아를 가르는 해협에 이르렀는데, 그때 그만 등에 타고 있던 딸 헬레가 중심을 잡지 못하고 바다로 떨어져버렸다. 그래서 이 바다를 헬레스폰토스, 즉 '헬레가 떨어진 바다'라고 일컫게 되었다. 이 바다가 오늘날의 다르다넬스 해협이다.

헬레를 떨어뜨린 후에도 양은 계속 뛰어가 어느새 오늘날 조지아 서부 지역인 흑해의 콜키스 왕국에 도착했다. 프릭소스는 그곳에 무사히 내렸고, 그곳 왕 아이에테스는 신비로운 양을 타고 온 소년이 나라에 큰 복을 가져다줄 것으로 믿고 프릭소스를 열렬히 환영했다.

이후 프릭소스는 자신을 태우고 온 양은 제우스에게 제물로 바치고 그 양의 황금 양모는 아이에테스에게 선물로 주었다. 그러자 아이에테스 왕은 황금 양모를 숲속에 숨겨놓고 잠자지 않는 용으로 하여금 지키게 했다.

펠리아스가 이아손에게 가져오라고 한 것이 바로 그 황금 양모였다. 그러나 전설로만 전해지는 이 이야기가 사실인지도 알 수 없었고, 정말 콜키스 왕국에 황금 양모가 숨겨져 있는지도 알 수 없는 일이었다. 따라서 펠리아스의 제안은 불가능에 가까운 것으로 내심 왕위를 넘겨주지 않으려는 의도였다.

하지만 이아손은 기꺼이 삼촌 펠리아스의 제안을 받아들였다. 그리고 곧 아르고스라는 선박 기술자에게 명령해 50명을 태울 수 있는 배를 만들게 했다. 또 머나먼 콜키스까지 함께 갈 원정대를 모집했다. 그리고 마침내 자신과 함께 모험을 떠날 청년들이 모두 모이자 콜키스로 출발했다.

## 아르고호 원정대의 모험

이아손은 콜키스로 항해할 배의 이름을 '아르고호'라고 했는데, 이는 배를 만든 선박 기술자 아르고스의 이름을 딴 것이었다. 또 이아손과 함께 아르고호에 올라 모험에 동참하고자 한 청년들을 통칭해 '아르고나우테스'라고 불렀는데, 이는 '아르고나의 승무원'이라는 뜻이었다. 아르고나우테스의 면면은 대단했다. 헤라클레스, 카스토르와 폴리데우케스, 오르페우스, 펠레우스, 네스토르 등 당대 최고의 영웅과 여러 나라의 왕자, 귀족 가문의 유망한 청년이 총출동한 셈이었다.

이후 테살리아 해안에서 출항한 아르고호는 렘노스섬에 잠시 들렀다가 미시아를 지나 트라키아에 이르렀다. 이곳에 이르기까지 원정대는 여러 모험을 겪었으며, 그 와중에 헤라클레스는 원정대에서 이탈했다. 원정대는 트라키아에서 곤경에 빠진 늙은 예언자 피네우스를 만났는데, 그를 도와주고 그에게서 에욱세이노스폰토스의 입구를 무사히 통과하는 방법을 배웠다. 에욱세이노스폰토스는 '환대해주는 바다'라는 뜻으로 흑해의 고대 명칭이다.

에욱세이노스폰토스의 입구는 흔히 떠다니는 섬이 있다고 할 정도로 암초가 많은 곳이라 배가 지나가기엔 무척 위험했다. 하지만 원정대는 피네우스가 알려준 방법대로 비둘기를 이용해

황금 양모를 손에 넣은 이아손, 에라스무스 켈리누스 2세(1630년), 마드리드 프라도 미술관 소장.

무사히 그곳을 통과했고, 마침내 목적지인 콜키스 왕국에 상륙했다.

이아손은 콜키스의 왕 아이에테스에게 자신의 사명을 전하고 황금 양모를 양도받을 수 있도록 도움을 요청했다. 아이에테스는 요청을 받아들이는 대신 몇 가지 조건을 내걸었다. 하지만 그는 황금 양모를 원정대에 내줄 마음이 없었기에 그들을 방해하기 위한 여러 수단을 마련했다.

그러나 이아손과 원정대는 아이에테스의 공주 메데이아의 도움으로 여러 난관을 극복하고 황금 양모를 지키고 있는 용과 대면하게 되었다. 이때 역시 메데이아가 준 마법의 약으로 용을 잠재우고 아이에테스의 눈을 피해 재빨리 항해를 시작해 무사히 테살리아로 귀향했다.

## 악녀로 이름을 남긴 메데이아

귀향하는 아르고호에는 아이에테스의 공주 메데이아도 함께 승선해 있었다. 그녀는 이아손에게 반해 아버지를 배반하고 황금 양모를 빼돌리는 일에 가담했는데, 그 사실이 탄로 나면 아버지의 칼에 목숨을 잃을 처지였다. 그래서 이아손과 결혼하고 남편을 따라 테살리아의 이올코스로 떠나기를 선택했다.

이올코스에 도착한 이아손은 곧 펠리아스를 찾아가 황금 양모를 내밀며 왕위를 넘겨달라고 말했다. 하지만 펠리아스는 약속을 지키지 않았다. 이에 이아손이 분노하자 메데이아는 그를 대신해 계략을 부려 펠리아스의 딸들로 하여금 펠리아스를 죽이게 만든다. 당시 메데이아는 마법으로 노인을 젊게 만들 수 있다고 하면서 펠리아스의 딸들을 속였는데, 그 방법은 펠리아스를 죽이고 시신을 마법의 약초와 함께 솥에 넣어 끓이는 것이었다. 펠리아스의 딸들은 메데이아의 말을 믿고 펠리아스를 칼로 죽여 솥에 넣었다. 하지만 그것이 모두 메데이아의 속임수임을 알고 후회하는데, 이 일로 이올코스 백성들이 분노하자 이아손은 메데이아와 함께 코린토스로 도주했다.

코린토스에서 그곳 왕 크레온의 배려로 편안하게 살게 된 이아손은 그동안 자신을 여러 차례 도와준 아내 메데이아를 버리고 크레온의 딸 글라우케와 결혼해버린다. 이에 분노한 메데이아는 복수를 다짐하고, 독을 바른 옷을 선물해 그녀를 죽여버린다. 거기다 그녀는 자신과 이아손 사이에서 태어난 아이들도 죽인다.

그러고는 이아손을 피해 아테네로 달아나 아이게우스 왕과 혼인했는데, 아이게우스의 아들 테세우스가 찾아오자 그를 죽이려다가 실패하고 아테네마저 떠난다(자세한 내용은 5장의 '에게해의 전설이 된 아이게우스' 편을 참조하기 바란다).

이후 메데이아가 어디로 갔는지 정확한 기록은 없다. 일설에 따르면 아테네에서 쫓겨난 뒤 고국 콜키스로 돌아갔다고 한다. 그녀가 콜키스로 갔을 때 콜키스는 숙부인 페르세스가 반란을 일으켜 아이에테스를 내쫓고 왕위에 올라 있었다. 이에 메데이아는 여러 난관을 헤치고 자신의 아들 메도스와 함께 페르세스를 축출하고 왕위를 되찾았다. 그리고 아들 메도스를 왕위에 앉힌 후 콜키스를 메디아라는 이름으로 바꿨다고 한다.


## 2. 전설적인 음악가 오르페우스의 죽음을 넘어선 사랑

오르페우스는 전설적인 음악가이자 예언자로 알려진 인물이다. 트라키아의 왕 오이아그로스와 무사이 자매인 칼리오페의 아들로 전하며, 일설에는 아폴론의 아들이라고도 한다. 오르페우스는 이아손과 함께 아르고호에 승선했는데, 안테모에사섬에서 반인반수 세이렌들의 요사스러운 노래를 리라 연주로 퇴치해 많은 사람의 목숨을 건졌다는 이야기를 남겼다.

　오르페우스를 이야기하려면 그의 아내 에우리디케와의 지극한 사랑에 대해 말하지 않을 수 없다. 에우리디케는 오르페우스와 결혼한 지 얼마 되지 않았을 때 산책을 나갔다가 뱀에 물려 죽고 말았다. 이 때문에 오르페우스는 슬픔을 견디지 못해 괴로워하다가, 저승으로 내려가 아내를 데려오겠다고 결심한다.

　지하세계로 떠난 오르페우스는 노래와 연주로 저승의 문을 지키는 수문장 케르베로스를 복종시키고, 저승의 왕 하데스와 그의 아내 페르세포네를 만나 에우리디케를 돌려달라고 간청한다. 그러면서 그들에게 연주를 들려주는데, 그 연주가 너무나도 구슬퍼 하데스와 페르세포네는 물론이고 지하의 여러 신까지 감동시켰다고 한다. 그 덕분에 오르페우스는 아내 에우리디케를 이승으로 데려가도 된다는 허락을 받는다. 다만 조건이 있었다. 에우리디케는 오르페우스의 뒤를 따라 저승을 빠져나가게 될 텐데, 이승에 도착할 때까지 오르페우스가 절대로 뒤를 돌아보면 안 된다는 것이었다.

　오르페우스는 그 말을 지킬 것을 굳게 약속한 후 이승으로 나오는 출구까지 무사히 도착했다. 그러나 하필 이승으로 빠져나가기 직전에 궁금증을 이기지 못하고 뒤를 돌아보게 된다. 정말 에우리디케가 자신의 뒤를 따르고 있는지 확인하기 위해서였다. 그러자 뒤에 있던 에우리디케는 다시 저승으로 빨려들고 말았고, 오르페우스는 필사적으로 그녀를 붙잡으려 했지만 끝내 붙잡지 못했다.

이렇게 아내를 저승에서 데리고 나오지 못한 오르페우스는 매일 눈물로 지새며 비탄에 젖어 지냈다. 그리고 이후로 어떤 여인과도 접촉하지 않았다. 그는 트라키아의 황야를 누비며 오직 리라 연주에만 몰두했다.

오르페우스는 연주를 하며 세상을 떠돌아다니다가 트라키아를 방문한 디오니소스를 만났다. 당시 디오니소스는 많은 추종자와 신도를 거느리고 다니면서 신으로 추앙받았다. 하지만 오르페우스는 그를 신으로 숭배하지 않았다. 그는 아폴론이 가장 위대한 신이라고 말했다. 그러자 디오니소스를 따르던 마이나스, 즉 광기 어린 여자 신도들이 그의 온몸을 갈기갈기 찢어 죽이고 말았다. 오르페우스의 몸은 무려 여덟 조각으로 찢어져 형체를 알아볼 수 없을 정도로 처참한 모습이었다고 한다. 일설에는 그들이 그토록 잔인한 행동을 한 이유가 오르페우스가 여자를 거부했기 때문이라고도 한다.

광기 어린 여인의 무리 마이나스는 오르페우스의 목을 뽑아 헤브로스강에 던졌는데, 그 목에서 노래가 흘러나왔다고 한다. 오르페우스의 목은 그대로 강을 따라 흘러가다 바다에 이르러 레스보스섬에 당도했다. 그곳 사람들은 예를 갖춰 그의 무덤을 만들어줬다고 전한다.

## 3. 사랑에 울고 웃은 멜레아그로스와 아탈란테

아르고호에 승선했던 멜레아그로스는 칼리돈의 왕 오이네우스와 플레우론의 공주 알타이아 사이에서 태어났다. 신화에 따르면 그가 태어났을 때 운명의 여신들이 그의 운명을 난로에서 타고 있는 장작과 같을 것이라 예언했다고 한다. 그 말에 놀란 알타이아는 집 안의 난로에 있는 장작을 모두 숨겼고, 그 덕분에 멜레아그로스가 별 탈 없이 성장할 수 있었다.

멜레아그로스의 아버지 오이네우스는 디오니소스에게 포도주 만드는 법을 배운 한편, 처음으로 포도나무를 기른 사람이라고 한다. 그의 이름도 '포도 사나이'라는 뜻이다. 오이네우스와 관련해서는 칼리돈의 멧돼지 사냥 대회 이야기가 널리 알려져 있다.

오이네우스가 왕위에 있을 때 칼리돈에 거대한 멧돼지가 나타나 도시를 쑥대밭으로 만드는 사건이 벌어진다. 신화는 이런 사태의 원인을 오이네우스가 아르테미스에게 제물을 바치지 않아서 성난 아르테미스가 일부러 멧돼지를 풀어놨기 때문이라고 전한다.

이 멧돼지 소동이 일어났을 무렵 그의 아들 멜레아그로스는 청년으로 성장해 있었다. 오이네우스는 멜레아그로스에게 그리스 전역에서 멧돼지를 사냥할 영웅을 모집하도록 한다. 일명 '칼리돈의 멧돼지 사냥'으로 불리는 이 사건은 그리스에서 힘깨나 쓴다는 청년이 모두 모이게 했다. 멜레아그로스는 물론이고, 당대의 영웅 테세우스, 네스토르, 펠레우스, 텔라몬, 이아손, 폴리데우케스, 아카스토스, 헤라클레스와 쌍둥이 동생 이피클레스 등 수많은 영웅이 이 사냥 대회에 참여했다. 그리고 유일하게 여인으로서 참여한 인물이 있었는데, 바로 아탈란테였다.

아탈란테는 아르카디아의 왕 이아소스의 딸이다. 그녀는 금으로 된 죔쇠로 옷을 죄고 왼쪽 어깨에는 상아로 만든 화살통을 멨으며, 왼손에는 활을 들고 있었다. 얼굴은 매우 미인이었는데, 남성적이면서도 한편으로는 묘한 매력을 풍기는 모습을 보고 멜레아그로스는 그녀에게 첫눈에 반해버렸다.

사냥이 시작되자 아탈란테는 그 어떤 청년보다 뛰어난 활 솜씨를 뽐내며 거대한 멧돼지에게 처음으로 상처를 입히는 쾌거를 올렸다. 이아손을 비롯한 여러 청년이 개를 앞세워 창을 던져대고 공격해도 끄떡도 하지 않던 멧돼지의 몸에 처음으로 타격을 입힌 사람이 바로 그녀였던 것이다. 그 모습을 보고 멜레아그로스는 환호성을 질러대며 그녀를 응원했다. 그리고 멜레아그로스는 그녀가 보란 듯이 달려들어 멧돼지 옆구리에 창을 꽂아 넣었다. 그때 이아손과 네스토르는 실패의 쓴맛을 보고 되레 멧돼지에 쫓기는 상황이었다. 멜레아그로스는 멧돼지가 비틀대자 기회를 놓치지 않고 멧돼지의 숨통을 끊어놓았다.

멜레아그로스는 멧돼지의 머리를 잘라내고 가죽을 벗겨 아탈란테에게 선물했다. 그런데 멜레아그로스의 외삼촌 플렉시포스와 톡세우스가 아탈란테에게 멧돼지의 머리와 가죽을 주는 것을 못마땅하게 여기고, 순간적으로 달려들어 그녀에게서 멜레아그로스의 선물을 빼앗아버렸다. 이에 멜레아그로스는 분을 참지 못하고 외삼촌들을 공격해 그들의 심장에 칼을 꽂았다.

순식간에 벌어진 이 사건은 칼리돈 왕가에 엄청난 비극을 가져왔다. 자신의 동생들이 아들의 칼날에 목숨을 잃었다는 소식을 들은 알타이아는 비통하게 울부짖으며 동생들에 대한 복수를 다짐한다. 그리고 오랫동안 숨겨두었던 운명의 장작개비를 모두 꺼냈다. 그녀는 무려 네 번에 걸쳐 장작개비를 태우려다 그만두는 행동을 반복했는데, 결국 그 운명의 장작개비를 불길에 던져 넣었다. 자식에 대한 애착보다 형제애가 앞섰던 것이다.

장작개비가 불길에 휩싸이자 갑자기 멜레아그로스의 몸에도 불길에 일었다. 장작이 완전히 불에 타버리자 멜레아그로스의 몸도 잿더미가 되었다. 신화는 이렇듯 멜레아그로스가 자신과 한 몸인 장작개비와 함께 불타서 사라졌다고 표현하고 있지만, 아마도 실상은 외삼촌들을 죽인 죄로 화형에 처해진 것으로 보인다. 아들 멜레아그로스가 죽자 어머니 알타이아도 그만 스스로 목숨을 끊고 말았다.

한편 이 모든 일의 시발점이 된 아탈란테는 큰 충격을 받았다. 그래서 어떤 남자와도 만나지 않고 사냥에만 열중했다. 신화는 그녀가 오래전에 신탁을 받았는데, 절대 결혼하지 말라는 예언이었다고 기록하고 있다. 하지만 아탈란테가 남자를 가까이하지 않은 것은 바로 멜레아그로스의 죽음 때문일 듯하다.

아탈란테는 결코 결혼하지 않겠다고 결심했지만, 그녀에게 청혼하는 구혼자는 계속 늘어났다. 그녀는 구혼자들을 물리치기 위해 조건을 내걸었는데, 자신과 달리기 경주를 해서 이기는 사람에게 몸을 맡기겠다는 것이었다. 다만 경주에서 지는 자는 죽일 것이라는 단서를 붙였다.

이런 조건에도 여러 청년이 그녀에게 구혼해 경주를 했고, 그들의 목은 여지없이 달아났다. 그러자 경주의 심판을 맡던 히포메네스가 호기롭게 도전했다. 히포메네스는 매우 건장하고 잘생긴 청년이었다. 그 때문에 아탈란테는 제발 그가 경주를 포기해주길 바랐다. 하지만 히포메네스는 기어코 경주를 결행했다.

사실 히포메네스는 나름 계략을 짜둔 터였다. 그는 경기 전에 황금 사과를 세 개 준비했다. 신화에 따르면 그 황금 사과는 히포메네스의 염원을 가상하게 여긴 아프로디테 여신이 선물한 것이라고 한다.

경주가 시작되자 두 사람은 무섭게 달렸다. 히포메네스는 자신이 뒤처질 즈음에 황금 사과 하나를 던졌다. 그러자 아탈란테는 사과를 줍느라 멈춰 섰고, 그 기회를 놓치지 않고 히포메네스는 그녀와 거리를 떨어뜨렸다. 하지만 오래 지나지 않아 아탈란테가 다시 추격해 왔다. 그녀가 거의 그를 따라잡았을 때쯤 히포메네스는 다시 황금 사과 하나를 던졌다. 이번에도 역시 그녀는 황금 사과를 줍느라 달리기를 멈췄다.

하지만 여전히 결승점은 멀리 있었다. 뒤처졌던 아탈란테는 다시 속력을 내더니 그를 따라붙기 시작했고, 히포메네스는 마지막으로 남은 사과를 던졌다. 그때 아탈란테는 사과를 주워야 할지 그냥 지나쳐야 할지 고민했다. 사과를 주우면 그를 살리는 대신 그와 결혼해야 하고, 사과를 줍지 않고 그를 앞서면 그를 죽여야 했다.

아탈란테는 고민 끝에 사과를 주웠고, 그 사이 히포메네스는 마지막 힘을 쏟아부어 결승점을 통과했다. 그 덕에 히포메네스는 아탈란테와 혼인할 수 있었고 이후 그들은 행복하게 살았다. 하지만 신화는 여기서 이야기를 끝맺지 않는다.

신화에 따르면 아탈란테가 마지막 사과를 두고 고민할 때 아프로디테 여신이 그녀에게 사과를 줍도록 했다고 한다. 하지만 그들 두 사람은 결혼해 행복하게 살면서 그 행복에 너무 취해 아프로디테 여신에게 감사를 표하는 것을 잊어버렸다. 이 때문에 분노한 아프로디테는 그들로 하여금 대지의 여신 레아(제우스의 어머니)를 화나게 만드는 일을 꾸몄다. 그 일로 레아는 히포메네스와 아탈란테를 한 쌍의 사자로 만들어버렸다. 그리고 둘이 자신의 수레를 끌고 다니게 했다고 한다.


## 4. 트로이 영웅의 아버지들, 텔라몬과 펠레우스

텔라몬과 펠레우스는 아이기나섬의 왕 아이아코스의 아들이다. 아이아코스는 제우스와 아이기나 사이에서 태어난 아들이므로 그들은 제우스의 손자인 셈이다. 이들 형제는 헤라클레스와 친한 친구였는데, 그래서 헤라클레스의 아마조네스 원정과 라오메돈과의 전쟁에도 참여했다.

이들은 아이기나의 왕자로 태어나 왕위 계승 문제로 다른 왕자들과 싸움을 벌이다가 그 과정에서 이복형제 포코스를 죽이게 되었다. 이 일로 아버지 아이아코스의 분노를 산 텔라몬과 펠레우스는 아이기나를 떠나 다른 나라로 망명했다.

형인 텔라몬은 아이기나에서 도망친 후 살라미스섬으로 향한다. 그곳에서 살라미스 왕 키크레우스의 딸 페리보리아와 결혼한다. 이후 그는 살라미스 왕위를 물려받고 아들 아이아스를 낳는다. 한편 그는 헤라클레스와 함께 트로이 왕 라오메돈과 전쟁을 벌이는데, 승리의 전리품으로 얻은 트로이 공주 헤시오네에게서 아들 테우크로스를 얻는다. 훗날 아이아스와 테우크로스는 트로이 전쟁에서 장수로 활약한다.

동생 펠레우스는 아이기나를 떠난 후 프티아로 가서 그곳 왕 에우리티온의 딸 안티고네와 결혼해 정착한다. 그런데 펠레우스는 칼리돈의 멧돼지 사냥 대회에 참가했다가 실수로 에우리티온을 죽이고 프티아에서 쫓겨나고 만다. 이후 그는 이올코스로 망명해 그곳 왕자 아카스토스(펠리아스의 아들)와 친해졌는데, 아카스토스의 아내 아스티다메이아가 그에게 반해 그를 유혹한다. 물론 펠레우스는 그녀를 거절했는데, 그녀는 앙심을 품고 펠레우스의 아내 안티고네에게 편지를 보내 펠레우스가 스테로페스라는 여인과 결혼했다고 거짓말을 한다. 이 소식을 들은 안티고네는 절망해서 그만 목을 매고 만다.

아스티다메이아는 거기서 그치지 않았다. 펠레우스가 자신을 겁탈하려 했다고 남편 아카스토스에게 그를 모함한 것이다. 아카스토스는 그 말을 사실로 믿고 펠레우스를 죽일 음모를 꾸민다.

하지만 펠레우스는 현자 케이론의 도움으로 간신히 죽음을 면한다. 이런 악연으로 훗날 펠레우스는 이아손과 함께 펠리아스에 이어 아카스토스가 다스리던 이올코스로 군대를 몰고 가 기어코 아스티다메이아를 잡아다 찢어 죽였다고 한다.

펠레우스는 안티고네가 자살한 후 네레우스의 딸 테티스와 결혼해 아들 아킬레우스를 얻는다. 펠레우스의 아내가 된 테티스는 제우스와 포세이돈이 서로 차지하려고 했던 여인인데, 테티스가 낳은 아들이 아버지보다 강해진다는 신탁이 내려져 둘 모두 포기했다고 한다.

펠레우스와 테티스의 결혼식에 그 유명한 에리스의 황금 사과 이야기가 등장한다(자세한 내용은 7장의 '파리스의 헬레네 납치 사건' 편을 참조하기 바란다). 이 결혼식에서 케이론은 물푸레나무로 만든 창을 선물하고, 포세이돈은 불사의 말인 발리오스와 크산토스를 선물했다고 한다. 펠레우스는 아들 아킬레우스를 케이론에게 맡겨 교육시켰다.

말년에 트로이 전쟁이 발발하자 펠레우스는 자신의 무구와 물푸레나무 창, 그리고 포세이돈에게 선물 받은 말을 아킬레우스에게 주었다. 그리고 아킬레우스가 전사하자 펠레우스는 아카스토스의 아들들에게 쫓겨나게 된다. 이후 그는 에게해가 보이는 바닷가 동굴에서 손자 네오프톨레모스를 기다리다 그가 탄 배가 난파당했다는 소식을 듣고 배를 타고 바다로 나가 죽었다고 전한다.

## 5. 키마이라를 죽이고 그리스의 영웅이 된 벨레로폰

벨레로폰에 대해서는 잘 알려져 있지 않지만, 헤라클레스가 나타나기 전만 해도 벨레로폰은 페르세우스나 카드모스와 견줄 정도로 위대한 영웅이었다. 그는 아르고호의 승선자이기도 했다. 벨레로폰은 코린토스의 왕 글라우코스의 아들로 태어났는데, 신화에서는 그의 진짜 아버지가 포세이돈이라고 묘사한다.

벨레로폰을 포세이돈의 아들이라 한 것은 아마도 그가 페가수스를 타고 다녔기 때문일 것이다. 페가수스는 한때 포세이돈과 연인 사이였다가 괴물로 변한 메두사의 머리를 페르세우스가 잘랐을 때 쏟아진 피에서 태어났기 때문이다. 벨레로폰은 날개를 단 채 인간의 접근을 허용하지 않으며 날아다니는 페가수스를 타고 싶어 했고, 그는 예언자 폴리이도스의 조언에 힘입어 페가수스를 타는 데 성공한다.

그런 기쁨도 잠시, 벨레로폰은 코린토스에서 죄를 지어 내쫓기는 신세가 되었고, 그는 아르고스로 망명한다. 그런데 아르고스의 왕비가 그를 유혹했다. 벨레로폰은 단호히 왕비를 거절했는데, 이에 앙심을 품은 왕비가 왕 프로이토스에게 벨레로폰이 자신을 유혹했다고 모함했고, 프로이토스는 벨레로폰을 죽일 계획을 짠다.

하지만 프로이토스는 자신의 손으로 직접 손님을 죽이는 것은 명예를 실추시키는 일이라 판단하고, 벨레로폰에게 봉인된 편지를 주며 이것을 전달해달라고 리키아로 보낸다. 리키아는 왕비의 고향으로 그곳 왕은 왕비의 아버지였다.

리키아의 왕 이오바테스는 사위가 보낸 벨레로폰을 환대했다. 그리고 그에게서 사위의 편지를 전해 받은 후 관습에 따라 9일 동안 뜯어보지 않다가 10일째 되는 날 펼쳐보았다. 그런데 편지에는 편지를 가져온 자를 죽이라고 써 있었다.

이오바테스는 어떻게 벨레로폰을 죽일까 고민하다가 그에게 괴물 키마이라를 죽여줄 것을 부탁한다. 키마이라는 불을 뿜는 무서운 괴물로 당시 리키아를 어지럽히는 골칫거리였다. 물론 이오바테스는 벨레로폰이 키마이라를 죽일 수 있으리라고 생각하지 않았다. 이오바테스는 당연히 벨레로폰이 키마이라에게 죽음을 당할 것이라고 여겼다.

그러나 벨레로폰은 페가수스의 도움을 받아 용맹스럽게 싸운 끝에 활로 키마이라는 죽이는 데 성공한다. 이에 벨레로폰은 일약 리키아를 구한 영웅으로 부상했다. 이후에도 이오바테스는 벨레로폰에게 여러 가지 어려운 임무를 맡겨 그를 죽이려 했지만, 그때마다 벨레로폰은 임무를 수행하고 살아서 돌아왔다. 물론 페가수스의 도움 덕분이었다. 이쯤 되자 이오바테스는 신이 벨레로폰을 지키고 있다고 생각하고 그를 죽이는 것을 포기했다. 그리고 되레 딸을 내주고 그를 사위로 삼았다.

벨레로폰에 대한 이야기는 그리스 전역으로 퍼졌다. 그러자 벨레로폰은 한껏 자만해져 페가수스를 타고 신들과 겨뤄보고 싶다는 마음을 품게 되었다. 이 때문에 제우스를 비롯한 신들이 분노해 벨레로폰을 응징하고자 했다.

벨레로폰은 페가수스를 타고 하늘로 날아올라 신들에게 도전했는데, 제우스는 파리의 한 종류인 등에를 한 마리 보내 페가수스를 물게 했다. 그러자 깜짝 놀란 페가수스가 그만 벨레로폰을 떨어뜨리고 말았다. 높은 하늘에서 떨어진 벨레로폰은 그 후로 한쪽 다리를 절었고, 부끄러워서 사람들의 눈도 피하게 되었다. 그리고 외로이 세상을 방랑하다 쓸쓸히 죽고 말았다.


## 6. 파리스를 죽인 활의 명수 필록테테스

필록테테스는 활의 명수로 유명하다. 그는 헤라클레스와도 인연이 깊은 인물로, 헤라클레스가 네소스의 독이 묻은 옷을 입고 고통스러워 스스로 장작더미에 불을 놓고 죽으려 할 때 장작더미에 불을 붙여주었다. 당시 사람들은 헤라클레스를 두려워해 아무도 감히 장작더미에 불을 붙이지 못했는데, 필록테테스가 용감하게 나서서 그의 고통을 끝내주기 위해 불을 붙였다는 것이다. 그 덕분에 그는 헤라클레스의 상징인 활과 히드라의 독이 묻은 화살을 얻었다고 한다.

필록테테스는 헬레네의 구혼자 중 한 사람이기도 했다. 그래서 트로이 전쟁에 참전해 승전을 이끌어내는 데 큰 역할을 했다. 또 트로이 전쟁보다 20년 전 소년 시절에는 아르고호에 승선해 모험을 하기도 했다.

필록테테스는 테살리아의 멜리보이아 왕 포이아스의 아들이다. 언급했다시피 그는 헬레네의 구혼자 중 한 명이었기에 트로이 전쟁에 참전하려 했는데, 불행하게도 트로이로 가는 중 렘노스섬에 들렀다가 뱀에 물리는 바람에 참전하지 못하고 그곳에 버려졌다.

이후로 그는 무려 10년 동안이나 렘노스섬에 머물렀는데, 어느 날 갑자기 그리스군에 소환된다. 10년 동안 트로이 전쟁을 지속하던 그리스군은 지친 상태에서 어떻게 하든 전쟁을 끝내고자 했다. 그래서 트로이 왕 프리아모스의 예언자 헬레노스를 잡아와 고문한 끝에 그리스군이 전쟁에서 승리할 비결을 얻는다. 그것은 바로 헤라클레스의 활과 화살이었다. 그런데 그것은 렘노스섬에 버려진 필록테테스가 가지고 있었다.

이 일로 그리스 장수들은 렘노스섬으로 가서 헤라클레스의 활과 화살을 가져오기로 했는데, 병사를 보내 알아보니 당연히 죽었으리라 생각한 필록테테스가 살아 있었다. 그래서 장수들은 활과 화살만 가져오자는 측과 필록테테스를 함께 데려오자는 측으로 나뉘어 논쟁을 벌였다.

논쟁 끝에 디오메데스의 주장에 힘입어 필록테테스를 데려오기로 했고, 필록테테스는 그리스 진영에 합류했다. 그리고 필록테테스는 전쟁의 불씨가 된 파리스를 히드라의 독이 묻은 화살로 쏘아 맞혔다. 파리스는 히드라의 독이 몸에 퍼져 죽었다. 이후에도 필록테테스는 여러 전공을 세워 전쟁을 승리로 이끄는 데 큰 역할을 하고 고향으로 돌아왔다.

그런데 필록테테스가 멜리보이아로 돌아와보니 반란이 일어나 그가 설 자리가 없었다. 결국 멜리보이아에서 쫓겨난 그는 자신의 군대를 이끌고 이탈리아의 칼라브리아 지방으로 망명해 그곳에 여러 도시를 세웠다. 그리고 거기서 생을 마감했다.

　그리스 작가들은 이러한 그의 삶을 여러 작품에 담아 비극으로 탄생시켰다. 그 작품들 가운데 아직까지 전해지는 것이 소포클레스의 비극《필록테테스》다. 20세기 냉전 시대에 동독 작가 하이너 뮐러가 이 작품을 현대극으로 만들어 크게 성공한 바 있다. 그리스의 유명한 극작가 에우리피데스, 아이스킬로스 등도 그를 주제로 한 희곡을 남겼지만, 안타깝게도 지금은 전하지 않는다.

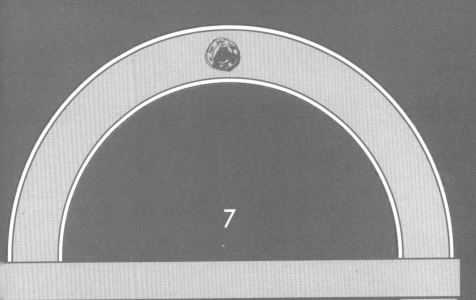

7

# 트로이 전쟁과
# 트로이의 몰락

# 1. 트로이 왕국의 성립과 왕위 계승

트로이 전쟁의 무대가 된 트로이는 트로이아라고도 불리는데, 이 도시는 현재 튀르키예 북서쪽 트로아스 평야 지대에 위치한다. 트로아스 평야는 스카만드로스강 북쪽과 헬레스폰토스 해협 남쪽 어귀에 있다.

트로이라는 명칭은 제우스의 증손자 트로스의 이름에서 유래한 것으로 본다. 제우스는 아틀라스의 딸 엘렉트라에게서 쌍둥이 형제 이아시온과 다르다노스를 얻는데, 다르다노스는 지금의 튀르키예 지역인 소아시아로 건너가 그곳 왕인 테우크로스의 딸 바테이아와 결혼한다. 그리고 자신의 이름을 딴 다르다노스 왕국을 건설한다. 다르다노스는 에릭토니오스를 낳고, 에릭토니오스는 트로스를 낳았다.

트로스는 강의 신으로 불리던 스카만드로스의 딸 칼리로에와

## 트로이 왕가 왕위 계승도

① **다르다노스 왕국**

　　1대 다르다노스(시조) → 2대 에릭토니오스 → 3대 트로스

② **트로이 왕국**

　　1대 일로스 → 2대 라오메돈 → 3대 프리아모스

결혼해 일로스, 아사라코스, 가니메데스 등 3형제를 낳았다. 그들 중 아사라코스는 다르다노스 왕국의 왕위를 이었고, 일로스는 새로운 도시를 세웠는데, 이 도시를 아버지 트로스의 이름을 따서 트로이라고 불렀다. 그리고 막내아들 가니메데스는 제우스가 어린 시절에 납치해 간 것으로 전하고 있다.

트로이는 원래 일리온이라고 불렸는데, 이는 '일로스의 도시'라는 뜻이다. 트로이 전쟁을 다룬 호메로스의 《일리아스》라는 제목도 여기서 유래했다. 일리아스는 '일리온의 노래'라는 의미다.

일로스는 아르고스의 왕 아드라스토스의 딸 에우리디케와 결혼해 테미스테와 라오메돈을 낳았다. 그리고 라오메돈에 이어 왕위에 오른 사람이 그의 막내아들 프리아모스다.

프리아모스의 원래 이름은 포다르케스였는데, 개명을 한 데는 배경이 있다. 라오메돈이 왕위에 있을 때 기근과 전염병, 폭풍우로 트로이 백성들이 고통받았다. 트로이 백성들은 이 모든 것이 포세이돈의 자녀들인 바다괴물이 노해서 벌이는 일이라고 생각

했다. 이 때문에 라오메돈은 자신의 딸 헤시오네를 바다괴물에게 제물로 바치고자 했다. 그때 트로이에 온 헤라클레스가 바다괴물을 죽이고 헤시오네를 살려줄 테니 자신에게 신령스러운 암말을 줄 수 있느냐고 했다. 라오메돈은 그러겠노라 약속했고, 헤라클레스는 히드라의 독을 묻힌 화살로 바다괴물을 죽였다.

하지만 트로이에 신령스러운 암말 따위는 없었다. 라오메돈은 당연히 헤라클레스와의 약속을 지킬 수 없게 되었다. 이에 헤라클레스는 트로이 성을 함락시키고 라오메돈의 자식들을 모두 죽이려 했다. 하지만 헤라클레스는 헤시오네를 살려주고, 그녀에게 남자 형제 중 살릴 사람을 고르라고 했다. 헤시오네는 막내 포다르케스를 선택했다.

이렇게 해서 가까스로 포다르케스가 살아남자, 헤시오네는 흐느끼면서 포다르케스에게 속삭였다.

"프리아마이."

이 말은 '내가 너를 산다'는 의미다. 이때부터 포다르케스는 프리아모스라고 불리게 되었다.

프리아모스는 라오메돈에 이어 트로이의 왕위를 계승했다. 그에게는 파리스라는 아들이 있었는데, 그가 스파르타 왕 메넬라오스의 왕비 헬레네를 트로이로 납치했고, 이 일이 발단이 되어 트로이 전쟁이 발발한다.

## 2. 파리스의 헬레네 납치 사건

트로이의 왕자 파리스(알렉산드로스라고도 불린다)가 스파르타의 왕비 헬레네를 납치하게 된 배경에 대해 신화는 장황한 이야기를 늘어놓는데, 그 내용을 요약하자면 이렇다.

밤의 여신 닉스의 딸인 불화의 여신 에리스가 올림포스산에서 열린 펠레우스(아킬레우스의 아버지)와 테티스(네레우스의 딸)의 결혼식에 초대받지 못해 화가 났다. 에리스는 결혼식장에 나타나 '가장 아름다운 자에게'라는 글귀가 새겨진 황금 사과를 던져놓았다. 그러자 미모라면 누구에게도 뒤지지 않는다고 자부하는 세 여신 헤라, 아프로디테, 아테나가 서로 황금 사과의 주인이 되고 싶어 했다. 그들은 곧 제우스에게 가서 누가 가장 아름다운지 심판해달라고 요청했다. 제우스는 트로이의 왕자 파리스에게 가서 그의 판단을 들어보라고 했다.

그 무렵 파리스는 이다산에서 양치기로 살고 있었다. 그는 트로이의 왕자였지만, 언젠가 나라를 망하게 할 것이라는 예언이 있었던 터라 그의 아버지 프리아모스가 양치기로 살라고 명령한 터였다.

파리스는 이다산에서 아름다운 아내 오이노네와 조용히 살고 있었다. 그런데 느닷없이 세 여신이 나타났다. 세 여신은 그들 나름대로 파리스가 가장 원할 만한 제안을 하며 그의 환심을 사고자 했다. 헤라는 그에게 유럽과 아시아의 군주가 되게 해주겠다고 했고, 아테나는 트로이 군대가 승리할 수 있도록 해서 그리스

파리스의 심판, 페테르 파울 루벤스(1636년경), 런던 내셔널 갤러리 소장.

를 폐허로 만들어주겠다고 했으며, 아프로디테는 세상에서 가장 아름다운 여인을 아내로 맞이하게 해주겠다고 했다. 이에 파리스는 아프로디테의 제의를 택했고, 그 덕분에 아프로디테는 황금 사과를 얻어 가장 아름다운 여신으로 인정받았다.

당시 세상에서 가장 아름다운 여인은 제우스와 레다의 딸이자 스파르타 메넬라오스 왕의 왕비 헬레네였다. 헬레네는 워낙 미모가 뛰어났기에 처녀 시절 그녀와 결혼하기 위해 모여든 구혼자가 수십 명이었다. 그것도 모두 각 나라의 귀족이나 왕자였다. 당시 스파르타의 왕이자 헬레네의 양부 틴다레오스는 밀려드는 구혼자 중 한 명만 택하면 혹여 나머지 구혼자들이 결속해 난을 일으킬까 염려했기에 쉽게 사윗감을 고르지 못했다.

그때 유력한 후보 중 하나인 오디세우스의 제의에 따라 누가 헬레네의 남편이 되든지 그에게 헬레네로 인한 불의한 일이 생기면 모든 구혼자가 힘을 합쳐 대의를 위해 싸울 것을 맹세하도록 했다. 구혼자 모두 맹세에 동의한 가운데 메넬라오스가 헬레네의 남편이 되었다.

이후 틴다레오스에 이어 메넬라오스가 스파르타의 왕이 되었고, 헬레네는 왕비가 되었다. 이런 상황에서 파리스가 아프로디테에게 황금 사과를 준 것이다. 그러니 아프로디테는 약속대로 세상에서 가장 아름다운 여인인 헬레네를 파리스에게 줘야 했다. 그래서 파리스를 스파르타로 데려갔는데, 메넬라오스와 헬레네는 그를 환영하며 궁궐에 머물게 했다.

메넬라오스는 파리스를 신뢰했기에 그를 믿고 헬레네를 남겨둔 채 크레타섬에 다녀왔다. 그런데 돌아와 보니 파리스와 헬레네가 보이지 않았다. 파리스가 헬레네를 데리고 트로이로 가버린 것이다(자세한 내용은 4장의 '레다의 딸, 헬레네' 편을 참조하기 바란다).

이것이 신화에서 전하는 헬레네 납치 사건의 전모다. 이 중 현실적인 내용만 뽑는다면 스파르타에 손님으로 와 있던 트로이 왕자 파리스가 메넬라오스가 집을 비운 사이에 헬레네를 데리고 갔다는 사실이다. 그 과정에 대해서는 여러 설이 있다. 파리스가 워낙 미남이라 헬레네가 그에게 반해 스스로 따라갔다는 이야기도 있고, 파리스가 일방적으로 헬레네를 납치했다는 이야기도 있다.

어쨌든 헬레네를 잃고 분노한 메넬라오스는 과거의 맹약을 앞세워 그리스 전역의 구혼자에게 도움을 요청했다. 그는 당시 맹약을 맺었던 그리스 각지의 구혼자를 주축으로 삼아 파리스와 트로이를 응징할 것을 다짐했다. 이에 따라 그리스 동맹군이 형성되어 트로이에 대한 전쟁을 감행하게 되었다.

## 3. 오디세우스와 아킬레우스의 참전

그리스 동맹군의 총사령관은 메넬라오스의 형 아가멤논이 맡았다. 그런데 막상 동맹군을 조직해놓고 보니, 동맹군을 이끌 핵심적인 인물 두 사람이 빠져 있었다. 이타케섬의 왕 오디세우스와 펠레우스의 아들 아킬레우스였다. 아가멤논은 이들 두 사람이 빠진 동맹군은 의미가 없다고 생각하고 어떻게든 그들을 동맹군에 가담시키고자 했다. 아가멤논은 우선 오디세우스에게 사신을 보냈다. 오디세우스를 먼저 참전시켜야 아킬레우스를 꾀어낼 수 있다고 판단했던 것이다.

한편 오디세우스는 핑계를 대서라도 전장에 나가지 않는 것이 현명하다고 여기고 그 나름대로 아가멤논의 사신을 물리칠 방도를 고민하고 있었다. 그가 보기에 헬레네는 남편을 버리고 불륜을 저지른 부정한 여인에 불과했다. 그런 여인을 데려오기 위해 목숨을 건 싸움판에 뛰어들 필요는 없다고 생각했다.

하지만 오디세우스는 과거에 맹세를 했기 때문에 무작정 참전 요청을 거부할 수는 없었다. 그래서 참전을 거부할 구실을 만들기 위해 고민한 끝에 미친 척하는 것이 가장 현실적인 방도라고 판단했다.

오디세우스는 아가멤논의 사신이 온다는 소식을 듣고 그가 오는 시일에 맞춰 밭에 나가 엉뚱한 일을 벌였다. 거름을 줘야 할 밭에 소금을 뿌린 것이다. 그러나 오디세우스는 영리하고 꾀 많기로 유명해서 그 행동 하나로 단번에 사신의 의심을 벗어날 수 없었다. 사신은 오디세우스가 일부러 미친 척한다는 것을 눈치 채고 오디세우스가 쟁기질하는 밭 한가운데 그의 아들을 데려다 놓았다. 그러자 오디세우스는 혹여 아들이 다칠세라 황급히 쟁기를 돌리고 아들을 안아 올려 안전한 곳에 앉혀놓았다. 숨어서 그 광경을 지켜보던 사신은 그제야 모습을 드러냈고, 오디세우스는 계면쩍은 웃음을 지으며 동맹군에 합류하겠다고 할 수밖에 없었다.

그런데 아직 아킬레우스가 합류하지 않았다는 사실을 알고 오디세우스는 그를 반드시 합류시킬 방도를 모색했다. 아킬레우스가 없는 상태에서 트로이를 이길 수 없으리라 생각한 것이다. 그러나 아킬레우스의 참전에는 큰 난관이 있었다. 그의 어머니 테티스가 절대 참전하지 말라고 엄명을 내린 터였기 때문이다. 테티스는 아킬레우스가 전쟁에 나서면 전사할 것이라는 아폴론 신전의 신탁을 거론하면서 강하게 아들을 만류했다. 그것으로도 안심이 되지 않은 그녀는 아킬레우스를 스키로스섬의 왕 리코메데스의 궁궐로 보내 여장을 하고 처녀들 틈에 숨어 살게 했다.

이에 오디세우스는 상인으로 변장해 여인들이 좋아할 장신구와 좋은 무기를 가지고 리코메데스 궁궐을 방문했다. 오디세우스가 처녀들을 상대로 물건을 펼쳐놓자, 대부분은 장신구에 시선을 주었는데 오직 한 명만 단검을 만지작거렸다. 그러자 오디세우스는 그 처녀가 바로 아킬레우스라는 것을 알아채고 그를 설득해 참전시키는 데 성공했다.

## 4. 두 여인의 안타까운 죽음

### 장녀 이피게네이아를 제물로 바친 아가멤논

당대의 영웅 오디세우스와 아킬레우스, 두 사람이 그리스 동맹군에 가담했지만, 그리스 군대의 출전은 쉽게 이뤄지지 않았다. 수많은 함선을 준비하고 병력도 모두 갖추었지만 날씨가 문제였다. 강력한 북풍이 끊이지 않고 연일 폭풍우가 몰아쳤다.

이렇게 차일피일 출항이 미뤄지자 병사들의 사기는 땅에 떨어졌다. 이때 예언자 칼카스가 이 모든 것이 아르테미스 여신이 노해서 생긴 일이라고 말했다. 아르테미스 여신이 가장 좋아하는 토끼를 그리스 군대가 죽였기 때문이라는 것이었다. 이어 칼카스는 폭풍우를 멈추게 하려면 아가멤논 총사령관의 장녀 이피게네이아를 아르테미스 여신에게 바쳐야 한다고 덧붙였다.

아가멤논은 용단을 내리고 칼카스의 신탁을 받아들였다. 그리고 이피게네이아를 아킬레우스와 혼인시킬 것이라는 편지를 보내 그녀가 오도록 했다. 이피게네이아가 혼례복을 입고 나타나자

아가멤논은 그녀를 제물로 바치기 위해 제단에 옮겨놓았다. 이피게네이아를 죽여 제물로 바치자 정말 바다가 잠잠해졌다. 그 덕분에 그리스 함대는 트로이를 향해 출발할 수 있었다.

## 남편을 뒤따른 라오다메이아

그리스군이 수많은 함대를 이끌고 트로이의 시모이스강 어귀에 도착한 후, 가장 먼저 상륙한 장수는 프로테실라오스였다. 그도 과거에 동생 포다르케스와 함께 헬레네에게 구혼한 청년 중 하나였다. 물론 동생 포다르케스도 함께 참전했다. 그들 형제는 40척의 전함을 이끌고 선봉대가 되어 트로이에 상륙했다.

프로테실라오스는 상륙하자마자 용감하게 돌진했고 먼저 4명의 트로이군을 직접 죽였다. 하지만 그는 트로이 군대의 창에 찔려 죽고 말았다. 이후 그의 군대는 포다르케스가 이끌게 된다. 사실 프로테실라오스는 죽을 당시 새신랑이었다. 출전 직전에 이올코스의 왕 아카스토스의 딸인 라오다메이아와 막 결혼한 상태였다. 그런 까닭에 그에겐 아이도 없었다.

한편 프로테실라오스가 전사했다는 소식을 들은 그의 아내 라오다메이아는 절망한 나머지 식음을 전폐하고 앓아 누웠다. 그리고 청동으로 남편의 형상을 만들어 그것을 마치 남편인 것처럼 대하며 실성한 모습을 보였다. 그러자 그녀의 아버지 아카스토스는 청동상을 불살랐는데, 이를 본 라오다메이아는 청동상을 휩싼 불길 속으로 뛰어들어 죽고 말았다.

신화에선 남편의 죽음에 처절하게 슬퍼하는 라오다메이아를 측은하게 여긴 헤르메스가 잠시 프로테실라오스를 저승에서 데려와 그녀와 만날 수 있게 해주었다고 한다. 그리고 다시 데려가려 하니 그녀도 저승으로 따라갔다고 한다.

## 5. 아킬레우스와 아가멤논의 갈등

프로테실라오스의 전사로 시작된 그리스와 트로이의 전쟁은 이후로 무려 10년 동안 지속됐다. 그리스 동맹군은 여러 나라에서 수많은 병력을 이끌고 왔지만, 트로이를 쉽게 함락시키지 못했다. 맹장 아킬레우스의 지휘 아래 연일 트로이의 성벽을 두드렸지만, 트로이에도 아킬레우스 못지않은 맹장이 버티고 있었던 덕이다. 바로 프리아모스 왕의 아들 헥토르였다.

아킬레우스와 헥토르의 공방전은 팽팽한 접전의 양상을 보였고, 어느 쪽도 승기를 잡지 못한 채 9년의 세월이 흘러갔다. 그때 그리스 동맹군 진영은 대수롭지 않은 사건으로 아가멤논과 아킬레우스의 갈등이 야기되었다.

두 사람이 갈등을 일으킨 원인은 여인이었다. 그리스군은 트로이를 공격하던 중 몇 명의 미녀를 얻었다. 그 미녀들 중 가장 출중한 여인은 크리세이스였다. 그녀는 트로이의 아폴론 신전 사제였던 크리세스의 딸이었다. 그리스군 총사령관 아가멤논은 그녀를 전리품으로 취해 첩으로 삼았는데, 크리세스는 딸을 구하고자 아폴론 신전의 사제복을 갖춰 입고 그를 찾아왔다. 많은 선물을 들고 온 크리세스는 자신의 재산을 모두 털어서라도 몸값을 내놓을 테니 딸을 돌려달라고 무릎을 꿇고 아가멤논에게 애원했다.

하지만 아가멤논은 일언지하에 그의 청을 거절했다. 아가멤논은 크리세이스를 너무 좋아한 나머지 그녀의 행동과 용모, 재치와 말솜씨가 자신의 아내보다 월등하다는 말까지 했다. 그러니 그녀를 돌려줄 리 없었다. 결국 딸을 돌려받지 못한 크리세스는 아폴론 신전에 가서 아폴론 신에게 그리스 군대를 무너뜨려달라고 간절히 기도했다.

그런 상황에서 공교롭게도 그리스 군대에 역병이 돌았다. 예언자 칼카스는 그 역병을 아폴론이 내린 재앙이라고 단언하며 아가멤논에게 크리세이스를 아버지에게 돌려주지 않으면 역병이 끝나지 않을 것이라고 했다. 그러자 아가멤논은 마지못해 크리세이스를 돌려주기로 결심하고, 오디세우스를 시켜 그녀를 아버지 크리세스에게 넘겨주라고 했다.

그런데 아가멤논은 크리세이스를 보내준 뒤 자신만 전리품을 포기할 수 없다며 엉뚱하게도 그 화살을 아킬레우스에게 돌린다. 당시 아킬레우스도 트로이의 미녀 브리세이스를 전리품으로 취해 첩으로 삼고 있었는데, 아가멤논은 아킬레우스에게 2명의 하녀를 보내주면서 브리세이스를 자신에게 넘기라고 명령한다.

브리세이스는 트로이 주변의 23개 도시국가를 점령하면서 아킬레우스가 직접 얻은 여자였다. 그녀는 리르네소스의 왕 브리세스의 공주였는데, 아킬레우스가 브리세스와 그의 아들들을 모두 죽이고 그녀를 전리품으로 삼은 것이었다. 브리세이스가 대단한 미인이어서 그랬는지 아킬레우스는 그녀에 대한 사랑이 각별했다. 그런데 느닷없이 아가멤논이 브리세이스를 내놓으라고 하자 아킬레우스는 분노해서 자신은 더 이상 전쟁을 수행하지 않을 것이며 고향으로 돌아가겠다고 으름장을 놓았다.

이후로 아킬레우스는 정말 전장에 나서지 않았다. 그 바람에 그리스군은 트로이의 공격에 밀려 완전히 수세에 몰렸다. 이렇게 되자 헥토르는 펄펄 날았다.

하지만 그리스군에는 아직도 용맹한 장수가 여럿 있었다. 그중에서도 뛰어난 자를 꼽는다면 단연 아킬레우스의 사촌 아이아스와 아르고스의 왕 디오메데스였다. 그들 두 사람은 아킬레우스의 빈자리를 메우며 트로이 군사들을 죽음의 구렁텅이로 내몰았다. 그러나 두 사람도 헥토르의 상대가 되지 못했다. 헥토르는 군대를 이끌고 그리스군을 무섭게 몰아붙였고, 어느덧 그리스군은 해안가로 밀려나 다시 전함으로 몸을 피해야 했다. 그대로 있다간 헥토르 군대가 전함까지 밀어닥칠 기세였다. 상황이 여기까지 이르자 필로스의 왕이자 그리스군의 늙은 장수 네스토르가 여러 장수 앞에서 아가멤논에게 브리세이스를 아킬레우스에게 돌려주라고 충고했다.

아가멤논은 마지못해 네스토르의 요청을 받아들였다. 그래서 브리세이스를 아킬레우스에게 돌려보내며 많은 선물을 함께 보냈다. 또 오디세우스를 보내 화해를 원한다는 말도 전했다. 하지만 아킬레우스는 요지부동이었다. 이집트의 모든 보물을 가져와 자신에게 준다고 해도 절대 전장에 나가지 않겠다고 할 정도였다.

그리스 군대의 사기는 더욱 떨어졌고, 트로이 군대는 점점 집요하게 공격해 왔다. 승기를 잡았다고 생각한 헥토르는 더욱 거칠게 밀어붙였고, 그런 상황에서 아이아스가 헥토르와 맞섰다. 다행히 아이아스가 헥토르에게 부상을 입혔고, 그 덕분에 트로이 군대는 일단 물러갔다.

하지만 얼마 뒤 헥토르는 부상을 회복하고 다시 그리스군을 몰아쳤다. 더 몰리면 그리스군의 함대가 점령될 지경이었다.


## 6. 파트로클로스와 헥토르의 전사

잔뜩 수세에 몰린 그리스군은 이제 함선까지 내몰린 채 자칫 트로이군의 불화살에 타 죽을지도 모른다는 두려움에 휩싸일 지경이었다. 공포에 질린 그리스군을 지켜보던 파트로클로스는 출전을 결심했다.

파트로클로스는 아킬레우스의 가장 소중한 친구였다. 그는 트로이 전쟁에 아킬레우스와 함께 미르미돈족을 이끌고 참전했는데, 아가멤논의 처사에 불만을 품고 아킬레우스와 함께 출전을 거부하고 있었다. 하지만 눈앞에서 그리스 동맹군이 죽어 나가는 것을 보자 더 이상 물러나 있을 수가 없었다.

파트로클로스가 출전을 결심할 무렵에 이미 그리스 함대 하나가 불길에 휩싸인 상태였다. 그가 출전하겠다고 하자 아킬레우스는 그를 말릴 수 없음을 알고 자신의 갑옷과 부하를 모두 내줬다. 자신은 아가멤논으로부터 명예에 상처를 입은 처지라 출전할 수 없지만, 친구의 죽음까지 방관할 수 없다는 뜻이었다.

미르미돈 군대를 이끌고 출전한 파트로클로스는 용감하게 싸우며 트로이 군대를 밀어내기 시작했다. 그리고 마침내 헥토르와 정면 대결을 하게 되었다. 하지만 그는 헥토르의 상대가 되지 못했다. 몸을 사리지 않고 죽기 살기로 싸웠지만 결국 헥토르의 창에 목숨을 잃고 말았다.

아킬레우스는 파트로클로스가 전사한 줄도 모르고 그를 기다렸다. 날이 저물고 전투가 끝나갈 무렵에야 그는 네스토르의 아들 안틸로코스에게서 파트로클로스가 전사했다는 소식을 들었다.

그 무렵, 그리스 지휘부의 상황도 말이 아니었다. 아르고스의 왕이자 맹장인 디오메데스, 오디세우스 같은 장수는 물론이고 총사령관 아가멤논도 부상을 입었다.

그런 모습을 보자 아킬레우스는 기껏 여인 하나 때문에 친구와 많은 장수를 잃었다는 생각에 부끄러움을 감추지 못했다. 그리고 분노에 찬 얼굴로 마침내 출전을 결심했다. 출전에 앞서 모든 병사가 허기를 채웠지만, 아킬레우스는 굶주린 채 전장으로 나아갔다. 소중한 친구를 잃은 자가 어찌 배를 채우겠느냐는 생각뿐이었다.

트로이 장수 그 누구도 무섭게 치고 달리며 포효하는 아킬레우스를 막아서지 못했다. 그리고 어느덧 헥토르와 아킬레우스가 맞붙었다. 창을 먼저 던진 쪽은 헥토르였지만, 그는 아킬레우스

파트로클로스의 죽음을 애도하는 아킬레우스, 개빈 해밀턴(1760~1763년), 스코틀랜드 내셔널 갤러리 소장.

의 목을 명중시키지 못했다. 대신 헥토르의 목숨은 아킬레우스의 창날에 희생되었다.

싸움에서 승리한 아킬레우스는 처참하게 죽어 쓰러져 있던 친구 파트로클로스의 주검을 수습했다. 그리고 헥토르의 시신을 전차에 묶어 끌고 진영으로 돌아왔다.

아들이 전사했다는 소식을 들은 프리아모스 왕은 트로이에서 가장 진귀한 보물을 잔뜩 싣고 그리스 진영으로 찾아왔다. 그리고 아킬레우스에게 간청했다.

"아킬레우스, 자네 아버님을 생각해보게나. 그분도 나처럼 오랜 세월 아들이 그리워 얼마나 괴로우셨겠는가? 하지만 더욱 불쌍한 사람은 바로 이 늙은이 아니겠는가? 내 아들을 죽인 사람에게 손을 내밀려고 이렇게 찾아왔으니, 아들의 시신을 돌려줄 수 없겠는가?"

아킬레우스는 그 말을 듣고 헥토르의 시신을 프리아모스에게 내줬다. 이후 9일 동안 헥토르의 장례식이 진행되었고, 헥토르의 시신은 높이 쌓아 올린 화장대 위에서 불태워졌다.


## 7. 아킬레우스의 전사와 아이아스의 자살

비록 헥토르는 전사했지만 트로이 군대는 여전히 강력했고 그리스군은 고전을 면치 못했다. 더구나 에티오피아 왕 멤논까지 가세해 트로이를 지원했다. 멤논은 트로이의 왕이던 라오메돈의 아들 티토노스와 티탄족 출신으로 새벽의 여신이라 불리는 에오스 사이에서 태어난 인물이었다. 따라서 헥토르와 멤논은 사촌인 셈이다.

멤논이 이끌고 온 에티오피아 군대는 대단히 용맹했다. 그 때문에 그리스 측에서는 늙은 장군 네스토르의 아들 안틸로코스를 비롯해 많은 장수와 군사가 목숨을 잃었다. 그런 상황에서 아킬레우스는 전세를 역전시키기 위해 멤논에게 돌진했고, 마침내 맹위를 떨치던 멤논을 죽이는 데 성공했다.

이후 아킬레우스는 트로이군을 성벽까지 내몰았다. 그런데 이때 성벽 위에 있던 트로이 전쟁의 유발자 파리스가 화살로 아킬레우스를 명중시켰고, 아킬레우스는 그 자리에서 쓰러져 숨을 거두고 말았다.

신화에 따르면 이때 파리스는 아킬레우스의 유일한 약점인 발목 뒤쪽에 화살을 쏘았다고 한다. 발목 뒤쪽이 아킬레우스의 약점이 된 배경에 대해 신화는 그가 태어났을 때의 이야기를 들려준다.

아킬레우스의 어머니 테티스는 아이를 낳고 그를 불멸의 존재로 만들기 위해 스틱스강에 담갔다고 한다. 그러면 아이의 몸이 강철처럼 단단해져 화살조차 뚫을 수 없는 불사의 육체가 되는 것이었다. 그런데 테티스가 그를 물에 담그기 위해 잡고 있던 발목 부분은 강물에 닿지 않았고, 그래서 발목이 아킬레우스의 약점으로 남았다. 파리스가 용케 그 약점을 찾아내 화살로 명중시킴으로써 아킬레우스가 죽음에 이르게 되었다는 것이다.

그렇게 아킬레우스가 전사하자 오디세우스가 트로이 군대를 방어하고 아이아스가 아킬레우스의 시신을 그리스 진영으로 옮겨 왔다. 그의 시신은 화장대에 올라 태워진 후 친구 파트로클로스의 유골과 함께 안치되었다. 이로써 트로이 전쟁의 가장 위대한 영웅은 한 줌 재가 되어 사라졌다.

아킬레우스가 죽자 당연히 그리스군의 사기는 떨어질 대로 떨어졌다. 그런데 설상가상으로 그리스군에서 아킬레우스의 빈자리를 메울 아이아스마저 죽고 말았다.

텔라몬의 아들이자 아킬레우스 다음으로 그리스 장수 중 가장 용맹스러웠던 아이아스는 그야말로 허망하게 죽었다. 아킬레우스가 죽은 뒤 그의 갑옷을 두고 여러 장수가 다툼을 벌였다. 아킬레우스의 갑옷은 테티스가 헤파이스토스에게서 얻어다 준 것으로 모두 탐내고 있었다. 그래서 그의 갑옷을 가질 자격이 있는 영웅을 골라냈는데, 마지막으로 오디세우스와 아이아스 두 사람이 남았다. 그리고 둘 중 누가 갑옷을 가질 것인지를 두고 장수들이 비밀투표를 했다. 그 결과, 오디세우스가 갑옷을 차지하게 되었다.

아이아스는 이 일로 몹시 분개했다. 오디세우스에게 패배한 것이 수치스럽기도 했고 한편으론 화가 나기도 했다. 분명히 아킬레우스의 시신을 구해 온 사람은 자신인데, 그의 갑옷을 오디세우스가 차지한 것을 도저히 용납할 수 없었다. 그래서 그는 분한 마음에 그리스군을 이끄는 아가멤논과 메넬라오스를 죽이고 싶은 생각까지 들었다.

하지만 차마 두 상관은 죽이지 못하고, 술을 잔뜩 마시고 광기에 사로잡혀 그리스군을 위해 기르고 있던 가축을 도살해버렸다. 또 양들 중 가장 크고 실한 수놈을 잡아다 오디세우스의 이름을 불러대며 마구잡이로 난도질해 죽여버렸다. 그런데 제정신이 들어 가축의 사체가 들판에 널브러져 있는 광경을 보자 아이아스는 수치심에 어찌할 바를 몰랐다. 그래서 칼을 뽑아 스스로 목숨을 끊고 말았다.

## 8. 트로이의 목마와 사라지는 트로이 왕국

아킬레우스에 이어 아이아스까지 죽자 그리스 동맹군은 짙은 패전의 그림자에 휩싸였다. 그 무렵, 트로이 진영의 분위기도 좋지만은 않았다. 아킬레우스를 죽인 파리스가 필록테테스가 쏜 독화살에 맞아 사경을 헤매다 죽고 말았던 것이다. 하지만 파리스의 죽음은 트로이 군대에 치명적인 사건까지는 아니었다. 그래서 그리스 진영에선 어떻게 해서든 트로이를 함락시킬 방도를 찾고자 했다.

그 무렵, 그리스 군대 내부엔 트로이가 함락되지 않는 이유가 트로이 성안에 있는 팔라디움 때문이라는 소문이 돌았다. 팔라디움은 아테나 여신의 성스러운 신상을 지칭하는데, 트로이인들이 그것을 가지고 있는 한 절대 트로이를 함락시킬 수 없을 것이라는 이야기였다. 그래서 그리스 진영에선 팔라디움을 훔쳐 오기로 했고, 디오메데스가 기어코 팔라디움을 훔치는 데 성공했다.

이후 오디세우스를 비롯한 그리스 장수들은 트로이 성안으로 군대를 들여보내 기습할 방도를 모색했다. 그들은 팔라디움이 사라진 트로이 성으로 군대만 들여보낼 수만 있다면 성을 함락시킬 수 있다는 확신에 차 있었다.

고민에 고민을 거듭한 끝에 오디세우스는 한 가지 책략을 생각해냈다. 그는 곧 능숙한 목수를 모아 거대한 목마를 만들게 했다. 목마의 속은 완전히 비어 있게 만들었는데, 그 속에 100명의 군사가 들어갈 수 있었다.

오디세우스는 한밤중에 목마 속에 몇 명의 장수와 군사를 들여보낸 후, 오직 목마만 남겨두고 막사를 모두 부순 채 그리스 함대를 이끌고 사라졌다. 하지만 그리스군은 철수하는 척하면서 근처 섬에 숨어 있었다.

아침이 되자 트로이 사람들은 깜짝 놀랐다. 거대한 목마 하나만 남겨두고 그리스군이 완전히 철수해버렸기 때문이다. 그들은 의아해하면서도 그리스군이 드디어 철수했다고 믿고 환호성을 질러댔다. 10년 동안의 전쟁을 승리로 장식했으니 그들이 즐거워하는 것은 당연했다.

하지만 트로이 사람들은 거대한 목마의 정체가 궁금했다. 그래서 많은 사람들이 웅성대며 목마 주변으로 모여들었다. 그때 시논이라는 이름을 쓰는 그리스 병사가 트로이인 앞에 나타났다. 이에 트로이 군대는 즉시 그를 잡아다 프리아모스 왕에게 끌고 갔다.

시논은 오디세우스가 고의로 남겨두고 간 입담 좋은 인물이었다. 그는 프리아모스를 보자 눈물을 흘리며 자신은 더 이상 그리스인으로 살고 싶지 않다고 하소연했다. 프리아모스가 그 연유를 물어보니 그는 이렇게 대답했다.

"아테나 여신이 팔라디움을 훔친 것에 몹시 분노했고, 그 때문에 우리는 어떻게 하면 아테나 여신을 달랠지 신전에 물어보았습니다. 그랬더니 그리스인의 목숨으로 속죄하고 이 땅으로 떠나라는 신탁이 내려졌습니다. 그래서 제가 신전에 바쳐질 제물로 결정되었습니다. 저는 제물을 바치는 의식이 끝났을 때 야음

트로이 목마, 조반니 도메니코 티에폴로(1760년경), 런던 내셔널 갤러리 소장.


을 틈타 달아났습니다. 그리고 밤새 습지에 숨어 있었는데 새벽
에 함대가 모두 떠나는 것을 보았습니다."

시논의 말을 들은 프리아모스는 그를 불쌍하게 여겨 트로이
사람들과 어울려 살아도 좋다고 했다. 그러면서 프리아모스는 도
대체 이 거대한 목마는 무엇이냐고 물었다. 그러자 시논은 이렇
게 대답했다.

"아테나 여신에게 봉헌할 선물인데, 혹 트로이인이 성안으로
끌고 갈까 봐 거대하게 만든 것입니다."

그 말을 듣고 프리아모스는 생각했다.

'놈들은 우리가 이 목마를 파괴하도록 해서 아테나 여신의 분

노를 사게 할 작정이었구나. 하지만 우리가 만약 이 목마를 성안으로 끌고 가 신전에 바친다면 아테나 여신은 되레 우리를 지켜 줄 것이다.'

프리아모스는 목마를 성안으로 옮기라고 명령했고, 백성들은 기꺼이 목마를 아테나 신전으로 끌고 갔다. 그러자 그날 밤, 목마 안에 있던 그리스군이 밖으로 나와 성문을 활짝 열어젖혔고, 이어 몰래 상륙한 그리스군이 노도처럼 트로이 성안으로 밀어닥쳤다. 그리스군은 곳곳에 불을 지르며 놀라서 뛰쳐나오는 트로이인을 살육했다.

이렇게 트로이는 단 하룻밤 만에 완전히 함락되고 말았다. 아침이 되자 트로이는 완전히 잿더미가 되어 있었다. 그리스인은 트로이 여인들을 잡아다 노예로 삼았다. 붙잡힌 트로이인 중에는 프리아모스의 늙은 왕비 헤카베와 헥토르의 아내 안드로마케도 있었다. 트로이 전쟁의 원인이 된 헬레네 또한 붙잡혔다.

메넬라오스는 처음엔 헬레네를 죽일 생각이었다. 그러나 막상 그녀를 보자 차마 그 미모를 어떻게 할 수 없어 그녀를 다시 아내로 받아들였다. 하지만 나머지 모든 트로이 여인은 하루아침에 노예가 되어 그리스로 붙잡혀 가는 신세가 되었다.

로마의 작가 베르길리우스는 자신의 서사시 《아이네이스》에서 노예가 되어 붙잡혀 가던 트로이 여인들의 심정을 이렇게 읊었다.

위대한 도시 트로이는 스러져갔네.

이제 그곳에는 붉은 화염만이 살아 있다네.

흙먼지가 뿌옇게 일어 거대한 연기처럼 퍼져나가며

모든 것을 가리는구나.

우리는 이제 여기저기 뿔뿔이 흩어진다네.

트로이는 영원히 사라져버렸네.

안녕, 정들었던 도시여.

안녕, 조국이여, 어린 자식들이 살았던 곳이여.

저기 저 아래, 그리스 배가 기다리고 있구나.

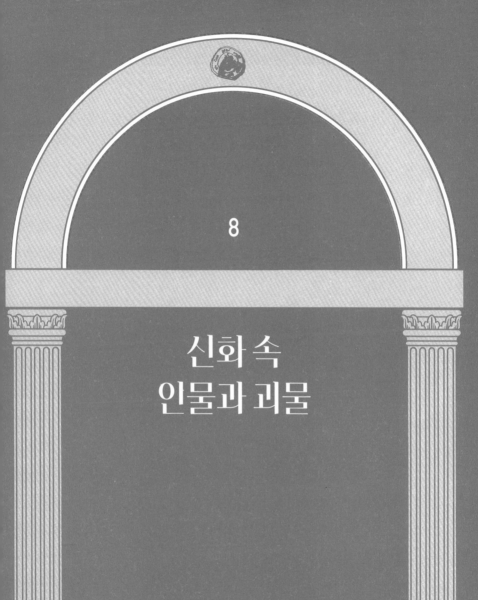

8

# 신화 속
# 인물과 괴물

# 1. 메아리와 수선화의 신화, 에코와 나르키소스

흔히 메아리로 번역되기도 하는 에코는 원래 그리스 신화에 나
오는 요정이다. 에코의 본래 이름은 오로스인데, 산의 요정으로
매우 수다쟁이였다. 또 에코는 아주 아리따운 처녀 요정으로 미
의 여신 아르테미스가 총애했다고 한다.

그런데 에코는 아르테미스 여신보다 더 강력한 힘을 가진 헤
라에게 미움을 받았다. 에코가 헤라의 눈을 피해 제우스의 불륜
행각을 감춰주는 역할을 하고 있었기 때문이다.

바람둥이 제우스는 요정에게 눈독을 들이곤 했는데, 에코와 그
녀의 친구들도 제우스가 자주 찾는 요정이었다. 헤라는 이 때문
에 늘 요정과 제우스의 행동을 감시했다. 그래서 제우스가 요정
에게 다가가면 헤라도 몰래 그 뒤를 밟곤 했다. 한번은 제우스가
어느 요정에게 몰래 다가가 사랑을 속삭이려 했다. 당연히 헤라

는 그 요정을 찾아내기 위해 혈안이 되었다. 그때 에코가 먼저 헤라를 발견하고 일부러 말을 걸어 제우스에게 근처에 헤라가 있음을 알려주었다. 그 덕에 제우스는 무사히 자리를 모면할 수 있었고, 제우스가 눈독을 들인 요정도 헤라에게 들키지 않았다.

헤라는 그 일로 화가 잔뜩 나서는 에코를 미워했고, 급기야 수다쟁이 에코의 말문을 막아버렸다. 헤라는 에코를 다른 사람이 한 말의 마지막 마디밖에 할 수 없도록 만들었다. 이것이 곧 메아리의 원조가 되었다는 것이 신화가 전하는 이야기다.

그렇듯 말을 잃어버린 에코가 사랑하는 남자가 있었다. 바로 나르키소스라는 청년이었다. 나르키소스는 나르시스라고 불리기도 하는데, 너무 멋지고 아름다워 그를 보는 여인은 첫눈에 반해버리곤 했다. 그래서 수많은 처녀가 나르키소스에게 구애했지만 그는 본 척도 하지 않았다. 아름다운 요정 에코 역시 그를 보고 사랑에 빠졌지만, 역시 그는 냉담했다.

말을 잃어버린 에코는 나르키소스를 연모해서 몰래 그의 뒤를 따라다녔다. 비록 자신의 사랑을 말로 표현할 순 없지만 그래도 반드시 구애할 기회가 있을 것이라는 희망이 있었기 때문이다.

그러던 어느 날 나르키소스가 자신의 친구들을 찾아다니며 불러댔다. 그러자 에코는 그의 끝말을 따라 하며 메아리 소리로 대답했다. 물론 나무 뒤에 숨어서 들려주는 소리였다. 그 때문에 나르키소스는 에코의 모습을 보지 못한 채 소리쳤다.

"누구야? 이리 나와!"

에코는 "이리 나와!"라고 따라 하며 자신의 모습을 드러냈다.

그녀가 팔을 벌리고 그를 안으려고 하자 나르키소스는 몹시 화를 내며 떠나버렸고, 절망한 에코는 그 주변의 동굴에서 외롭게 지냈다. 홀로 남겨진 그녀는 나르키소스에 대한 열망이 더욱 심해져 날로 몸이 말라가더니 어느덧 형체는 사라지고 목소리만 남게 되었다고 한다.

한편 에코를 피해 떠난 나르키소스는 여전히 세상 그 누구에게도 사랑의 감정을 품지 못했다. 나르키소스의 아름다움은 비단 여인뿐 아니라 남자까지 구애하게 만들었다. 그중 아메이니아스라는 청년이 있었는데, 그 역시 나르키소스에게 구애했다가 냉담한 반응에 절망하고 말았다. 그러자 그는 언젠가 나르키소스에게 받은 칼로 자살해버렸다. 스스로 목숨을 끊으면서 그는 신들에게 기도했다.

"다른 사람은 거들떠보지 않는 나르키소스가 자기 자신을 사랑하게 해주소서."

아메이니아스의 기도를 들은 분노의 신 네메시스는 그의 소원을 들어주기로 했다.

그 무렵, 나르키소스는 숲속을 지나다 목이 말라 맑은 샘물에 몸을 숙이고 물을 마시려고 했다. 그런데 물속에 너무나 매력적인 사람이 있어 저도 모르게 입맞춤을 하려고 했다. 그러다 깜짝 놀라며 물속에 있는 사람이 자신임을 깨달았다.

그제야 나르키소스는 그간 자신에게 구애한 사람들이 얼마나 고통스러웠을지 짐작하게 되었다. 나르키소스는 짝사랑의 고통을 되새기며 오로지 죽음만이 자신을 자유롭게 할 수 있다는 생

에코와 나르키소스, 존 윌리엄 워터하우스(1903년), 리버풀 워커 미술관 소장.

각에 이르렀고, 그것은 결국 자살로 이어지고 말았다.

나르키소스가 죽자 숲속의 요정들이 그의 장례를 치러주기 위해 모였다. 그런데 이상하게 그의 시신이 보이지 않았다. 다만 그가 죽은 자리엔 아름다운 꽃이 피어 있었는데, 사람들이 그 꽃을 나르키소스라고 불렀으니, 바로 수선화다.

한편 나르키소스의 이야기에서 유래한 용어가 나르시시즘이다. 나르시시즘이란 자기애 또는 자아도취증이라고 번역된다.

## 2. 자신의 조각을 사랑한 피그말리온

피그말리온은 키프로스의 전설에 등장하는 인물로 조각가였다.

그에 따르면 피그말리온은 아프로디테의 저주 때문에 나그네에게 몸을 파는 키프로스의 여인들을 보면서 성장했고, 그런 까닭에 여성을 심하게 혐오했다. 그래서 자신은 결코 여자를 가까이하지 않겠노라고 다짐하며 독신으로 지냈다.

조각가인 그는 어느 날 상아로 여인상을 조각했는데, 그 조각상이 세상의 그 어떤 여인보다 아름다웠다. 피그말리온은 조각상에 갈라테이아라는 이름을 붙여주고 마치 살아 있는 여인을 대하듯 함께 살았다. 매일같이 그는 조각상의 옷을 갈아입히는가 하면 볼 때마다 인사를 하고 심지어 입맞춤까지 할 정도로 갈라테이아를 사랑했다.

피그말리온은 혹시 갈라테이아가 정말 살아서 숨 쉬는 것은 아닌지 가슴에 귀를 대보기도 하고, 체온이 있는지 살펴보기 위해 손을 대고 온기를 가늠해보기도 했다. 뭔가 장식할 물건이 생기면 여지없이 갈라테이아에게 걸어주었다. 때로는 꽃목걸이를 만들어주고, 구슬과 호박으로 목걸이를 만들어주기도 했다. 또 진주 목걸이를 걸어주거나 보석을 박은 반지를 끼워주기도 했다. 그리고 그녀를 침대에 누이고 끌어안고 잤는데 온몸을 어루만지기도 했다.

그러던 중 키프로스에서 아프로디테 여신의 축제가 열렸다. 축제를 맞아 다양한 행사가 개최되었고 피그말리온도 축제를 즐겼다. 그리고 갈라테이아를 자신의 아내로 삼을 수 있도록 해달라고 모든 신에게 애원했다. 때마침 축제장을 방문한 아프로디테가 그의 기도를 듣고 소원을 성취시켜주겠다는 표시로 제단에 타오르는 불길에 불꽃을 세 번 일으켰다.

그 광경을 보고 피그말리온은 혹시나 하는 마음에 급히 집으로 돌아왔는데, 갈라테이아가 정말 아름다운 여인으로 변해 있었다. 아프로디테가 보낸 에로스가 조각상에 생명을 불어넣었던 것이다.

피그말리온이 갈라테이아에게 키스를 하자 갈라테이아는 수줍은 얼굴을 하고 그를 사랑스러운 눈길로 바라보았다. 피그말리온은 마침내 자신의 기도가 성취되었음을 알고 그녀를 이끌고 나가 축제장에서 결혼식을 올렸다.

이후 그들 사이에 아들이 태어났는데, 이름은 파포스였다. 파포스는 자기 고향 마을의 이름이기도 했다. 피그말리온은 자신의 소원을 들어준 것에 대한 감사의 표시로 파포스 마을을 아프로디테에게 바쳤다고 한다.

이러한 피그말리온의 이야기는 로마 작가 오비디우스의 《변신 이야기》에 기록되었는데, 이 이야기는 후대에 많은 사람들에게 영감을 주었다. 자신이 만든 창조물이 사람으로 변하자 자신의 창조물과 사랑에 빠지는 이야기의 원조로 수많은 작품을 탄생시켰다.

여기서 피그말리오니즘이라는 개념도 생겨났다. 이는 현실 세계에서 괴리되어 자신의 소망을 담은 가상의 이상적 존재를 탐닉하는 행위를 일컫는 용어로 쓰인다.

## 3. 포플러나무가 된 여인, 드리오페

드리오페는 신화에서 포플러나무가 되어버린 여인으로 알려진 인물인데, 원래 왕녀였다고 한다. 그녀의 아버지에 대해서는 드리오프스의 왕이었다고도 하고, 오이칼리아의 왕이었다고도 전한다. 어쨌든 공주로 태어난 그녀는 꽤 미인이었으며 안드라이몬이라는 남자의 아내가 되어 암피소스라는 아들을 낳았다. 멋진 남편과 가정을 꾸리고 아들까지 낳은 드리오페는 행복한 나날을 보냈다.

그러던 어느 날 그녀는 여동생 이올레와 함께 시냇가의 둑으로 나들이를 갔다. 그들은 둑 경사면에 핀 꽃을 따기로 했다. 화관을 만들어 요정의 제단에 바칠 생각이었다. 나들이엔 아들 암피소스도 안고 갔다. 드리오페는 암피소스에게 젖을 물리며 둑을 걷다가 시냇가에 연꽃이 만발한 것을 보았다. 드리오페는 물가로 내려가서 연꽃 몇 송이를 따서 안고 있던 암피소스에게 주었다.

그 모습을 보고 여동생 이올레도 따라 내려가 연꽃을 꺾으려 했는데, 이상하게도 언니가 딴 연꽃 줄기에서 피가 흐르는 것이 보였다. 사실 그 연꽃은 누군가를 피해 달아나던 요정 로티스가 변신한 것이었다. 드리오페도 뒤늦게 그 사실을 깨달았지만, 이미 때는 늦은 후였다.

드리오페는 요정을 해했다는 두려운 마음에 급히 그곳을 떠나려고 했다. 그런데 발이 꼼짝도 하지 않았다. 아래를 보니 발이 땅속으로 파고들고 있었고, 점점 다리가 나무로 변해갔다. 드리오페는 움직여보려고 안간힘을 썼지만, 그럴수록 몸이 더욱 빠르게 나무로 변해갔다. 그녀는 괴로운 나머지 손으로 머리카락을 마구 잡아 뜯었는데, 그녀의 손은 나뭇가지로 변하고 머리카락은 나뭇잎으로 변해버렸다. 그리고 급기야 그녀는 온몸이 나무로 변하고 겨우 얼굴만 남게 되었다.

이올레가 넋을 잃고 그 광경을 보고 있는데, 형부 안드라이몬이 와서 언니는 어디 갔느냐고 물었다. 이올레는 아무 대답도 하지 못하고 포플러나무를 가리켰다. 그때 드리오페는 온몸이 나무로 변했지만, 다행히 얼굴은 남아 있었다. 그녀는 남편에게 자신은 죄가 없다고 하소연하며 눈물을 흘렸는데, 곧 그 얼굴까지 나무껍질로 뒤덮이기 시작했다. 드리오페가 하소연을 마치자 얼굴마저 완전히 사라져버렸다. 그렇게 그녀는 그저 꽃을 꺾은 죄로 한 그루 포플러나무가 되고 말았다.


## 4. 오디의 전설을 만든 피라모스와 티스베의 사랑

피라모스와 티스베의 이야기는 뽕나무 열매 오디의 색깔에 얽힌 사연을 담고 있다. 본래 오디는 눈처럼 새하얀 순백색이었다가 피 같은 진홍색으로 바뀌었다고 한다. 그 사연에는 피라모스와 티스베라는 남녀의 사랑 이야기가 숨어 있다.

피라모스와 티스베는 세미라미스 여왕이 다스리는 도시 바빌론에 살았다. 그들은 그야말로 벽 하나를 사이에 두고 사는 이웃사촌이었다. 피라모스는 용모가 준수한 청년이었고, 티스베는 주변에서 가장 아름다운 미인이었다. 두 사람은 어릴 때부터 자연스럽게 친해져 사랑하게 되었고, 곧 결혼을 갈망하는 사이가 되었다.

그런데 양쪽 부모는 이들의 결혼을 반대했다. 그 때문에 두 사람은 드러내놓고 만날 수 없는 처지가 되었는데, 그래도 서로 교감할 방법이 있었다. 두 집은 벽 하나를 사이에 두고 살았는데 벽에 두 사람만 아는 작은 틈이 하나 있었던 것이다. 그 틈이 바로 그들의 소통 통로였다.

그들은 매일같이 작은 틈을 통해 사랑을 속삭였다. 그러다 어느 순간 자신들을 가로막고 있는 벽만 없다면 서로 체온을 나누고 키스도 할 수 있을 것이라는 생각을 하기에 이르렀다. 그래서 그들은 안타까운 마음에 밤에 몰래 집을 빠져나가 아예 도시를 벗어나 들판에서 만나기로 약속했다. 그들이 만나기로 약속한 곳은 맑은 샘가에 있는 뽕나무 밑이었다. 그때 뽕나무에는 눈처럼 하얀 오디 열매가 주렁주렁 열려 있었다.

이윽고 밤이 되자 티스베가 먼저 집을 빠져나갔다. 약속 장소에 도착했으나 아직 피라모스는 오지 않았다. 티스베가 뽕나무 아래서 피라모스를 기다리고 있는데, 갑자기 달빛에 비친 사자의 그림자가 보였다. 두려워진 그녀는 조심스러운 발걸음으로 그곳을 떠나 위험을 모면했다. 그런데 티스베는 너무 당황한 나머지 겉옷을 그곳에 두고 갔다. 그리고 사자는 그녀의 외투를 갈기갈기 찢어놓았다. 사자가 찢어놓은 외투에는 어떤 짐승의 피인지 알 수 없지만 피가 잔뜩 묻어 있었다. 티스베에게 모습을 드러내기 전에 사자가 짐승을 잡아먹은 모양이었다.

사자가 그 자리를 뜨고, 피라모스가 뽕나무 아래 도착했다. 그리고 그는 피로 얼룩진 티스베의 외투를 발견했다. 주변을 보니 사자의 발자국까지 선명하게 찍혀 있었다. 피라모스는 티스베가 사자에게 잡아먹힌 줄 알고 절망하며 울부짖었다. 자기 때문에 사랑하는 티스베가 죽었다고 생각한 그는 찢어진 그녀의 외투에 입맞춤을 하고는 칼을 꺼내 자기 옆구리를 찌르고 말았다. 그러자 피라모스의 몸에서 분출한 피가 순백의 오디를 붉게 물들였다.

한편 사자를 피해 자리를 떴던 티스베는 다시 약속 장소로 향했다. 그리고 뽕나무 아래로 돌아왔는데 이상하게도 순백의 열매가 보이지 않았다. 의아하게 생각한 티스베는 나무 주변을 살펴보다 깜짝 놀라며 뒤로 물러섰다. 그곳에는 피라모스가 피를 흘리며 쓰러져 있었다.

티스베는 죽어가는 피라모스를 안아 올려 그의 입에 키스하며 제발 눈을 떠보라고 소리쳤다. 그러자 피라모스가 마지막 숨을 몰아쉬며 눈을 떴다. 그제야 티스베는 자신의 찢어진 외투를 발견하고 상황을 이해하게 되었다. 자신이 죽은 줄 알고 연인이 죄책감에 목숨을 끊으려 한 것을 안 그녀는 티스베의 몸에 꽂혀 있던 칼을 뽑아 자기 몸을 깊숙이 찔렀다. 그녀는 죽음조차 자신들을 갈라놓을 수 없다는 말을 하며 피라모스의 몸 위로 쓰러졌다.

이후로 오디는 순백색이 아니라 피 같은 진홍색으로 변했고, 곧 영원한 사랑을 기념하는 과일이 되었다고 한다.

# 5. 그리스 신화의 괴물들

## 태초에 탄생한 괴물, 기간테스

기간테스는 대지의 여신 가이아의 자식 가운데 하나로, 단수형으로는 기가스라고 한다. 기간테스의 종류는 다양한데, 우선 헤카톤케이르와 키클롭스가 있다. 헤카톤케이르는 코토스, 브리아레오스, 기에스 3형제를 통칭한다. 이들은 100개의 팔과 50개의 머리가 있었다고 한다. 키클롭스는 이마 한가운데 하나의 눈만 있는 거대한 괴물로, 이들 역시 브론테스, 스테로페스, 아르게스라는 3형제로 이루어져 있다.

이들은 우라노스와 가이아 사이에서 태어났는데, 우라노스는 이들의 흉측한 몰골을 싫어해 지하세계인 타르타로스에 가둬버렸다. 이 때문에 가이아는 우라노스에게 배신감을 느끼고 아들 크로노스로 하여금 우라노스를 내쫓게 만든다. 그런데 크로노스 역시 천하를 지배하게 되자 그들을 감금해버린다.

이후 제우스가 다시 아버지 크로노스를 밀어내고 티탄족과 전쟁을 벌이는데, 제우스는 그들을 풀어주고 우군으로 삼아 티탄족을 물리치는 데 이용한다. 키클롭스 3형제는 제우스에게 천둥과 번개, 벼락을 선물해 제우스가 막강한 힘을 행사하는 데 큰 보탬을 준다. 또 헤카톤케이르는 전쟁에 패배해 지하에 갇힌 티탄을 감시하는 역할을 한다.

기간테스는 이들 6형제만 있는 것이 아니었다. 신화에는 이들 말고도 수많은 괴물이 등장한다. 특히 제우스에게 반란을 일으킨 괴물들이 있는데, 그들 중 이름이 알려진 기간테스는 그라티온, 미마스, 아그리오스, 아다마스토르 등이다.

그라티온은 신들에게 반란을 일으켰다가 아르테미스의 화살에 맞아 죽었고, 미마스는 헤파이스토스가 던진 끓는 용광로에 깔려 베수비오산 밑에 눌렸으며, 아그리오스는 모이라이의 청동봉에 맞고 쓰러졌다가 헤라클레스의 독화살에 죽었다. 또 아다마스토르는 산을 내던지며 공격하다가 신들이 던진 산에 깔려 죽었다.

알키오네오스는 기간테스의 대장이지만 헤라클레스에게 독화살을 맞았다. 그는 거주지 안에서는 불사신이었기 때문에 거주지 밖으로 끌려나가 죽음을 당했다고 한다. 기간테스의 왕으로 불린 에우리메돈은 전쟁 중에 제우스에게 목숨을 잃었으며, 에우리토스는 디오니소스의 지팡이에 맞아 죽었다고 한다.

신화에는 이들 외에도 기간테스의 이름이 여럿 등장하는데, 그들은 모두 신들과의 전쟁에서 죽거나 패배해 지하세계에 갇혔다. 기간테스는 주로 남부 이탈리아의 화산 밑에 감금되었다고 하는데, 고대인은 화산활동을 기간테스가 화를 내는 것으로 믿었다고 한다.

## 사람 잡아먹는 스핑크스

스핑크스는 사자 몸에 사람 머리를 한 괴물로, 이집트, 메소포타미아, 그리스, 동남아시아 등의 신화와 전설에서 찾아볼 수 있다.

그리스어로 스핑크스는 교살자, 즉 '목을 졸라 죽이는 자'를 의미한다. 전설에 따르면 미소년을 범한 테베의 왕 라이오스를 벌하기 위해 헤라가 이집트에서 데려온 괴물이라고 한다. 이 스핑크스는 테베 땅을 황폐하게 하고 주민을 공포로 몰아넣었는데, 길목에 앉아 지나가는 사람들에게 문제를 내고는 문제를 맞히지 못하면 잡아먹었다고 한다.

오이디푸스도 테베로 들어가는 길목에서 스핑크스와 맞닥뜨렸는데, 그는 문제를 맞히고 스핑크스를 죽여 테베를 구했다고 한다.

### 티폰과 에키드나의 자녀들: 키마이라, 케르베로스, 오르토스, 히드라

티폰은 신화에서 엄청난 거인으로 묘사된다. 그는 100개의 용 머리가 달려 있으며, 목 아래로는 사람의 몸을 갖추었고, 대퇴부 밑으로는 뱀 형상을 하고 있다고 한다. 그는 가이아가 타르타로스와 관계해 낳았다고 전한다. 티폰은 상반신은 여자고 하반신은 뱀인 에키드나와 결합해 키마이라, 케르베로스, 오르토스, 히드라 등 여러 자녀를 얻었다.

키마이라는 신화에서 소아시아 리키아(현재 튀르키예 남서부의 안탈리아) 지역의 괴물로 묘사되며, 머리는 사자, 몸통은 염소, 꼬리는 뱀 형상을 하고 있다고 한다. 키마이라는 사자, 염소, 뱀 등 세 개의 머리를 가지고 있는데, 가운데 머리에서 불을 뿜어냈으며, 주로 사람과 짐승을 죽이고 농작물에 해를 끼치는 존재로 그려진다. 아르고호 원정대에 참여했던 벨레로폰은 키마이라를 물리치고 일약 영웅으로 부상했다.

헤시오도스의 《신들의 계보》에 따르면 케르베로스는 50개의 머리와 뱀 꼬리가 달린 검은색 개인데, 청동처럼 깊이 울리는 목소리를 냈다고 한다. 그는 이른바 명계의 왕으로 불린 하데스의 수문장이 되어, 명계 입구를 지키며 살아 있는 사람의 출입을 막고, 지하세계에 들어온 영혼이 빠져나가지 못하도록 하는 임무를 맡았다. 하지만 오르페우스가 아내를 찾아 지하세계로 갔을 때 리라 연주로 케르베로스를 울려 복종시켰다고 한다. 헤라클레스는 12가지 노역을 완수하기 위해 명계에 갔을 때 힘으로 케르베로스의 한쪽 목을 졸라 지상으로 잠시 끌어다 놓기도 했다.

오르토스는 머리가 두 개 달린 개다. 어머니인 에키드나와 결합해 스핑크스와 네메아의 사자를 낳았다는 전설이 있다. 오르토스는 머리가 세 개인 괴물 게리온의 소 떼를 돌보는 역할을 맡았는데, 그는 헤라클레스의 12가지 노역 이야기에 등장한다. 헤라클레스는 게리온의 소 떼를 데리고 오라는 임무를 수행했는데, 이를 위해 몽둥이로 오르토스를 때려죽였다.

히드라는 아홉 개의 목이 달린 물뱀이다. 아홉 개의 목 중 여덟 개는 죽일 수 있지만 가운데 있는 하나의 목은 죽지 않는다고 한다. 또 목을 잘라내도 거기에서 새롭게 두 개의 목이 생겨나는 특이한 존재였다.

히드라가 내뿜는 숨결과 피부에서 나오는 점액은 강력한 독성을 띠었다고 한다. 그래서 들이마시거나 닿기만 해도 목숨을 잃었다. 하지만 헤라클레스는 이 모든 위험을 극복하고 히드라를 죽이는 데 성공했다. 그는 히드라를 죽일 때 조카 이올라오스의 도움을 받아, 목을 하나 자르면 불로 지져서 목이 다시 나오지 못하도록 했으며, 가운데 있는 불사의 목은 거대한 바위로 깔아뭉갰다고 전한다.

이후 헤라클레스는 히드라의 맹독이 묻은 화살을 무기로 사용했다. 그러다 뜻하지 않게 켄타우로스 현인 케이론을 맞혀 죽게 만들었다고 한다. 헤라클레스는 다른 켄타우로스도 히드라의 맹독이 묻은 화살로 죽였다. 이때 헤라클레스의 화살에 맞은 켄타우로스가 아나그로스강에 몸을 씻어 독을 제거했더니 그 때문에 개울물이 오염되어 식수로 사용할 수 없게 되었으며, 그곳에 사는 물고기에서 악취가 풍겨 더 이상 먹을 수 없게 되었다고 한다.

## 인간과 교제가 가능한 유일한 괴물, 켄타우로스

켄타우로스는 하반신은 말, 상반신은 사람의 모습을 한 반인반수이다. 그들 종족은 테살리아의 왕 익시온의 후예라고 한다. 신화에 따르면 익시온이 올림포스산에서 열린 잔치에 왔다가 헤라를 보고 첫눈에 반했는데, 제우스가 그 사실을 눈치채고 헤라의 모습을 그대로 본뜬 구름을 만들어 익시온과 몸을 섞게 했고, 그 결과로 태어난 존재가 바로 켄타우로스라고 한다.

신화는 다른 괴물과 달리 켄타우로스는 인간과 교제할 수 있는 유일한 괴물일 뿐 아니라 현명하고 지혜를 지닌 존재로 묘사하고 있다.

헤라클레스는 히드라의 독을 묻힌 화살로 많은 켄타우로스 종

족을 죽였다고 하는데, 그들 중 하나였던 네소스는 헤라클레스를
죽음에 이르게 만든다. 그는 헤라클레스의 아내 데이아네이라에
게 히드라 독에 중독된 자신의 피가 묻은 겉옷을 주고 헤라클레스
에게 입히게 함으로써 그를 죽음에 이르게 했다.

헤라클레스가 죽인 켄타우로스 중에는 가장 현명한 인물로 통
했던 케이론도 있었다. 제우스는 그가 헤라클레스가 쏜 독화살에
맞아 죽자 안타까운 마음에 별자리로 삼았는데, 바로 궁수자리라
고 한다.

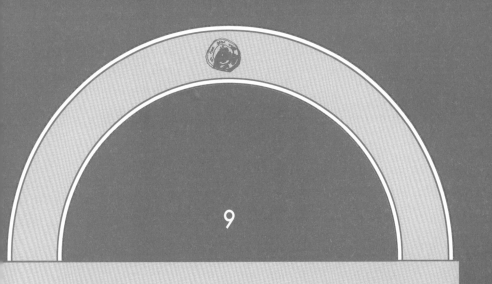

9

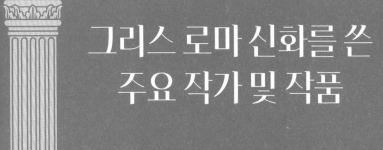

# 그리스 로마 신화를 쓴
# 주요 작가 및 작품

## 1. 베일에 가려진 유랑 시인 호메로스

호메로스는 기원전 8세기경 인물로 알려져 있는데, 생몰 연대에 대해서는 정확한 기록이 없다. 실존 인물이 아니라는 주장이 있을 정도로 그의 삶은 철저히 베일에 가려져 있다. 일설에는 오르페우스의 후손이라고 하는데, 전설상으로 떠도는 말일 뿐 그의 가계에 대해서도 알려진 바가 없다.

호메로스는 일정한 주거지 없이 떠돌던 유랑 시인이었다고 하는데, 주로 이오니아 지방에서 활동했다. 그리스 신화에 대한 기념비적인 작품인 《일리아스》와 《오디세이아》가 일반적으로 그의 창작품으로 여겨지나, 이에 의문을 품는 학자도 많다.

《일리아스》와 《오디세이아》를 그의 작품이 아니라고 주장하는 사람들은 작품 내용에 모순이 있거나 일관성이 없다는 점을 근거로 든다. 여러 사람의 작품이 결합되어 있다는 주장이다. 그러나 두 작품 모두 예술적 통일성을 갖추고 있고, 문체에 일관성이 있다는 점에서 한 사람의 작품으로 보는 것이 타당하며, 호메로스 이외에 저자로 거론되는 마땅한 인물이 없다는 점에서 두 작품 모두 호메로스의 창작물로 보는 견해가 우세하다.

그렇다면 호메로스는 도대체 어떤 인물일까? 사실 이 물음에 대한 논쟁은 아주 오래전부터 지속되어왔다. 또 그의 실존 여부에 대해서도 논쟁 중이다. 이러한 논쟁은 기원전 5세기 소크라테스와 플라톤 시절에도 벌어진 일이다. 이처럼 지금보다 연대가 훨씬 가까운 시절에도 마땅한 해답을 찾지 못했으니, 현재에 와서 그의 실존적 삶에 대해 해답을 구하기는 더욱 어려울 수밖에 없다.

어쨌든 결론적으로 대다수 학자들이 《일리아스》와 《오디세이아》가 호메로스의 작품이라고 인정하는 만큼, 호메로스를 두 작품의 저자로 두고 그의 작품을 간략하게 요약 정리한다.

## 가장 오래된 최대의 영웅 서사시 《일리아스》

《일리아스》는 기원전 13세기경에 벌어진 트로이 전쟁을 소재로 쓴 서사시다. 10년 동안 이어진 트로이 전쟁 중 마지막 해의 51일간 일어난 사건을 서술하고 있다. 분량은 모두 1만 5,693행이고, 6각운으로 이뤄져 있으며, 총 24편으로 구성되어 있다. 중심인물은 당시 그리스의 최고 영웅으로 추앙받던 아킬레우스이며, 그의 지혜와 원한, 복수 그리고 그에 관련된 인물의 비극을 다룬다.

이 책의 제목인 일리아스는 '일리온의 노래'라는 뜻인데, 일리온은 트로이의 옛 명칭이다. 따라서 일리아스는 곧 '트로이의 노래'라는 의미다.

《일리아스》는 트로이를 공격해 얻은 전리품인 여인들을 차지하는 과정에서 벌어진 아킬레우스와 아가멤논이 갈등하는 장면에서 시작된다. 갈등으로 말미암아 아킬레우스는 전투에 참여하길 거부하고, 이 때문에 그리스 군대는 트로이의 맹장 헥토르의 공격에 시달리며 수세에 몰린다. 그러자 그리스 장수의 상당수는 고향으로 돌아가자는 의견을 내기에 이르는데, 그리스군의 총사령관인 아가멤논과 오디세우스 등의 강한 반대로 전쟁은 지속된다. 이후 그리스 군대는 총력전을 펼치며 안간힘을 쓰지만 전세는 더욱 악화되어 아가멤논, 오디세우스 등의 장수들까지 부상을 입고 패전을 목전에 둔 상황까지 내몰린다.

전투가 이어질수록 그리스 군대는 더욱 궁지로 몰려 마침내 전함 일부가 소실되었고, 결국 아가멤논은 아킬레우스에게 화해를 청하며 전투에 나서줄 것을 부탁한다. 하지만 아킬레우스는 끝내 거절했고, 대신 이를 보다 못한 그의 절친한 친구 파트로클로스가 출전했다가 헥토르에게 패배해 전사한다.

아킬레우스는 친구 파트로클로스의 죽음을 애통해하면서 출전을 결심한다. 그는 헥토르와 생사를 건 일전을 겨룬 끝에 승리하고, 헥토르를 죽이기에 이른다. 이후 아킬레우스는 헥토르의 시신을 전차에 매달고 그리스 진영으로 돌아왔고, 헥토르의 아버지이자 트로이의 왕 프리아모스는 아들의 시신을 돌려받기 위해 아킬레우스를 찾아와 무릎을 꿇는다. 프리아모스는 자식에 대한 애끊는 부정으로 아킬레우스를 설득한 끝에 헥토르의 시신을 되찾아 가는데, 그의 장례식을 치르는 것으로《일리아스》는 대단원의 막을 내린다.

이렇듯《일리아스》는 아킬레우스를 중심축으로 해서 트로이 전쟁에 참여한 영웅들의 이야기를 다루고 있다. 작가 호메로스는 이야기가 전개되는 과정에 올림포스 신들의 역할을 섞어놓는다. 이는《일리아스》가 단순히 전쟁 영웅에 관한 이야기가 아니라 신들의 의지로 만들어진 신화임을 강조하기 위한 장치로 보인다. 《일리아스》에서 올림포스 신들은 그리스 편과 트로이 편으로 나뉘어 전쟁에 참전하기까지 한다. 또 신들은 자신의 이익과 감정에 따라 양쪽 중에 어느 편을 들지 내면의 갈등을 일으키기도 한다. 이러한 서사 구조로《일리아스》는 인간의 전쟁을 신의 전쟁으로 바꾸어놓는다. 이는 결과적으로《일리아스》를 그리스 신화를 다룬 최고의 고전으로 올려놓았다.

## 서양 모험소설의 기원《오디세이아》

《오디세이아》는 트로이의 전쟁 영웅 오디세우스가 전쟁 후 귀향하는 과정에서 겪은 10년 동안의 모험담을 다룬 서사시다. 이 작품은 서양 문학사에서 모험소설의 원형으로 평가받는다.《일리아스》와 마찬가지로 총 24편으로 구성되어 있고, 1만 2,110행에 달하는 6각운의 대서사시로 서술되어 있다.

작품 내용을 간략하게 요약하자면 이렇다. 그리스군은 트로이를 무너뜨리는 데 성공했지만, 귀향길에 바다 위에서 엄청난 폭풍을 만나 수많은 함대를 잃게 된다. 그 과정에서 많은 사람이 죽었고, 일부 전함은 엉뚱한 곳에 상륙했으며, 일부는 바다를 표류하다 가까스로 목숨을 구한다. 오디세우스 또한 어렵사리 목숨을 구했는데, 그는 이런저런 이유로 고향에 돌아가지 못하고 여러 지역을 전전하면서 갖은 고초를 겪는다. 그는 무려 10년 동안 모험을 하며 타지를 떠돌다가 간신히 고향으로 돌아온다. 그리고 그동안 정절을 지킨 아내 페넬로페와 재회해 그녀를 넘보던 자들을 처단하고 행복을 되찾는다.

이 작품에서 주인공 오디세우스는 현명하고 지혜롭고 참을성이 뛰어나며 언변에 능한 팔방미인으로 그려진다. 그는 각종 모험과 사건에서 영웅적 기개와 지혜를 유감없이 발휘한다. 또 그의 아내 페넬로페는 열녀의 본보기로 묘사된다. 트로이 전쟁에 참전한 그리스 영웅의 아내 대부분이 유혹을 이기지 못하고 다른 남자의 아내가 되었는데, 그녀는 트로이 전쟁이 시작되었을 때부터 무려 20년 동안이나 정절을 지키며 굳건히 가정을 지킨 정숙한 여인으로 그려진다. 심지어 남편이 죽었다는 소문이 도는데도 혼자서 살림을 도맡아 가정을 지키는데, 그 과정에서 무려 108명이나 되는 구혼자를 물리치는 지혜를 발휘한다.

이렇듯 이 작품은 단순히 오디세우스의 모험담을 넘어 페넬로페라는 여인이 정절을 지키고 가정을 수호하는 지조에 관한 이야기를 함께 담고 있다. 거기다 탐욕을 드러낸 온갖 인간 군상의 모습을 다양하게 표현함으로써 서사적 재미를 한껏 높였다. 한편 그리스 신이 사건마다 등장해 인간사를 좌우하는 초월적 존재로 묘사되는데, 이는《오디세이아》를 신의 다양한 면모를 엿볼 수 있는 신화로 격상시킨다.


## 2. 호메로스와 쌍벽을 이룬 작가 헤시오도스

헤시오도스는 기원전 7세기경에 활동한 그리스의 작가로, 그리스 신화에서는 호메로스와 쌍벽을 이루는 중요한 인물이다. 그는 오르페우스의 후손으로 알려져 있으며, 그의 아버지는 소아시아 출신의 상인이었다고 한다. 헤시오도스는 그리스 중부 지역인 보이오티아의 아스크라에서 태어났으며, 젊은 시절에는 목동 생활을 했다.

그의 대표작은 '테오고니아'로 불리는《신들의 계보》다. 이 작품은《신통기》라고 불리기도 한다.《신들의 계보》첫 구절에서 그는 목동 생활을 하던 중 헬리콘 언덕에서 음악의 여신에게 부름을 받아 시인이 되었다고 쓰고 있다. 이후 그는 방랑 시인으로 지냈고, 노년에 이르러서는 정착해 농사를 지으며 생계를 유지했다고 한다. 하지만 그의 생애에 대한 더 이상의 자세한 내용은 전하지 않는다.

그가 남긴 작품으로는《신들의 계보》외에도 828행의 노동 시로 농부의 일상을 그린《일과 날》, 헤라클레스의 삶과 그의 방패에 얽힌 이야기를 다룬 480행의《헤라클레스의 방패》, 5권으로 이뤄진 대서사시 《여인 열전》 등이 있다. 다만 《여인 열전》은 전체 내용이 남아 있지 않고 일부 단편만 전해진다. 그 외에 그의 작품으로 추정되는 단편 시도 여러 편 전하고 있다.

## 그리스 신에 대한 가장 권위 있는 족보 《신들의 계보》

《신들의 계보》는 《신통기》라고도 부르며, 총 1,022행의 6각운으로 된 서사시다. 우주의 기원부터 그리스 신들의 탄생 과정과 가계, 신들의 목록을 다룬다.

구체적으로 보자면 1행에서 115행까지는 서문에 해당하는데, 무사이 여신의 기원과 자신이 시를 짓게 된 경위를 쓰고 있다. 이후 카오스, 가이아, 에로스 등과 카오스의 자녀들을 다룬다. 카오스와 가이아의 자녀들이 우라노스의 지배 아래 놓이고, 이어서 크로노스를 거쳐 제우스가 최종 지배자가 되는 과정을 그렸으며, 제우스의 여인과 자녀들, 그리고 남녀 신의 결합에 대한 내용으로 종결된다. 특이한 점은 카오스와 가이아를 하나의 인격 신으로 다룬다는 점이다.

이렇듯 《신들의 계보》는 인간 세상이 본격화되기 전에 그리스 신들이 형성되고 결합한 과정을 그려낸 책이다. 따라서 이는 그리스 신들의 족보라고 할 수 있다.

## 3. 그리스 비극의 대가 아이스킬로스

아이스킬로스는 기원전 6세기 말에 태어나 주로 기원전 5세기에 활동한 그리스 작가다. 그는 기원전 525년경에 아테네 서쪽 지역 엘레우시스에서 에우포리온의 아들로 태어났으며, 페르시아 전쟁 (기원전 492~448년) 때는 마라톤 전투와 살라미스 해전에 참전한 것으로 전해진다. 그는 페르시아 전쟁이 끝날 무렵인 기원전 456년에 70세의 나이로 세상을 떠났으며, 일생 동안 약 90여 편의 비극을 쓴 것으로 전한다.

아이스킬로스가 본격적으로 비극을 쓴 것은 20대인 기원전 499년에 비극 경연 대회에 참가하면서부터였다. 그가 비극 경연 대회에서 처음 우승을 차지한 것은 마흔 살 무렵인 기원전 484년이었다. 이후 그는 비극 경연 대회에서 무려 13회나 우승을 차지했다.

그는 수십 년 동안 많은 비극을 썼지만, 현재까지 남아 있는 작품은 《페르시아인들》, 《테베를 공격한 일곱 장수》, 《탄원하는 여인들》, 《결박된 프로메테우스》, 《오레스테이아》 등이다. 이들 중 《테베를 공격한 일곱 장수》와 《결박된 프로메테우스》에 대해 간략하게 소개한다.

### 오이디푸스 비극의 3부 《테베를 공격한 일곱 장수》

《테베를 공격한 일곱 장수》는 아이스킬로스의 오이디푸스 비극 3부작의 마지막 극이다. 이 3부작을 합쳐서 '오이디포데이아'라고 부르는데, 1부와 2부에 해당하는 《라이오스》와 《오이디푸스》는 작품이 전해지지 않고, 3부인 《테베를 공격한 일곱 장수》만 전해진다.

이 작품은 오이디푸스가 어머니와의 근친 사실을 알고 추방된 후 그의 자식들인 에테오클레스와 폴리네이케스가 테베 왕권을 두고 싸우는 과정에서 일어난 아르고스 일곱 장수의 전투에 관한 이야기를 다룬다.

오이디푸스는 테베에서 추방되면서 자신을 내쫓은 두 아들이 서로를 죽이게 될 것이라는 저주를 내린다. 에테오클레스와 폴리네이케스는 왕권을 다투다가 1년마다 교대로 테베를 다스리기로 합의하는데, 에테오클레스가 왕권 이임을 거부하자 폴리네이케스가 아르고스의 군대를 일으켜 테베를 침공하는 것에서부터 이야기는 시작된다.

폴리네이케스는 테베의 성문 일곱 개를 공격할 일곱 장수를 선발한다. 그리고 일곱 번째 문을 공략할 장수로 자기 자신을 선택한다. 한편 에테오클레스 또한 그들 일곱 장수를 막기 위해 일곱 장수를 내세워 성문을 방어하는데, 일곱 번째 문의 적군 장수가 폴리네이케스라는 사실을 알고 자신도 일곱 번째 문을 지키는 장수로 출전한다. 두 사람은 일전을 겨루게 되고, 결국 테베가 수성전에 성공한다. 하지만 폴리네이케스와 에테오클레스는 이 전쟁에서 서로를 향해 창을 겨누다 둘 다 전사한다. 오이디푸스의 저주가 실현된 것이다.

## 프로메테우스 3부작의 시작 《결박된 프로메테우스》

이 작품은 프로메테우스에 관한 3부작 중 1부에 해당하며, 2부 《풀려난 프로메테우스》, 3부 《불을 옮기는 프로메테우스》로 이어진다.

신화에서 프로메테우스는 인간을 만들고, 그들에게 불을 가져다주었다가 제우스로부터 절벽의 바위에 쇠사슬로 묶이는 형벌을 받는데, 《결박된 프로메테우스》의 첫 장면은 바로 여기서 시작된다.

이 작품에서 프로메테우스는 죽음도 불사하고 인간을 사랑하는 존재로 그려지는 반면, 제우스는 모든 것을 자기 마음대로 하려는 독재자이자 자유를 억압하는 존재로 그려진다. 따라서 대개의 그리스 신화에서와 달리 이 작품에서는 프로메테우스가 곧 정의이고 자유의 상징이며 박애의 근원인 반면, 제우스는 자유를 억압하고 인간을 몰락시키는 존재다. 하지만 제우스의 아들 헤라클레스가 프로메테우스를 풀어줌으로써 프로메테우스와 제우스가 극적으로 화해하는 것으로 끝난다.

## 4. 가장 비극적인 시인 에우리피데스

에우리피데스는 기원전 5세기 초에 태어나 기원전 406년까지 활동한 그리스 작가로, 아이스킬로스, 소포클레스와 함께 그리스 3대 비극 작가로 평가받는 인물이다.

그는 살라미스 출신인데, 주로 아테네에서 활동했다. 에우리피데스는 아낙사고라스에게 학문을 배웠으며, 소크라테스, 프로타고라스 등과 교류했다고 한다. 만년에는 마케도니아의 왕 아르켈라오스 1세의 초청으로 마케도니아에서 활동하다 생을 마감했다.

에우리피데스는 92편의 비극을 썼고, 비극 경연 대회에서 5회 우승했다. 그가 쓴 비극 중 현재까지 남아 있는 작품은 19편이다. 그는 대사를 간명하게 쓰는 것으로 유명했는데, 간명한 대사 속에 인간에 대한 깊은 통찰을 담고 있어서 아리스토텔레스는 그를 가장 비극적인 시를 쓰는 시인이라고 칭찬을 아끼지 않았다고 한다.

그가 남긴 작품 가운데 현존하는 것으로는 《안드로마케》, 《알케스티스》, 《헬레네》, 《디오니소스(바쿠스)의 여신도들》, 《엘렉트라》, 《헤라클레스》, 《헤라클레스의 자녀들》, 《메데이아》, 《이온》, 《아울리스의 이피게네이아》, 《타우리케의 이피게네이아》, 《헤카베》, 《오레스테스》, 《트로이의 여인들》, 《탄원하는 여인들》, 《페니키아(포이니케)의 여인들》, 《히폴리토스》, 《레소스》, 《키클롭스》 등이 있다. 이 중 디오니소스가 어머니의 고향 테베에서 겪은 일화를 다룬 《디오니소스의 여신도들》을 간략하게 소개한다.

## 디오니소스 숭배를 다룬 《디오니소스의 여신도들》

이 작품은 디오니소스를 따르던 여신도들과 디오니소스의 신성을 부정했던 테베 왕 펜테우스 일가의 몰락을 중심으로 펼쳐진다.

디오니소스는 유랑 생활을 하면서 자신의 신성을 알리고 다녔다. 그가 어머니의 고향 테베에 이르자 그곳 왕이자 그의 사촌 펜테우스는 디오니소스를 핍박한다. 그는 디오니소스가 민중을 미혹해 나라를 혼란에 빠뜨리고 있다며 군대를 동원해 그를 잡아들이는데, 결코 디오니소스를 감옥에 가둘 수 없음을 알게 된다. 이후 디오니소스를 숭배하는 무리들이 키타이론산에서 축제를 벌이는데, 펜테우스는 여장을 하고 축제에 숨어들었다가 광기에 사로잡힌 여신도들에게 붙잡혀 사지가 찢겨 죽고 만다. 디오니소스의 숭배자였던 그의 어머니는 자신이 아들을 죽였음을 알고 스스로 죽음을 택하는데, 이런 비극적 내용에도 이 작품은 모든 것이 신의 뜻이라고 노래하며 마무리된다.

이 작품은 디오니소스 숭배를 소재로 삼고 있는데, 실제 고대 그리스에서는 디오니소스에 대한 숭배 의식이 행해졌다고 한다. 이는 민중 사이에서 밀교로 퍼져나갔고, 주로 여인들이 이 밀교를 믿었다. 당시 신도들은 짐승이나 어린아이를 디오니소스에게 제물로 바쳤다고 하는데, 대개 술을 마시고 광란 상태에서 제물을 함께 뜯어 먹고 그 피를 마셨다고 전한다. 이후 디오니소스 밀교는 그리스를 넘어 로마에서도 확산되었는데, 로마 정부가 군대를 풀어 밀교가 확산되는 것을 막았다는 기록이 남아 있다.

# 5. 그리스 비극의 최고봉 소포클레스

소포클레스는 에우리피데스와 동시대 작가로, 기원전 496년경에 태어나 기원전 406년에 생을 마감했다. 흔히 그는 아이스킬로스, 에우리피데스와 함께 그리스 3대 비극 작가로 불린다.

소포클레스는 아테네의 콜로노스에서 태어났으며, 부유한 집안 출신으로 어릴 때부터 음악 교육을 받았다. 특히 노래 실력이 좋았다고 하는데, 열여섯 살 때 살라미스 해전의 승전을 기념하는 연회장에서 선창 소년으로 뽑혀 노래를 하기도 했다.

그가 비극 작가로 이름을 알리기 시작한 것은 스물아홉 살 때인데, 당시 그는 디오니소스 제전의 비극 경연에서 당대의 뛰어난 비극 작가였던 아이스킬로스를 제치고 우승했다.

소포클레스는 단지 비극 작가에만 머물지 않았다. 그는 아테네 정계에 진출해 정치가로서도 명성을 쌓았다. 페리클레스를 지지하던 그는 여러 요직을 거치며 정치 이력을 쌓았고, 페르시아 전쟁 이후 결성된 델로스 동맹의 통솔자 10인 중 하나로 선출되기도 했다. 펠로폰네소스 전쟁 때는 해군 제독으로 활약하며 장수로서의 면모도 드러냈다. 그 덕분에 소포클레스는 사후 아테네 시민에게 영웅 칭호에 해당하는 '덱시온'에 선정되었다.

그의 문학 또한 아테네 시민에게 큰 사랑을 받았다. 그는 비극 경연에서 무려 24번이나 우승했을 정도로 그리스 최고의 시인으로 대우받으며 그리스 비극의 최고봉에 올랐다. 소포클레스 비극의 특징은 정교하고 치밀한 대사를 통해 인물들의 성격을 대조적으로 부각한다는 점이다. 또 그의 비극은 아이스킬로스의 비극처럼 장대하거나 화려하기보다 단순하고 명료하다.

그는 비극 외에도 송가, 비가, 잠언 분야의 작품도 많이 남겼다. 그의 작품 수는 123편이나 되었다고 하는데, 안타깝게도 현존하는 것은 7편뿐이다. 현존하는 그의 작품은 《트라키스 여인들》, 《아이아스》, 《안티고네》, 《오이디푸스 왕》, 《엘렉트라》, 《필록테테스》, 《콜로노스의 오이디푸스》 등이 있다. 이 중 소포클레스 비극의 특징이 가장 잘 반영된 《오이디푸스 왕》을 소개한다.

## 그리스 비극의 전범 《오이디푸스 왕》

소포클레스는 《오이디푸스 왕》과 함께 《콜로노스의 오이디푸스》, 《안티고네》 두 편을 더 썼는데, 이는 테베를 다룬 세 개의 비극에 해당한다. 《오이디푸스 왕》은 기원전 429년에 초연된 이후 지속적으로 재창조되어 현대에 이르기까지 여전히 관객의 사랑을 받는 작품이다.

《오이디푸스 왕》은 현대인이 읽어도 전혀 손색없을 정도로 탄탄하고 뛰어난 구성이 특징인데, 아리스토텔레스는 그의 치밀한 대사와 완벽한 구성에 감탄하며 그의 작품을 비극의 전범典範으로 삼아야 한다고 말했다.

작품의 줄거리는 신화 내용과 거의 일치한다. 극은 자기 아들 때문에 죽을 것이라는 신탁을 들은 오이디푸스의 아버지 라이오스가 갓 태어난 오이디푸스를 버리는 장면에서부터 시작된다. 이후 코린토스의 왕에게 입양되어 자란 오이디푸스는 자신이 아버지를 죽이고 어머니와 결혼할 운명임을 알게 되어 예언을 피하기 위해 코린토스를 떠나 테베로 간다. 테베 궁성으로 향하던 그는 우연히 생부 라이오스를 만나는데, 다툼에 휘말려 그를 죽이고 만다. 오이디푸스는 테베를 괴롭히던 괴물 스핑크스의 수수께끼를 풀고, 그 덕분에 테베의 영웅이 되어 왕의 자리에 오른 뒤 생모 이오카스테와 결혼해 아이까지 낳는다.

이렇게 그에 대한 예언은 모두 실현되었지만 오이디푸스는 이 사실을 몰랐다. 그런데 라이오스 살인 사건을 조사하다가 자신이 테베로 오던 길목에서 죽인 사람이 라이오스이며, 그가 곧 생부이고, 자신이 결혼한 왕비가 생모라는 사실을 알게 된다.

한편 그의 생모 이오카스테는 자신이 남편을 죽인 아들과 결혼한 사실을 알고 스스로 목숨을 끊는다. 오이디푸스 또한 그 사실에 괴로워하며 어머니 옷에 달려 있던 황금 브로치로 자신의 두 눈알을 파낸다. 그리고 그가 테베에서 추방되는 것으로 극은 끝난다.

소포클레스는《오이디푸스 왕》에 이어 눈을 잃은 채 살아가는 오이디푸스의 삶을 그린《콜로노스의 오이디푸스》를 내놓았다. 이어서 오이디푸스를 죽을 때까지 보필한 그의 딸 안티고네의 삶을 다룬《안티고네》를 마지막으로 테베 왕가의 비극을 완성했다.


## 6. 로마의 시성 베르길리우스

그리스가 몰락하고 로마가 지중해를 통일한 뒤에도 그리스 신화를 소재로 한 작품은 여전히 시민의 사랑을 받았다. 그런 까닭에 로마 작가들은 그리스 신화를 로마화하기 위해 열정을 아끼지 않았다. 그 결과, 그리스 신화 속 인물은 어느덧 로마식 이름을 달고 로마 시민의 가슴속으로 파고들었다.

그리스 신화를 로마 신화로 전환하는 과정에서 많은 로마 작가가 활약했다. 그중 가장 두드러진 인물은 단연 베르길리우스였다. 베르길리우스는 기원전 70년에 태어나 기원전 19년에 사망한 인물로, 이탈리아 포강 중류 지역의 안데스에서 도공의 아들로 태어났다. 그는 아우구스투스 황제 치세의 초반에 활동했다.

베르길리우스는 어린 시절 고향에서 기초 교육을 받은 후 밀라노로 유학해 웅변술을 비롯한 여러 학문을 익혔다. 그는 로마에서 법률가로 활동했는데, 그때는 그다지 두각을 나타내지 못했다. 대신 문인들과 자주 접촉하는 한편, 에피쿠로스 학파에 가담해 철학을 배웠다.

약 4년 동안 철학을 배운 베르길리우스는 시 창작에 몰두해 시인으로 명성으로 얻었다. 그는 아우구스투스 황제의 총애를 받으며 수많은 작품을 남겼다. 특히 황제에게 로마 건국에 대한 영웅 이야기를 쓸 것을 권유받고 《아이네이스》를 집필했다.

《아이네이스》는 그가 11년 동안 쓴 역작으로, 죽을 때까지 완성하지 못했다. 하지만 이 작품은 세계 문학사상 가장 뛰어난 서사시 중 하나로 평가된다. 또 그를 로마의 시성으로 불리게 만든 작품이기도 하다.

## 로마 건국을 신화화한 《아이네이스》

《아이네이스》는 베르길리우스가 남긴 필생의 역작으로 손꼽힌다. 주요 내용은 트로이 전쟁에 트로이 편 장수로 참전했던 아이네이스(아이네이아스)가 전쟁에서 패배한 후 겪은 7년 동안의 유랑 생활에 관한 것이다. 호메로스의 《일리아스》에서 미처 담지 못한 트로이 목마에 얽힌 이야기와 트로이의 몰락 과정, 그 이후 패잔병과 그곳 백성들의 행로가 잘 나타나 있다.

전체 작품은 총 12편으로 구성되어 있으며, 6각운의 라틴어로 된 서사시다. 이 작품의 궁극적 목적은 신화적 기반을 세워 로마 건립을 칭송하는 데 있었다. 따라서 아이네이스의 행적은 트로이의 몰락과 유랑 생활을 그린 후 로마 건국의 단초를 마련하는 것으로 끝나게 된다.

작품에서 아프로디테(베누스)의 아들 아이네이스는 트로이 장수 가운데 헥토르 다음으로 출중한 영웅이다. 트로이가 몰락하자 그는 어머니 아프로디테의 도움으로 목숨을 구해 트로이를 탈출한다. 그리고 숱한 방랑과 시련 끝에 이탈리아에 도착한다. 그는 그곳 사람들의 강한 반대에도 왕의 딸과 결혼해 새로운 도시인 알바롱가를 건립한다. 베르길리우스는 이 도시를 로마의 실질적인 창건자 로물루스, 레무스 형제와 연결시킴으로써 아이네이스를 로마의 건국시조로 만들었다.

베르길리우스는 영웅에 의한 로마 건국신화를 만들어달라는 아우구스투스의 요구를 충족시키려 했다. 이는 곧 아이네이스가 로마의 건국시조라는 이야기를 베르길리우스가 창작했음을 알려주는 것이기도 하다.

## 7. 로마 문학의 황금시대를 일군 오비디우스

오비디우스는 이탈리아 중부 아브루치의 술모에서 기원전 43년
에 태어나 기원후 17년 사망했다. 부유한 기사 집안 출신인 그는
연애시로 유명한 작가였는데, 호라티우스와 함께 로마 문학의 황
금기를 일구었다.

오비디우스의 문학적 기반은 일찍이 로마로 유학해 배운 수사
학과 웅변술에 있었다. 오비디우스에게 이런 교육을 시킨 그의
아버지는 그를 법조계로 진출시키려 했지만, 그는 법률보다 화려
한 사교를 좋아하고 시 창작을 즐겼다. 그런 까닭에 오비디우스
는 로마를 떠나 문학의 본고장이라고 할 수 있는 아테네로 유학
했고, 마침내 시인의 길을 걷게 된다. 아테네 유학 후 얼마간 관
리 생활을 하긴 했지만, 그는 시인으로 사는 길을 택했고 마침내
연애시로 명성을 얻었다.

그러나 오비디우스의 문학 인생은 순탄하지만은 않았다. 연애
의 농락술을 교훈 시로 엮은 그의 작품 《사랑의 기술》이 풍속을
어지럽히는 책으로 낙인찍혔고, 당시 로마의 황제 아우구스투
스는 《사랑의 기술》에 매우 분개했다. 그 때문에 그는 아우구스
투스의 환심을 사기 위해 로마의 축제를 다룬 《행사력》을 제작
해 바치려 했다. 하지만 아우구스투스는 그를 로마에서 추방해
버렸다.

이런 충격적인 상황에 직면하기 전에 그는 이미 연애시 창작
을 그만둔 터였다. 대신 그는 필생의 대작이라 할 수 있는 《변신

이야기》를 완성해두었다. 하지만 그의 이러한 변화를 아우구스투스는 전혀 받아들이지 않았다.

오비디우스는 로마에서 쫓겨난 뒤 흑해 연안의 벽지 토미스에서 지냈다. 유배지나 마찬가지인 그곳에서 그는 여러 차례 애원어린 편지를 써서 황제에게 자신의 마음을 전하려 했지만, 죽을 때까지 로마에 돌아가지 못했다.

오비디우스는 그렇게 10년 동안 화려했던 젊은 시절과는 판이한 삶을 살다가 쓸쓸한 죽음을 맞았다. 하지만 그가 남긴 그리스 로마 신화 이야기인 《변신 이야기》는 불후의 명작으로 남아 전해지고 있다.

## 가장 다양한 신화를 담은 《변신 이야기》

《변신 이야기》는 오비디우스가 기원후 8년에 쓴 것인데, 총 1만 1,995행, 15권으로 구성되어 있다. 그리스 로마 신화를 쓴 이 작품은 천지창조부터 율리우스 카이사르의 신격화에 이르기까지 250여 가지 에피소드를 연대순으로 정리했다. 그 덕분에 이 작품은 그리스 로마 신화를 기록한 책 중 가장 다양하고 다채로운 이야기를 담게 되었다.

작품 내용을 간략히 소개하자면, 1권과 2권은 천지창조 과정에서 벌어진 에피소드, 3권에서 6권 중반까지는 신들 사이의 대립과 갈등, 복수에 관한 에피소드, 6권 후반에서 11권까지는 영웅담을 중심으로 사랑과 남녀 관계에 관한 에피소드를 다루었다. 나머지 12권에서 14권 중반까지는 트로이 전쟁, 마지막으로 14권 후

반과 15권은 로마의 탄생과 카이사르의 신격화 등을 다루면서 종결된다.

《변신 이야기》는 기본적으로 서사시지만, 종래의 서사시와는 형식이 크게 다르다. 그리스 서사시에 비해 형식에 얽매이지 않아 한 장르에 국한되지 않는 특징을 보인다. 또 종래의 서사시에서 발견되지 않던 희극적 요소가 많은 점도 특징이다. 신화의 에피소드를 통해 사회의 부조리를 부각한 내용도 다수 발견된다. 이는 이 이야기를 통해 독자들의 변신을 유도하려는 작가의 의도적 장치로 읽힌다.

한편《변신 이야기》의 에피소드는 유럽의 수많은 작가에게 영감을 준 것으로 유명하며, 에피소드 중 대부분이 그림이나 음악으로 재탄생해 유럽 예술계의 기초가 되었다.